基于财政视角的
中国古代市舶制度研究

贾洁蕊
著

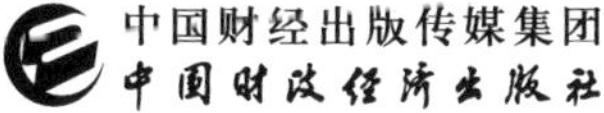

教育部本科教学工程“财政学专业综合改革试点”
（项目编号：ZG0340）资助项目

前　言

中国古代的市舶制度在唐代出现雏形，到宋元时期蓬勃发展，再到明代征税体系发生重大变化，最终在清初蜕变为近代海关制度，在中国历史上存在了较长时间。市舶制度中包含了诸如征税、国家专卖、政府购买等丰富的财政内容，这些财政制度具有积极的社会效应、经济效应和财政效应，有力地助推中国古代财政发挥推动生产力发展、促进生产关系变革、宏观调控经济运行、加强中央集权的作用。所以市舶制度中的财政内容是中国古代财政制度体系的重要组成部分。从财政视角研究中国古代的市舶制度，可以揭示在生产力发展水平低下、商品经济不甚发达、社会经济结构较单一的社会背景下，市舶收入对财政的贡献度及财政与国家治理的关系。当代中国提出“21 世纪海上丝绸之路”“构建人类命运共同体”的构想，要在国家开放的格局下处理好国际财税关系，树立开放财政、国际财政的理念，也可以从古代市舶制度的演变，以及财政参与海外贸易管理的实践中找到可供借鉴的经验教训。

中国古代的市舶制度包含国家对海外贸易管理的各方面内容，本书主要从财政视角研究中国古代的市舶制度，重点挖掘市舶制度肇始、发展、变革、消亡各个阶段的财政原因和经济原因，找到支持制度产生和变迁的财政学和经济学依据，并探讨中国古代市舶制度嬗变的全过程对财政制度建设的意义。

唐宋时期，市舶制度肇始并初步发展。从海外贸易发展规模上看，唐代之前海外贸易规模较小，完全是民间自发和自由的行为，各利益主体没有对国家介入海外贸易管理的需求，国家也没有借助财政手段参与其管理。唐代海外贸易有了长足的发展，并对社会各经济领域和百姓生活产生了深刻的影响，日趋复杂的海外贸易形势迫切需要政府出台完备而适宜的市舶制度，这是社会各经济主体对市舶制度的强烈需求，所以唐代产生了市舶制度的雏形。从财政收入的角度看来，宋元时期市舶收入较前代有大幅增加，市舶收入可以形成国家稳定而直接的财政收入来源。此外，直接或间接从事海外贸易的海商越来越多，他们普遍具有公平分配、有序交易和保护私人财产的公共需求。为了确保财政对市舶财富的汲取能力，满足社会的公共需求，国家公布的管理制度应运而生，市舶制度中的财政内容日臻完备。

宋元时期是市舶制度蓬勃发展的阶段。关于海外贸易管理的财政制度十分健全。在征税方面，市舶制度中包含了纳税人、征税对象、税率、减免税和税收处罚等绝大多数现代税制的基本构成要素。市舶制度中的税收管理也较为缜密，一方面注重税收的行政管理，另一方面注重税收的征收管理。宋代还有禁榷和博买的制度。禁榷制度一方面肃清沿海地区官商牟利的乱象，另一方面使官府牢固掌控海外贸易利润。市舶司博买的舶货一部分供皇室贵族享用，一部分由官府加价出售获取利润。这两项制度更大程度上保证了财政对海外贸易财富的汲取能力，但这两个制度也出现了诸多弊端，宋人对此就有颇多争论。元代取消了禁榷和博买的制度，统一征税，财政征收制度更为公开、规范和简化。宋元时期市舶制度为何会具有持久的生命力，究其原因是该制度产生了较为积极的社会效应、经济效应和财政效应。在社会效应方面，官府与海商在利益的共赢与争夺中寻求平衡，从而维持王朝的统治。在经济效应方面，宋元时期江南和沿海地区的商品经济发展迅速，其经济结构也出现很大变化，本书分析了宋元时期明州和镇江的税收结构状况，并对比各区域的商税结构，为区域经济结构变化提供了直观的证据。此外，新兴市镇的崛起及人口的变化也体现了海外贸易的积极效应。在财政效应方面，市舶制度的收益大于成本。市舶制度的收益由有形收益和无形收益构成，市舶制度的成本包括经济成本、行政成本和社会成本。经过收益—成本分析可知市舶制度是值得鼓励和推广的制度。

明代市舶征税制度进行了重大变革。从政治原因上看，明初实行朝贡贸易和海禁政策，但当国家政治形势和基本国策发生变化，国家解除海禁开放海外贸易，相应的税制改革就会应运而生。从经济原因上看，明中后期商品货币经济飞速发展，中国的产品在国际市场上具有强大的价格优势和质量保证，国际贸易的需求量非常大，仅靠朝贡贸易满足不了世界各国对这些商品的需求，经济背景发生变化，进而要求财政制度进行调整。从社会原因上看，私人经济行为通过缴纳税收而被承认，税收成为官府和私人海商之间的纽带和润滑剂，使二者达到互利共赢的良好局面以维持沿海社会的稳定。国内外纷繁复杂的各种势力形成了不同的利益集团，开海方利益集团和禁海方利益集团是对立的双方，对海外贸易和财政政策调整持有完全相左的观点。统治者和决策中枢可以被看作中间派，他们利益最大化的目标是全力维护王朝的安定与稳固，所以中间派会被开海方利益集团和禁海方利益集团的偏好所影响，且中间派支持哪一方，哪一方的实力就会上升，这一方的制度主张就会实现。明中后期在经历了各利益集团间持久而曲折的博弈后，海外贸易制度变迁最终实现，隆庆开海和饷税征收是市舶征税制度的重大变革。清初实行海关税制度，市舶制度就此终结。

从市舶征税制度演变及向海关税制度过渡的过程中可以总结出诸多财政制度演进的规律。从税制体系上看，海外贸易征税由单一进口税演进为进口税与出口税相互配合。由简单的抽分演进为复杂的税收结构。政府逐步依据国家经济形势和政策目标确定合理的税制体系，各个税种相互独立又相互配合，逐渐形成整体布局，不但保证了国家的财政收入，也确保了税收的调控作用。从征收形式上看，实物税演进为货币税，从量征收演变为从量和从价相结合的征收方式。这使国家能够在税收征缴、税款运输和税收管理上更加有效；能够进一步扩展征税对象的范围，体现价格信号的灵活性，发挥税收的杠杆作用和宏观调控作用。从税收管理制度上看，宋元时期政府对舶商颁发“公凭”，明代政府对私人海商颁发“商引”，清代厦门海关给商船发放“青单”，在市舶征税向海关税转型的过程中，这种颁发许可证并督缴税款的管理方式在各个朝代有所延续。面对日趋繁荣的商业活动导致的税收来源复杂问题，官府注重利用精通外贸业务的经纪人协助维护市场秩序，这是社会经济形势的变化迫使税收管理方式做出的调整。这个过程还体现出中国古代财政发展的一般规律。中国财政的收入来源结构由农业为主体向农、工、商业多支柱转型。在经济社会的演进中、在一些具体财政事务上，地方政府在不断地与中央政府较量和抗衡，以争取适当的权力，政府间财政关系构建中充满了集权与分权的博弈。财政对经济社会宏观调控的作用日趋加强，财政政策和制度都表现出更为现代化、开放性和国际化的特点。

本书综合使用了历史学、财政学、经济学、统计学、文献学的研究方法。在描述唐宋元时期社会经济和海外贸易概况，整合宋元市舶制度的征税、专卖、政府购买的内容时，使用了文献研究法。在研究宋元市舶制度的经济效应时，摘录了镇江和庆元府两个沿海城市的土地收入和工商税收的数据，对数据进行比较分析，探寻海外贸易对沿海地区经济发展及财政结构的影响；又将沿海重要贸易城镇不同年份人口变化数据及全国人口数据进行比较，讨论海外贸易及市舶制度对城镇发展的影响。在这里使用了统计分析法、比较研究法、定量分析法的研究方法。在研究明中后期开海征税的过程时运用了博弈论的模型研究法，研究了统治集团、开海方利益集团和禁海方利益集团的不同行为表现，并建立博弈模型分析不同利益集团对制度变迁的影响。在研究明中后期到清初市舶征税向海关税过渡的问题时，探讨了转型中税收管理制度、税制体系、税收征收形式的变化，以及转型所表现的财政意义，使用了定性分析法。

从财政视角审视市舶制度肇始、发展、鼎盛、变迁、消亡的全过程，可以看出古代财政在国家治理中的地位与作用。财政制度发端于社会共同需求，财政活动以满足全体社会成员的公共需求和实现公共利益为基础。财政是联结社会各领域的纽带，是横跨政治、经济、法律、社会、文化、军事各个领域的综合范畴，财政的这个属性决定其在国家治理事业上发挥着基础性和支柱的作用。财政制度包括税收、财政支出、政府专卖、政府购买、财政监督、财政管理等各项内容，财政的机制设计为国家治理提供制度保障。财政政策具有内在的调整机制，会随着社会、政治、经济背景的变化而调整，以保持自身的先进性和连续性。通过从财政视角研究中国古代的市舶制度，整合中国古代市舶制度中的财政内容，探究市舶制度向近代海关制度转型所表现出的财政意义，挖掘中国历史上税制设计的基本思路和演进规律，印证了中国古代财政也是国家治理的基础和重要支柱的命题。

目　录

第1章

绪　论

1.1　选题背景及意义

1.1.1　选题背景

中国古代的市舶制度从唐代出现雏形，到宋元时期蓬勃发展，再到明代进行制度变迁，直至清初蜕变为近代海关税制度，经历了漫长的历史时期。中国古代的市舶制度是国家对海外贸易管理的一系列制度集合，其中包含了诸如征税、国家专卖、政府购买等丰富的财政内容，本书试图研究中国古代市舶制度和财政制度的交集，即从财政视角研究中国古代的市舶制度。中国古代海外贸易的繁荣促使财政制度的产生，财政工具保证了国家对海外贸易财富的汲取能力，市舶收入成为宋元时期国家稳定而直接的收入形式，在国家财政收入中占据较为重要的地位。除了市舶收入对国家财政的积极意义之外，财政参与海外贸易管理的方式也凸显了财政制固有的特征和机能。中国古代市舶制度中的财政制度具有积极的社会效应、经济效应和财政效应，有力地助推中国古代财政发挥推动生产力发展、促进生产关系变革、宏观调控经济运行、加强中央集权的作用。所以市舶制度中的财政内容是中国古代财政制度体系的重要组成部分。从财政视角研究中国古代的市舶制度，有利于重新审视中国本土化的财政实践，探讨财政制度肇始和变迁的一般规律，有利于揭示在生产力发展水平低下、商品经济不甚发达、社会经济结构较单一的社会背景下，市舶收入对财政的贡献度及财政与国家治理的关系。

当代中国提出“一带一路”“构建人类命运共同体”的伟大构想。对比中国古代海外贸易和市舶管理的实践可以看出，虽然中国与外国、政府与海商之间具有利益的博弈争夺，虽然中国古代的市舶制度仍是以“华夷观念”为基本的出发点，但是中国古代市舶制度中仍包含了诸多合作、开放、包容、互利的元素，也只有这样才能在客观上实现各个经济主体的利益最大化。当代中国政府倡议打造政治互信、经济融合、文化包容的利益共同体、命运共同体和责任共同体，推进共建长期稳定、可持续发展的“一带一路”，也是一定程度上对古代中国海外贸易管理方式的继承和发展。要在国家开放的格局下处理好国际财税关系，树立开放财政、国际财政的理念，也可以从古代市舶制度的演变，以及财政参与海外贸易管理的实践中找到可供借鉴的经验教训。

1.1.2 选题意义

本书以财政视角审视中国古代市舶制度发展的全过程，探究该制度存在的财政学和经济学原因。海外贸易是人类经济范围扩大的必然结果。在海外贸易发展的初期，各经济主体自发自觉地进行经营，不需要国家管理和干预。当海外贸易发展到一定阶段，国家需要征税以满足财政需求，私人主体也需要适宜的海外贸易管理制度以维护公平有序的市场交易和保护私人财产。制度的需求促进制度的供给，市舶制度产生并初步发展。宋元时期的市舶制度具有积极的社会效应、经济效应和财政效应，市舶制度在维护官府和私人海商的利益均衡中维护王朝统治，在推动沿海地区海外贸易发展中促进经济结构的转型、税收结构的调整和城市布局的变化，在完善的税制要素、税收管理、国家专卖和政府购买的制度设计中保证财政对社会财富的汲取能力。明代国内外政治、经济、社会环境发生巨大变化，社会中各个利益集团进行了持久而曲折的博弈，市舶制度也随之调整与变迁，最终在中国近代化的进程中演进为海关税制度。纵向分析市舶制度肇始和嬗变的全过程，挖掘其深层次的财政学和经济学依据，对于研究财政制度的起源和变迁具有积极的理论意义。

此外，从财政视角审视市舶制度肇始、发展、鼎盛、变迁、终结的全过程，可以看出古代财政在国家治理中的地位与作用。财政制度发端于社会共同需求，财政活动以满足全体社会成员的公共需求和实现公共利益为基础。财政是联结社会各领域的纽带，是横跨政治、经济、法律、社会、文化、军事各个领域的综合范畴，财政的这个属性决定其在国家治理事业上发挥着基础性和支柱的作用。财政制度包括税收、财政支出、政府专卖、政府采购、财政监督、财政管理等各项内容，财政的机制设计为国家治理提供制度保障。财政政策具有内在的调整机制，会随着社会、政治、经济背景的变化而调整，以保持自身的先进性和连续性。从财政视角研究中国古代的市舶制度，整合中国古代市舶制度中的财政内容，探究市舶制度向近代海关税制度过渡所表现出的财政意义，挖掘中国历史上税制设计的基本思路和演进规律，可以对构建具有中国特色的本土化财政基础理论体系，发掘财政对国家治理的重要作用，提供一定程度的理论支撑。

1.2 文献综述

1.2.1 古代文献梳理

《新唐书》的《柳泽传》中最早记述了市舶使的行为，宋代的类书《册府元龟》中也记载，唐玄宗时期任命周庆立为市舶使，广造奇器异巧以进奉皇帝。学者一般认为市舶制度肇始于唐玄宗时期。《全唐文》中的《内给事谏议大夫韦公神道碑》《岭南节度飨军堂记》《正议大夫尚书左丞孔公墓志铭》《文宗太和八年疾愈德音》篇章描述了唐代统治者对市舶的态度和市舶政策的效果。北宋人编辑的关于唐人的典章文书《唐语林》中记载了唐代广州市舶使的日常业务工作。

宋代市舶制度成为官府管理海外贸易、加强中央集权的重要制度，《宋史》中多个篇章对市舶制度都有描述，如《食货志》《职官志》《地理志》《高宗本纪》《孝宗本纪》等都对市舶司设置和市舶制度做了详细记载。《中兴小纪》《建炎以来系年要录》《建炎杂记》《续宋编年资治通鉴》《皇宋十朝纲要》《皇宋中兴两朝圣政》《宋史全文》《通鉴续编》《资治通鉴后编·宋纪》《南宋馆阁录续录》则详细记载了南宋时期由于国家动荡和政局变幻，市舶机构和市舶制度调整的情况，市舶官员任职的情况，以及市舶官员对市舶问题的论述。从市舶官制品级的设置可以探讨市舶制度的行政成本，从官员的论述可见宋代统治阶层对海外贸易管理的基本态度。清人徐松辑录的《宋会要辑稿》中《职官四四》对市舶司职能、市舶收入、市舶制度等问题记述得较为集中和详细。《庆元条法事类》中记载了市舶官制设置的规格和市舶管理、奖罚的规定。宋代一些地方志中对市舶制度有所论述，如《方舆胜览》《乾道临安志》《海盐澉水制》《梦粱录》《淳熙三山志》《云间志》《宝庆四明志》《开庆四明续志》《咸淳临安志》，杭州、明州、上海等地比较繁荣的贸易港口，这些区域的地方志记载了当地舶货抽解、纲运，及市舶制度推行中的漏洞等问题。《岭外代答》和《诸蕃志》是地理杂记，记载了海外诸国的风土人情与贸易状况。在类书中，《册府元龟》《武经总要》《太平御览》《古今事文类聚》《记纂渊海》《群书考索》《玉海》和《群书会元截江纲》都有对宋代广南地区市舶利厚、市舶机构管理和市舶征税制度细则的介绍。《文献通考》中《均输市易和买》系统地收录了宋代市舶制度变迁及市舶收入的史料，《四夷考》记载了宋代中国与海外诸国的贸易关系。一些杂录笔记和文集，如《云麓漫钞》中记载了福建贸易港口繁盛的景象。《齐东野语》论述了南宋中期官府对市舶利润的挖掘和蕃商的沉重税负。《萍洲可谈》记载了北宋时期广州、泉州、明州、杭州等市舶司变迁的过程及市舶抽解禁榷的状况。《鹤林玉露》中记载了一个老卒出海贸易的过程和收益，从中可见市舶利润之高。《止斋先生文集》中记录了违反政策的市舶官员要接受怎样的惩罚。《苏文忠公全集》记录了苏轼对海外贸易管理的观点。

《元史》和《元史纪事本末》中有诸多元代市舶政策及原则、管理机构、制度变迁、优惠与惩罚的记录。《资治通鉴后编》中有《元纪》，其中有对世祖、武宗、仁宗三朝市舶问题的记载，在这部书中也体现了南宋至元代市舶制度的连续性。《通制条格》记录了大量元代政府颁行的法令文书，包括市舶制度的记述。《元典章》记录了大量元世祖至英宗时期的诏令和判例，文献较为原始，文字较为口语化，其中有对市舶则法的记载。元代地方志中《延祐四明志》《至正四明续志》《大德南海志》对明州和广州市舶制度和海外贸易管理的记载较多，可以以此研究市舶制度对区域经济的影响。《元文类》中记载了大元建国初期设置市舶司的港口、市舶制度以及对外贸易的指导思想。《马可波罗游记》是从外国人视角看中国的书，其中对泉州海外贸易的描述较为详细，有多处关于市舶征税成本的记载。

《明实录》《明会要》和《明史》记载了明太祖朱元璋到明熹宗朱由校共十五代皇帝、约两百五十年的大量资料，其中有关于市舶制度的诸多记载。《明经世文编》和《皇明经济文录》是明代经世类文编的代表，其中有多处关于市舶制度的记载，以及诸臣僚和民间人士对于海禁和海外贸易的论述。《海防纂要》《筹海图编》《倭变事略》《皇明驱倭录》《正气堂集》《敬世草》中记载了社会各阶层人士对海外贸易及海寇的不同观点，及沿海地区抗倭的过程。《松窗梦语》记录了明代社会经济、商业贸易的资料，也对研究明代海外贸易具有参考价值。一些地方志，如《正德琼台志》《泉南杂志》《万历温州府志》《八闽通志》描述了琼州、泉州、温州等贸易港的状况，有助于研究明代海外贸易相关问题。《东西洋考》中《饷税考》对饷税的描述极为详细，可以以此考察市舶征税制度的变迁。《泾林续记》中记载了明末广东从事海外贸易的中介组织，有利于研究海外贸易税收管理问题。《续文献通考》遵照《文献通考》的凡例撰写，对宋代以后的市舶制度有系统记述。《天下郡国利病书》中讨论了关于市舶制度历史演变、福建市舶收入和资金流向、对朝廷禁海和海外贸易的思考等问题。

《国朝大事记》《清通志》《清经世文编》《东华录》中记载了清初社会各阶层对开海和海外贸易的态度，反映了海关税设置的背景。《江西通志》《广东通志》《粤海关志》《澳门纪略》等地方志记载了沿海港口城市贸易情况和海关税征收初期的税制设计，有利于研究市舶征税向海关税转型的过程。《广东新语》对《广东通志》有所补充，是一部研究广东港口和海外贸易制度有价值的清代笔记。

1.2.2 近现代文献梳理

1. 关于市舶司的设置和贸易港的研究

(1) 关于广州和明州的研究

广州和明州（今浙江宁波）是中国历史上主要的贸易港口和市舶司设置地，所以研究广州和明州市舶司变迁和贸易状况的文章较多。其一是广州。关履权（1963）研究了广州的市舶贸易，研究了广州当地市舶收入数额和征收方式。王冠倬（1982）经过考证认为唐玄宗开元元年或者二年，我国历史上第一个管理海外贸易的专职机构——市舶司在广州设立，并且唐代末在扬州、泉州、明州设立市舶司。邓端本（1986）研究了广州作为历史悠久的贸易港，其对外贸易范围、贸易管理方式、贸易商品种类等问题，并重点描述了广州市舶司的相关征税方式，探讨了海关的起源。陈柏坚、黄启臣（1995）研究了广州的海外贸易历史，并探讨了市舶制度在广州的变迁。黎虎（1998）研究了唐代的市舶使与市舶管理问题，认为唐开元时期初设市舶使，唐代市舶机构的设置自广州始，其管理由地方长官和市舶使共同负责。周海霞（2014）研究了清初市舶司的兴衰过程，她认为清廷初期曾在广东设立过市舶司，后因海禁政策，广东市舶司几度兴废，直至海关制度设立，市舶机构完全退出历史舞台。其二是明州。林瑛（1981）研究了自唐代至清代明州市舶司设置的变迁，也论述了历代市舶制度的变化和明州外界贸易环境的演变。施存龙（1992）论证了两浙和明州在唐代是否有市舶使、唐代市舶司的设立、北宋两浙市舶司的设于与演变，以及江阴、温州、华亭等市舶机构的级称和对外贸易状况等问题，对唐宋时期市舶机构设置地点和兴废的问题做出了详细的探讨。方祖猷、俞信芳（1996）不赞同明州市舶司建于唐代说，而是认为明州市舶司的雏形出现于五代时期的吴越国，正式形成于北宋真宗时期。李小红、谢兴志（2004）认为唐宋时期由于海外贸易的影响，明州的社会经济发展水平和产业结构形态有很多独特之处，明州也是历代市舶司的主要设置地点。

（2）对其他市舶司设置城市的研究

也有一些学者论述了其他城市市舶司的运作状况。如中国海外交通史研究会（1983）研究了汉代至明代泉州海外贸易发展的历史轨迹，其中专门论述了泉州市舶司的置废、职能和运作方式等问题。李金明（1987）研究了明代市舶司设置地点的迁移变化和市舶制度的演变。朱江（1988）认为唐代扬州贸易繁盛，官府曾在扬州设置市舶机构管理海外贸易，随着唐王朝的灭亡，扬州设置市舶司的历史终结，总共百年时间。李天锡（1991）考证了泉州设置市舶司的原因，并研究了泉州市舶司设置与海外贸易的关系。林枫（2001）以月港和澳门为例，详细研究了两地的贸易额、蕃商的贸易利润与税额之间的比例，并对月港和澳门的税收征管和财政收入做出评价。黄桂（2001）研究了唐至清初潮州的海外贸易与海上走私活动，潮州虽然没有设置市舶司，但这里发生的贸易和走私活动对于研究市舶征税负担和管理方式的问题有很大的参考价值。王莉等（2002）研究了宋代广南、福建、两浙三大区域的广州、泉州、明州、杭州、秀州、江阴军、密州等地市舶机构的设置及兴废情况。柳平生、葛金芳（2014）认为南宋市舶司的建置构造大体可以视为广南、福建和两浙三个市舶司鼎足而立的格局。就职能而言，南宋市舶司（务）既是外贸税收机构，又是行政管理机构，既是外贸经营机构，又是经济仲裁机构，同时承担外交使节的接待任务，其活动范围较之现代海关要广泛得多。

(3) 对市舶司相关问题的研究

一些学者从对市舶司的研究出发，进一步探讨了市舶司管理、市舶司职能、市舶机构转型等问题。陆韧（1988）研究了唐代至清代市舶司性质和历史作用的变化，认为市舶司属于封建社会上层建筑，其基本性质是维护王朝统治的经济基础，所以随着外界环境的改变，市舶司或者突出表现其财政职能，或者突出表现其政治职能。邓端本（1988）研究了明代对外贸易政策、市舶司职能和关税征收政策与前代的不同，并研究明代市舶制度的历史意义。黄盛璋（1988）研究了明中后期开海后的海外贸易问题，着重考证了船引到达的国家、地区及具体交易情况。章深（1992）探讨了南宋市舶机构及其官员的设置，并进一步探讨宋代市舶制度的优劣，以及南宋泉广贸易地位等问题。杨文新（2004）探讨了宋代市舶司的设置原因及变化情况，较为全面地分析了宋代市舶司的职能，考察了抽解、禁榷等市舶制度的执行状况，以及市舶司与中央政府和地方政府的关系，较为客观地评价了市舶司的历史地位。陈尚胜（1987）、李金明（1987）、郭宗保（1988）、关镜石（1988）在研究明代海外贸易背景的基础上，探讨明代市舶制度的变化及市舶向海关转型的问题。谢松（2017）梳理了粤海关的发展史，并探讨海关史中折射出的中国近代社会变迁的特征。李庆新（2016）研究了明中后期海外贸易管理体制中的“广中事例”“桥税事例”及“月港税制”，认为“地方主导”是明代对外贸易制度的基本特点。韩毅、潘洪岩（2018）从博弈论的角度研究了明代海禁政策的变迁。

2. 对市舶制度及其中财政内容的研究

(1) 对市舶制度的研究

很多学者较为全面地研究了市舶制度。藤田丰八（1936）是近代较早研究宋代市舶的学者，其所著《宋代之市舶司与市舶条例》一书将市舶划分为市舶机构、市舶官制、市舶条例三个部分进行论述，并发掘了较为充分和新鲜的历史史料，其对市舶的研究具有开创性的意义。藤田丰八（1936）另一部著作《中国南海古代交通丛考》对与中国进行贸易的南海诸国的国情和贸易物资进行了详细介绍，也描述了宋代市舶司和市舶条例的主要内容。桑原骘藏（1929）著《蒲寿庚考》一书以对南宋末年泉州提举市舶蒲寿庚的身世考察为线索，对唐宋元三代的市舶制度进行了论述，并对唐宋元时期市舶制度相关的历史名词做出诠释。桑原骘藏（1935）也探讨了唐宋时期的市舶司和市舶制度。李剑农（1951）在论述宋代海外贸易问题时也较为详细地描述了宋代的市舶制度。陈高华、吴泰（1981）在研究宋元时期海外贸易发展的背景、条件、趋势等问题的同时，也专门论述了宋代的市舶制度。沈光耀（1985）研究了封建主义的贸易体制和市舶制度，认为封建国家中央集权的政治体制决定了中央集权的对外贸易管理体制，国家在进出口比例上占据绝对优势地位，并探讨了中国古代市舶制度的产生、发展、完善过程及市舶司的职能和相关财政问题。孙文学（1987）研究了元代的市舶制度，认为元代市舶制度是唐宋旧制的继承和发展，对促进国家海上贸易及国内商业发展有积极的作用，在中国市舶史上占据重要地位。连心豪（1988）研究了市舶制度在宋代海外贸易中的地位和作用，认为市舶司是经营绝大部分重要抵岸舶货购销商业的主要机构，市舶利润是宋代政府财政收入中的重要部分，但市舶制度也会危害民间海外贸易行业的发展。郭宗保（1988）运用比较史学的方法，从职能、性质、作用和地位几个方面比较了市舶制度和海关制度的异同。许兵（2002）从市舶机构、市舶官制和市舶管理三方面论述了宋代市舶制度，详细考证了宋代市舶收入、市舶官员设置、市舶征税制度等问题，认为宋代市舶制度作为时代的产物，在历史上曾发挥重要的作用。郑有国（2004）较为全面和系统地研究了中国古代的市舶制度和海外贸易情况，纵贯唐、宋、元、明、清五个朝代的时间，包含抽解、博买、纲运、市舶法则、单抽、双抽、钞买制、督饷馆等与财政制度相关的诸多内容，并进一步论述中国—亚洲—世界的贸易网络的演变。漆侠（2009）的《宋代经济史》较为全面地展示了宋代300年的农业生产、土地关系、商业和城市经济、对外贸易、货币制度、赋税制度的经济社会画卷，其中对市舶制度和海外贸易也有精辟的见解。李剑农（1957）、葛金芳（1991，2012）、何忠礼（1999）、王棣（2001）、漆侠（2009）都全面研究了唐宋时期的社会政治经济环境和政治经济制度，并对各个时期的市舶制度和海外贸易有所论述。宁可（2000）、赵德馨（2002）和周自强（2007）分别梳理中国自史前文明到古代近代各个历史时期经济发展的状况和水平，在唐宋元明清各分卷中都有对当时的市舶制度和海外贸易状况的描述。黄晖菲（2016）认为市舶制度是适应时代经济发展的产物，为彼时的海上丝绸之路提供了坚实的政治支持，它与泉州港海外贸易相互结合，催生了泉州海外贸易的鼎盛局面，其历史地位与作用值得肯定。

(2) 对市舶制度中的财政内容所做的专门研究

一些学者在研究市舶制度的同时，也注意到市舶与财政的密切关系，所以对市舶征税、市舶收入和财政管理的相关问题做了重点论述。其一，市舶征税制度。漆侠（1985）认为宋代市舶抽解比率是在不断变化的，从淳化到熙宁之间比率下降，从宋徽宗到南宋之间比率不断增加，南宋晚期税率很重。陈尚胜（1987）研究了明代市舶的勘合制度、商舶征税和牙行对市舶的排斥作用，认为明代市舶制度奠定了清代海关的职能基础。关镜石（1988）重点讨论了市舶所经历的唐、宋、元、明各个朝代的征税制度特点，并与清代的关税制度进行比较。蔡次薛（1992）、王文素（1991）、孙文学（1994）、王奕（1992）、孙翊刚（1992）分别辑录了唐宋元明清时期的工商税收史料，其中包括大量的市舶制度和市舶收入的资料。汪廷奎（1993）认为自北宋大中祥符九年以后一直到南宋灭亡之际，市舶贸易不仅有进口税，还有出口税。论税率，市舶出口税率不及进口税率的1/10；论税额，市舶出口税额只有进口税的几十分之一。所以总的来说市舶出口税较之进口税微乎其微。廖大珂（1997）研究了宋代市舶的抽解、禁榷和和买制度，认为官府实施这些制度的直接目的是从海外贸易中攫取利润，体现了封建政权高度的经济掠夺性，这种掠夺性也会扼制海商资本发展的动力和生机。黄富元（1998）论述了宋元时期泉州市舶课税的情况，并对宋元时期的市舶征税制度进行比较，认为宋元市舶征税在方法、法令和意义上不同。廖大珂（2003）认为抽解、禁榷、和买制度都是宋朝统治者为了巩固中央集权、控制海外贸易的有力工具。通过这些制度，宋朝统治者攫取了海外贸易的主要利润，并在各级官府之间进行再分配，对于维护封建专制统治起了重要作用。王兴文（2004）认为宋代市舶司在关税抽解方面为国家财政做出很大贡献，市舶司的经济职能明显增长，经济地位突出。项怀诚（2006）和叶振鹏（2013）分别详尽地梳理了中国自古至今的财政制度、财政改革和财政思想，其中在唐宋元明清各分卷中有从财政角度对市舶问题的论述。夏时华（2014）研究了宋代市舶香药的抽解和博买制度，认为宋代不同时期市舶香药的抽解和博买比例变化起伏较大，反映了政府与海商双方在香药贸易利益问题上的博弈，这一博弈有利于当时海外香药贸易的持续繁盛，也有利于保证政府的财政收入。其二，市舶收入对财政收入的影响。吴泰（1981）研究了汉唐时期的海外贸易，从零落的史料中找出唐代市舶收入丰厚的证据，可以证明市舶对于国家财政的意义重要。郭正忠（1982）认为以往对市舶贸易收入在财政总收入占比的估计过高，他认为这个比重应该在百分之一二间摆动。刘伯午（1983）、孔宝康（1988）分别研究了中国古代市舶制度的各项细则，并探讨了唐、宋、元、明各朝市舶制度对财政收入和海外贸易的影响。张希清（2001）研究了宋朝典章制度，其中包括对宋代官职设置、财政经济制度和官俸支出的论述，有利于研究舶税征税成本和市舶收入的地位等问题。章深（2002）从宋代海外贸易收入结构、设置市舶司的政治背景、管理人员组成等方面进行研究，批驳南宋学者陈傅良"宋初朝廷设置市舶司不是为了增加收入，政府在开征进口税的初期收入很少"的观点，认为宋初市舶利润较为丰厚，官府还是较为重视的。陈明光、靳小龙（2005）从唐代帝室财政、国家财政和地方财政三个层面，详细探讨了海外进口商品构成、"收市"的财政意义、"进奉"的财政内涵和商税制度，认为当时的国家财政和地方财政从广州海外贸易的受益均微乎其微，而维持这种为帝室财政采购进口珍异的制度却需要很大的财政支出。还有一些学者先后重点研究了宋代官府对香药贸易的征税行为，并探讨其对财政的意义。白寿彝（1937）认为宋代香药贸易给财政带来巨大的收益，他认为南宋初年涉及香药贸易的市舶收入占岁入的五分之一。河原由郎（1967）则重点讨论了北宋时期香药贸易对财政的积极意义。夏时华（2012）也讨论了宋代香药贸易数额、贸易对象、香药贸易在经济中的作用，以及香药贸易的财政意义。其三，市舶收入管理中所体现的政府间财政关系。廖大珂（1998）认为宋代随着海外贸易的发展，统治者为了加强中央集权和增加财政收入，先后对市舶司的官制进行了三次大的变革，这反映了宋朝廷对海外贸易的控制逐渐强化的过程，也体现了宋代中央政府和地方政府对市舶收入的分成状况和政府间关系。章深（1998）在重评宋代市舶司的主要功能时，研究了宋代市舶司的管理职能、设置目的和发展规模，探讨了中央与地方政府在市舶收入分成上的竞争行为。包伟民（2010）、黄纯艳（2013）专门研究了宋代财政史，其中关于市舶制度和宋代中央和地方政府间的财政关系的论述值得借鉴。

3. 关于市舶制度推行时期的外部经济环境的研究

学者对唐宋元明清各个王朝的经济发展水平、产业结构状况和海上贸易范围的研究，有助于了解市舶的制度效应。藤田丰八（1936）考证了中国与海外诸国之间的通商史，涉及日本、阿拉伯、菲律宾、琉球、葡萄牙等诸多国家和地区，该书也研究了宋代市舶司与市舶条例对宋代对外贸易的作用。冯承钧（1937）研究了中国历代与南洋诸国交流状况及南洋诸国的风土人情，有助于了解当时的海外贸易背景。梁方仲（1980）根据中国的二十五史、历代政书、地方志、文集等资料，统计了中国自两汉到清代末年约两千年间历代户口、田地、田赋的情况，这些数据有利于研究市舶制度实行期间中国的经济和赋税状况，以进行相关比较分析。陈高华、吴泰（1981），喻常森（1994），高荣盛（1998），黄纯艳（2003）分别研究了宋元时期海外贸易的演进、管理机构、进口商品构成、贸易港、对海外贸易的评价等内容，也专门研究了元代市舶管理制度中的市舶官制、市舶则法、舶税等相关财政内容。陈希育（1991）通过研究中国帆船形态的演变，从而研究中国科技发展的历程，以及经济制度和海外贸易的特点，其中关于中日贸易方式和贸易港的记述值得借鉴。葛金芳（1994，2008）在研究宋代原始工业化进程中的资本主义萌芽问题时，详细探讨了宋代的手工业、农业、商业、交通、对外贸易等诸多问题，全面展现了两宋时期的社会经济背景。他认为宋代民营手工业全面崛起，在经济中占主导地位，从而程度不同地拥有区域市场、区间市场，甚至海外市场，宋代海外贸易的发展与当时手工业和商业的发展关系密切。章深（1995，2002）认为高度集权的宋代官府利用市舶司对海外贸易实行全面控制，元丰市舶条试图建立一个以市舶司管理和港口管控为主要内容的外贸制度，但限于当时的条件没能成功，但宋朝以及以后各代的统治者都在持续加强对外贸的控制，市舶制度对海外贸易也具有一定的消极作用，由此也可以看出宗法专制政权的控制使商品经济缺乏效率和竞争力。黄纯艳（2000）认为宋代贸易港呈现广南、福建、两浙三个自成体系的区域，各区域中有主导港、辅助港、附属港，主次分明，相互补充，并且宋政府还在贸易港建立了较为完备的市舶管理制度，体现了其对贸易既鼓励又控制的态度，也反映出宋代海外贸易制度较之前代更为完善。胡沧泽（2001）研究了唐宋时期福建与日本的海外贸易，文中摘录了大量日本史料，可以窥见唐宋时期市舶的征税对象、税率和税收效应的情况。晁中辰（2005）研究了明代海禁与海外贸易发展的脉络。徐中约（2008）研究了中国自明清交替之际至21世纪的历史，其中对明末清初社会性质与近代中国的起点问题做出了详细的阐释。李娜（2010）研究了宋代市舶管理制度、市舶官员的群体特征与整体评价，对当代对外贸易发展过程中海关官员的职能定位和廉洁自律具有借鉴意义。曲金良、赵成国（2013）

研究了宋元时期的海洋文化，其中描述了宋元时期海上贸易、海上运输、海外交流、市舶管理、贸易港的情况。廖伊婕（2015）研究了宋代近海市场与海外贸易问题，认为海外贸易的兴盛是宋代商品经济发展的重要特征，近海市场的发展推动中国传统社会的开放，其中市舶制度也是促进近海市场和海外贸易发展和完善的重要保障。刘翔（2016）研究了三枚与市舶司直接相关的宋代银铤，认为它们是海外贸易征榷与税收的实物体现，是市舶司纲运制度的见证，是市舶司上供进献的原物，体现了宋代市舶与海上贸易的特点。黄纯艳（2016）认为宋代已经形成一个有着相对独立特点、贸易规模颇大的近海区域市场，其商品包括粮食、进出口商品和各地区特产等，具有明确的区域互补性，为沿海地区商品经济和海外贸易发展提供了前提和基础。宋代对外贸易的状况反映了市舶制度的外部环境。曾昭璇等（2003）、龚缨晏（2014）、王多月（2014）、张勇（2014）、谭瑶（2016）、郭振雪（2016）、马建春（2016）、赵旭等（2017）、毛章清等（2017）、郑学檬（2017）、黄建峰（2017）、杨国桢（2018）分别研究了海上丝绸之路的历史溯源、贸易港和对外贸易状况、对外贸易管理等问题，对中国古代市舶制度的研究有借鉴作用。李钢、霍建国（2015）和孙玉琴、常旭（2018）都研究了中国古代对外贸易政策的缘起和演变、对外贸易地理方向、进出口商品及技术输出与输入、对外贸易产生的社会经济效应等问题，也描述了中国古代对外贸易管理制度——市舶的相关问题。也有学者研究了清代财政体系向近代转型的表现与原因，倪玉平（2018）基于详尽的数据从财政收入、支出和管理各方面论证了清末“国家财政”到“财政国家”的近代转型。王文素、龚浩（2018）认为财政现代化的标志是实现财政的控制权由专制君权向民权的转移。赵云旗（2016）、马金华（2018）认为现代财政制度的起点和核心内容是预算制度，并探究了传统预算制度现代化转型的过程。

1.2.3 对已有研究的评价

1. 缺乏以财政学范式所做的研究

目前学者多是以历史学的范式研究市舶问题，旨在考证市舶司和贸易港设置地的变迁、市舶司机构职能和官员任职、市舶司对舶商海船的管理、市舶条例细则等，鲜有对市舶和财政关系的探讨。目前的研究多是说清楚市舶制度实施历史时期的某个现象、某个事件、某个制度规定，研究较为微观，缺乏立足财政学理论体系、突出财政学科特点、用现代视角分析古代问题、突出“以史为鉴”的现代意义的探讨，缺乏对隐藏在制度背后的财政规律性问题的研究。以后的研究可以通过整合市舶制度中的财政内容，运用经济学、财政学的理论研究市舶的财政效应、经济效应和社会效应，从财政视角探求市舶制度中所体现的税制设计、税收管理、中央和地方政府间财政关系等问题。

2. 缺乏深入的定量研究

目前关于市舶司和市舶制度的描述性研究已经十分丰富，这些研究在挖掘和整理史料、还原制度原貌方面做出巨大的贡献，但缺乏用数理模型和统计分析的方法对其做出深入的定量研究。目前已经具有一些对唐、宋、元、明、清各朝财政收入和经济发展状况的量化研究，在历代古籍中也能进一步挖掘如户口数、田赋额、商税额、土地数量等数据，所以可以尝试对市舶征税税率、市舶收入在财政收入中占比、市舶收入与其他财政收入形式的比较、市舶征税的社会政治效应中的博弈关系等方面进行量化分析。但是基于数据较为分散、计量单位不统一、年代久远数据缺失等原因，对市舶问题做量化研究有一定难度，但可以作为学者一个努力的方向。

3. 缺乏从动态视角对市舶制度变迁的分析

市舶制度在清初设立海关之后就退出历史舞台，被海关税制度取代。目前对市舶制度的研究基本都是停留在该制度所存在的历史时期，或研究唐代市舶制度的发端，或研究宋元时期市舶的繁盛，或研究明代市舶的衰落，缺乏以动态的视角对市舶征税变革，以及其向海关税过渡的原因、过程、特点等问题的深入挖掘。明代后期，督饷馆和饷税的出现对市舶征税向海关税过渡起到了承上启下的作用，清代的海关对海外贸易的管理方式是市舶制度在新的历史条件下的继续和发展。对市舶制度变革问题的研究有助于寻求财政体制的发展规律，所以这是今后的研究需要发掘的领域。

1.3 研究思路、框架与方法

1.3.1 研究思路

本书的研究思路如图 1－1 所示。

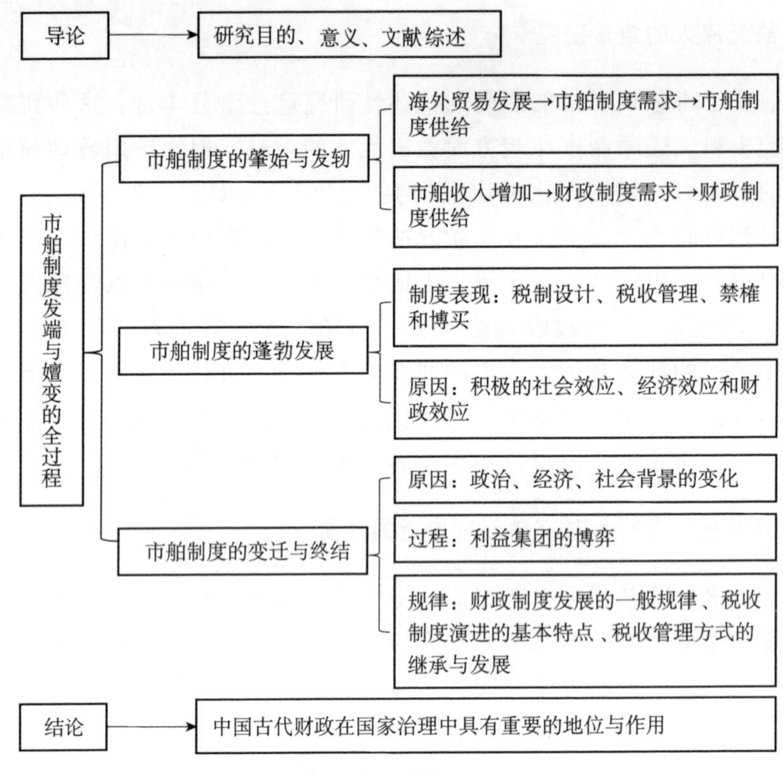

图 1－1 研究思路

1.3.2 研究框架

中国古代的市舶制度包含国家对海外贸易管理的各方面内容，本书主要从财政视角研究中国古代的市舶制度，重点挖掘市舶制度肇始、发展、变迁、终结各个阶段的财政原因和经济原因，找到支持制度产生和变迁的财政学和经济学依据，并探讨中国古代市舶制度嬗变的全过程对财政制度建设的意义。本书主要有五个部分，包含不同的章节：

第一部分是绪论，包括本书的第 1 章内容。主要阐述研究的目的和意义、文献综述、研究思路和方法、本书的框架、研究的难点与重点、本书的创新与不足，这是本书研究的起点和基础，通过梳理相关文献，找到本书研究的方向与重点。

第二部分是研究市舶制度的肇始与发轫阶段，包括本书的第 2 章内容。该部分探讨促使市舶制度及相应的财政制度产生和逐渐发展的原因。随着唐代及北宋时期海外贸易规模扩大，社会各经济主体对市舶制度产生需求；随着市舶收入对财政的价值增加，国家对海外贸易管理和汲取财政收入也有了需求，这些需求促进了制度的供给，市舶制度及相应的财政制度从而诞生。

第三部分是研究市舶制度蓬勃发展的阶段，包括本书的第 3—7 章内容。首先运用财政学的研究范式和逻辑思维对宋元市舶制度中的财政内容进行整合，爬梳出宋元时期市舶制度的财政表象。从纳税人、征税对象、税率、减税免税、税收处罚几个方面研究市舶制度中的税制要素，从税收的行政管理和征收管理方式两个方面研究市舶税收管理制度。此外还研究了宋代市舶制度中的禁榷和博买制度。其次研究宋元市舶制度的效应，在分析宋元市舶制度的社会效应时，主要研究市舶制度对私人经济主体的正面和负面影响，探讨官府与中外海商如何在利益的共赢与争夺中寻求平衡，从而维持王朝的统治。在分析宋元市舶制度的经济效应时，重点研究受市舶制度和海外贸易影响程度较大的江南和沿海地区的产业结构和税收结构情况，进而探讨税收与经济的关系。在分析宋元市舶制度的财政效应时运用成本—收益分析法，探讨市舶制度的财政价值所在。正因为市舶制度具有积极的社会效应、经济效应和财政效应，所以这个制度才会有旺盛的生命力。

第四部分是研究市舶制度的变迁与终结阶段，包括本书的第 8 章内容。明初实行朝贡贸易和禁海，市舶管理方式不利于商品经济发展，所以注定要发生制度变迁。明中期以后，开海方利益集团、禁海方利益集团和统治者进行了持久而曲折的博弈，最终实现隆庆开海和饷税征收，这是市舶征税制度的重大变革。清初设置四海关，市舶制度完全转型为近代海关制度，中国古代的市舶制度至此终结。市舶征税向海关税过渡的过程中，体现了财政制度发展的一般规律，体现了税收制度演进的基本特点，体现了税收管理方式的继承与发展。

第五部分是结论。从财政视角审视市舶制度肇始、发展、鼎盛、变迁、终结的全过程，可以看出古代财政在国家治理中的地位与作用。财政制度发端于社会共同需求。财政是连结社会各领域的纽带。财政的机制设计为国家治理提供制度保障。财政制度内在的调整机制会保持其先进性和连续性。

1.3.3 研究方法

本书综合使用了历史学、财政学、经济学、统计学、文献学的研究方法。在描述唐宋元时期社会经济和海外贸易概况，整合宋元市舶制度的征税、专卖、政府购买的内容时，使用了文献研究法。在研究宋元市舶制度的经济效应时，摘录了镇江和庆元府两个沿海城市的土地收入和工商税收的数据，对数据进行比较分析，从两地税收结构的变化探寻海外贸易对沿海地区经济发展的影响，并结合宋元时期国内各区域商税数额进行比较研究，探讨经济决定税收，税收又反作用于经济，二者相互依存相互影响的辩证关系。又将沿海重要贸易城镇不同年份人口增长数据及全国人口数据进行比较，讨论海外贸易及市舶制度对城镇发展的影响。在这里使用了统计分析法、比较研究法、定量分析法的研究方法。在研究明中后期开海征税的过程时运用了博弈论的模型研究法，研究了统治者、开海方利益集团和禁海方利益集团的不同行为表现，并建立博弈模型分析不同利益集团对制度变迁的影响。在总结市舶制度发展全过程的财政规律时，探讨了财政制度发展的一般规律、税收制度演进的基本特点、税收管理方式的继承与发展等财税制度嬗变的规律，使用了定性分析法。

1.4 研究难点、创新与不足

1.4.1 研究难点

1. 史料繁多又难以创新

市舶制度从唐朝发端，到宋元时期蓬勃发展，又在明中后期至清初变迁和终结，经历了五个朝代逾千年的漫长岁月，目前尚无系统的关于市舶财政内容的梳理。所以需要查阅唐、宋、元、明、清历代正史、别史、经书、实录、政书、子集、档案、地方志等各种史料，浩如烟海，工作量极大。特别是宋元时期的史料相比明清更为有限，如果引用学者文集中的内容，还需要与其他史料进行比对和考据，所以，罕见新史料的发现与选用，需要做更细致艰苦的努力。

2. 对财政学和经济学的理论水平要求较高

本书的研究重点不是笼统地描述中国古代的市舶制度，而是把市舶制度中的一些财政内容剥离出来，透过财政学和经济学视角、运用财政学和经济学的方法来研究市舶制度的各种效应，以及市舶制度向海关制度过渡中所体现的财政特点。从财税史的角度论述中国财政制度演进的规律和特质，从而推进构建有中国特色的本土化财政基础理论体系。所以这需要有扎实的财政学和经济学理论功底，能够从古代市舶的历史现象升华到财政学基础理论构建的层面。

3. 量化历史的研究存在诸多瓶颈

本书希望利用田赋、商税、市舶收入、盐课、酒课、户口等财政内容的数据化特点进行量化历史研究，以探讨中国古代市舶制度的经济效应和财政意义。此外，本书尝试通过构建博弈论模型研究市舶征税向海关税转型的过程，以及各个行为主体对制度变迁的影响。但是在对历史问题建立模型和数据分析时，难免会遇到数据缺失、模糊和一些技术性问题。如何能做出经得起推敲的、能够提供科学参考价值的结论，是个很大的难题。

1.4.2　创新与不足

1. 创新之处

（1）研究视角的创新

目前学者的研究多是从历史角度对市舶制度进行史料爬梳和文献考证，缺乏从财政学角度对该问题的研究。本书旨在研究视角上进行创新，从财政学的研究范式和逻辑思维来研究市舶制度，将市舶制度中税制要素、税收管理、国家专卖和政府购买内容看作财政制度构建中的一部分，市舶制度在推进中国古代财政制度体系构建中发挥了重要作用。市舶制度演进的全过程体现了财政发展的规律，市舶制度转型体现了财政制度的转型，这是对市舶制度、财政制度产生和变迁研究的新视角。

(2) 研究方法的创新

本书综合运用经济学、统计学和财政学的研究方法研究历史问题。在研究市舶制度的财政效应和经济效应时，对市舶收入、财政收入和其他税收收入的数据进行统计学的比较分析，用地方志中辑录出来的直观数据阐述市舶制度的效应。在研究市舶征税向海关税过渡的问题时，尝试建立完全信息静态博弈模型，探讨不同利益集团对市舶制度变迁的影响。用跨学科的方法研究历史问题，抽丝剥茧展示历史史实中的财政规律，是研究方法创新的意义所在。

(3) 研究内容的创新

本书从动态的角度研究了古代市舶制度的重大变革，以及市舶征税制度向海关税过渡的问题，并挖掘其中体现的财政特点和规律。明代饷税体系的建立，不但是对宋元时期市舶制度的延伸和进化，更是对清初海关税征收的过渡和启发。清初的海关税制不仅有系统的完税手续、完备的关税则例，并且采用国别税率，从而产生了中国近代海关税体系。本书探讨了明中后期市舶征税制度的变革，以及市舶征税向海关税过渡的表现和财政意义，用动态的视角研究这个制度的过渡期，运用财政学的分析框架总结了过渡期所表现出的一般性财政规律，探讨制度的变迁和衔接的问题，这是研究内容的创新。

2. 不足之处

由于本书研究内容的时间跨度较大，难免在史料创新上有所欠缺，对历史现象的描述不够详尽细微。在运用经济学和财政学的范式研究历史现象时，史料的运用还难以做到驾轻就熟。本书尝试用数据研究的方法证明海外贸易和市舶制度对江南及沿海地区的经济影响，以及用博弈模型研究市舶制度转型问题，鉴于数据的缺失、数据单位统一的困难、模型假设的局限性等原因，这种量化历史的研究在数据选用上仍难以做到像现代研究一样具有严谨的科学性。

第 2 章

市舶制度的肇始与发轫

海外贸易在唐代之前只是民间自发和自由的经济行为，没有国家借助财政手段而参与管理。但是随着海外贸易规模的扩大和财政汲取社会财富的需求增加，国家及各私人经济主体对市舶制度都有强烈的需求，有制度的需求就有制度的供给，市舶制度在唐宋时期肇始并进一步发展[①]。

2.1 经济主体对规范海外贸易管理的需求及市舶制度供给

2.1.1 唐代之前的海外贸易

中国的先民向大海寻求财富的活动源远流长。《竹书纪年》中记载夏代帝芒十三年“东狩于海，获大鱼”[②]。在商代，甲骨中有“舟”字的契刻，殷墟中有出土的鲸鱼胛骨，《诗经》中赞颂商王相土“相土烈烈，海外有截”[③]，这些表明商代人民与海洋也有密切的联系。《穆天子传》中记载周穆

① 唐代海外贸易的活跃及市舶制度的产生有诸多原因。如隋代和唐代初期，中国与外国的交流通常从陆路与海路并举，陆路以长安为中心，通往波斯、地中海和北印度；海路以广州为中心，通往东南亚、西亚等地。唐玄宗天宝十年（751），大将高仙芝在怛罗斯（今哈萨克斯坦东南部江布尔城）败于大食国，中国便无力控制中亚地区。再加上后来安史之乱的影响，河西走廊和陇右一带也多受阻隔，“陆上丝绸之路”再无昔日的辉煌。但以广州为起点的“海上丝绸之路”则没有受到太大影响，所以从唐朝中叶以后，国家更依赖海外贸易，海上丝绸之路开始出现空前的繁荣。本书重点基于制度需求和供给的角度讨论问题，所以其他的诸多原因有所忽略。

② （南北朝）沈约注，洪颐煊校．竹书纪年卷上・帝芒［M］．北京：中华书局，1985：13.

③ 程俊英译注．诗经译注・商颂・长发［M］．上海：上海古籍出版社，1985：680.

王多次赏赐臣下"贝带"，如赏赐命怀"贝带朱丹七十裹"，赏赐诸飦"贝带朱丹七十裹"等[①]，贝带是用贝类装饰的绶带，而贝类来自于东南沿海，可见西周时期中原与海洋已经有很密切的关系。

秦汉时期人们对海洋的探索更为广阔，《汉书·地理志》中记载了都元国、邑卢没国、谌离国、夫甘都卢国、黄支国、皮宗、海日、已程不国等海外诸国。《释名》中记载了诸多船舰的名字和形态，如"艨冲""先登""赤马""楼船""斥候"等[②]，这些反映了秦汉时期的造船水平，这为海外交往提供了物质基础。汉代海外贸易活动活跃，所以出现一些繁盛的港口城市，如《史记·货殖列传》描述番禺（即广州）是岭南重要的都会，珠玑、犀角、玳瑁等珍宝汇聚于此。三国东吴地处海滨，与海外诸国交流频繁，孙权曾派臣僚康泰和朱应出使南海诸国，两人分别写下《吴时外国传》和《扶南异物志》两部书，记录了南海诸国的物产、风俗、贸易、交通、造船等情况[③]。《晋书》中称广州"包山带海，珍异所出"[④]，可见广州一直是沿海重要的贸易港。

中国古籍中关于关税的记载也颇为久远，唐代之前的关税大致有三种形式：其一，城门设立关卡，对过往货物征税。如《周礼》中载："司门，掌授管键，以启闭国门，几出入不物者，正其货贿，凡财物犯禁者举之，以其财养死政之老与其孤。"[⑤] "司关，掌国货之节，以联门市，司货贿之出入者，掌其治禁，与其征廛。凡货不出于关者，举其货，罚其人，凡所达货贿者则以节传出之。国凶札，则无关门之征，犹几。"[⑥]"司门"和"司关"是城门管理和征收关税的机构及官员。其二，国内陆路水路的交通要道设立关卡，如齐桓公践位十九年（前667）"弛关市之征"[⑦]；汉武帝建元元年（前140）"除关"，免除关津之税；汉献帝延康元年（220）曹丕下令"轻关津

---

① （晋）郭璞．穆天子传［M］．卷4．北京：中华书局，1985：20.

② （汉）刘熙．释名·释船［M］．卷7．北京：中华书局，1985：122.

③ 目前两部书已经失传，但在《隋书》《旧唐书》《艺文类聚》《北堂书钞》《太平御览》《玉海》等书中有其存留文字，可见三国吴时海外交流情况。

④ （明）李贤．大明一统志·广州府［M］．卷79．西安：三秦出版社，1990：1207．载《晋书·吴隐之传》，"广州包山带海，珍异所出。"

⑤ （清）孙诒让．周礼正义·地官司徒·司门［M］．卷17．北京：中华书局，1987：1101.

⑥ （清）孙诒让．周礼正义·地官司徒·司关［M］．卷17．北京：中华书局，1987：1105.

⑦ （春秋战国）管仲著，（唐）房玄龄注，（明）刘绩补注，刘晓艺校点．管子·大匡第十八［M］．卷7．上海：上海古籍出版社，2015：128.

之税，皆复什一”[①]。其三，陆路国境的征税，主要是边关军事要塞和交通要道对来往货物征税。《汉书》中记载“后景帝复与匈奴和亲，通关市”，“武帝即位，明和亲约束，厚遇关市，饶给之”[②]。此处反映出汉代陆路边境所征收的边关税。这些史料可以证明，中国在先秦时期已经开始对陆路边境和国内水路陆路贸易征税，但征收关税目的在于满足财政需求，维护国家治安，贯彻重农抑商的政策，补偿关卡设置的行政成本，不具备对海外贸易管理的作用，所以这些税不具有海关税的性质。

2.1.2　唐代海外贸易发达

1. 国际环境

唐朝时，世界上一些国家的帆船制造技术有了很大进步。如古代印度造船擅长用不同质地的木材来制造船只的不同部位，印度船有精巧的风帆和先进的导航工具，古印度人也很早就掌握了建造船坞的技术，便于船只的保养与维护。印度文献中记载着印度船只在孟加拉湾东岸、东非、阿拉伯、印度尼西亚群岛、波斯湾港口等地航行的资料。再如古阿拉伯地区具有悠久的航海和对外贸易的传统，阿拉伯船只的船板之间用绳子连接，板缝用橄榄糖、沥青或鱼油涂抹，这样船只具有弹性，就算触礁也不会破裂。阿拉伯船的船体不大，但是机动性和抗风浪性良好，阿拉伯人通常每年11—12月乘东北季风出发，经印度、东南亚，然后利用夏季的西南季风便可抵达中国，而中国的收泊港主要是广州。此外，这个时期西亚和东南亚一些国家建立了阶级分明和秩序规范的政治制度，政局的稳定促进了海外贸易的繁荣。如7世纪时骠国（今缅甸的早期国家）是一个较为广阔的国家，《旧唐书》记载其在“永昌故郡南二千余里，去上都一万四千里，其国境东西三千里，南北三千五百里”[③]。骠国的纺织业、金银铜器制造业、制陶业都很有特色，并使用金银钱币，所以骠国和唐朝的贸易很频繁。再如该时期阿拉伯帝国处于阿拔斯王朝，即中国古籍中的“黑衣大食”，在哈伦·拉希德和马蒙统治时期帝国达到极盛状态，巴士拉、锡拉夫、巴林等是阿拔斯王朝重要的对外贸易港口，在其遗址考古中也发现过大量中国的瓷器碎片。正是当时西亚和东南亚

① （晋）陈寿．三国志·魏书二·文帝丕［M］．卷2．上海：上海古籍出版社，2002：48．

② （汉）班固．汉书卷九十四·匈奴［M］．卷94．上海：上海古籍出版社，2003：1889．

③ （后晋）刘昫．旧唐书·列传第一百四十七·骠国［M］．卷197．北京：中华书局，1997：5285．

一些国家稳定的政治环境和良好的经济状态，使其和中国的海外贸易活动具有物质基础。

2. 国内经济与海外贸易状况

从国家的整体经济形势看，唐代经济制度较之秦汉表现出极大的宽容性，宽松的制度环境造就了繁荣的经济社会。唐代农业耕作技术和生产工具水平有很大提高，农业的稳固为其他产业的发展提供前提基础。唐代手工业制品技艺非凡，冶铁业的范围扩大，金银器的产量提升，瓷器、丝织品和茶叶是国际市场上交易的重要商品。

从区域经济发展的状况看，江南和岭南地区经济发展迅速。西晋末年和隋末北方社会动乱引发的北方人口南迁给江南带来了先进的生产力，推动江南社会经济的快速成长。唐玄宗天宝年间（742—756），江南十五州的人口从隋代的159585户增加到1169626户，增长了6.33倍。江南一些大的州有七八万户甚至十万户的人口，几乎与黄河流域大州的人口相当①。江南地区水稻种植上推广连作法、播秧法和苗圃育秧技术，产量大为增加。江南很多地区通过推广先进织机或改良原有织机，提高了丝织品的产量和质量，越州的唐绫、扬州的织锦都是以花鸟为纹饰，生动秀美不同于他处。越窑、瓯窑、婺州窑是江南制瓷业的代表，越窑的青瓷和秘色瓷釉层均匀、色泽雅致，代表了南方陶瓷业的最高水平，瓷器也成为外贸的重要商品。江南社会经济的发展促进当地海外贸易的发展，唐代两浙地区的温、台、明、杭、江阴等港口都有蕃舶停靠的记录，尤其以和朝鲜半岛、日本的海外贸易居多。

岭南地区的开发也得益于北方移民带来的劳动力补充和先进的生产技术。在农业上，岭南人民掌握了较为先进的水稻移栽技术，并仰仗优越的自然条件，岭南地区普遍实现了水稻的一年两熟，部分地区还实现了一年三熟的稻麦复种制，大大提高了当地的粮食产量。与此同时，岭南地区的农副产业开始发展，如种植花卉水果、养殖水产、专业经营菜圃等，岭南地区的商品经济逐渐繁荣活跃起来②。在手工业上，岭南地区的富州、宾州、澄州、广州等地盛产黄金，广州、贺州等地冶铁业兴盛。广州、韶州、循州、容

① 宁可．唐代宗初年的江南农民起义［A］．历史研究，1961（6）：44—58.
② 李庆新．略论南汉时期的岭南经济［J］．广东社会科学，1992（6）：71.

州、象州是岭南地区的主要茶区，生产的名茶有竹茶、西乡、春紫笋、夏紫笋等。此外，岭南地区还盛产棉布和珍珠。

唐中期之后海外贸易日趋兴旺，韩愈在《送郑尚书序》中写道："东南际天地以万数或时候风潮朝贡蛮胡贾人舶交海中"，"外国之货日至，珠香、象犀、玳瑁奇物溢于中国，不可胜用。"① 李翱描述海外诸国每年来中国贸易的繁忙景象："蕃国岁来互市，奇珠、玳瑁、异香、文犀皆浮海舶以来常贡是供，不敢有加，舶人安焉，商贾以饶。"② 白居易的诗句"诃陵国分界，交趾郡为邻"，"牙樯迎海舶，铜鼓赛江神"③，描写了岭南地区和东南亚各国的密切交往。沿海一带出现了诸如交州、钦州、阳江、潮州、广州等重要的贸易港口，尤其以广州为繁盛，《旧唐书》中说"广州有海舶之利，货贝狎至"。陆龟蒙的诗句描述广州附近海舶往来的景象："城连虎踞山图丽，路入龙编海舶遥。"④ 由于岭南地区珍货汇聚，所以岭南手工业中有对香料、犀角、象牙、玳瑁等珍货的开发和加工，这些也成为岭南地区对外贸易的重要项目。基于海外贸易的兴盛，张九龄曾有论述："海外诸国，日以通商，齿革羽毛之殷，鱼盐蜃蛤之利，上足以备府库之用，下足以赡江淮之求。"⑤ 唐代海外贸易较之前代有巨大的发展。

2.1.3　宋代海外贸易繁荣

1. 国际环境

这个时期有多个海外国家政治平稳，经济发展，和中国保持了良好的贸易关系。如镰仓幕府时期的日本商品经济发达，与宋朝贸易频繁，向中国出口了大量的漆器、铁器刀剑、木材、珍珠等物品，并且大量流通中国的铜币。三佛齐是史籍中出现频率很高的贸易国家，三佛齐在南宋时期国力达到顶峰，有多个属国，控制了马来半岛南部的海外贸易，向中国出口象牙、犀

---

① （唐）韩愈．昌黎先生文集·送郑尚书序［M］．卷21．续修四库全书第1309册．上海：上海古籍出版社，2002：650.

② （唐）李翱．李文公集·徐公行状［M］．卷11．上海：上海古籍出版社，1993：56.

③ （唐）白居易．白氏长庆集·送客春游岭南二十韵［M］．卷17．景印文渊阁四库全书第1037册．台北：台湾商务印书馆，2008：188.

④ （唐）陆龟蒙．甫里集·和吴中言怀寄南海二同年［M］．摛藻堂景印四库全书荟要第367册，台北：世界书局，1988：61.

⑤ （唐）张九龄．曲江集·开凿大庾岭路序［M］．卷17．上海：上海古籍出版社，1992：130.

角、香料等物资。两宋时期占城是印度支那的国际贸易中心，是中国和南洋、印度洋国家贸易的中间城市。当时占城王国的统治者都十分重视海外贸易，设有专职官员和税收制度管理进出口事务，“商舶到其国，即差官摺黑皮为策，书白字，抄物数，监盘上岸，十取其二外听交易”①，中国和占城的贸易物资主要是脑麝、檀香、草席、凉伞、绢扇、瓷器等。9—12世纪的孟加拉国在波罗王朝的统治下达到鼎盛，社会在一个较长的阶段处于相对稳定和平的状态，经济也随之繁荣。孟加拉国以制糖业、棉纺织业和造船业最为发达，吉大港、索纳尔冈、巴格哈特等城市是重要的造船中心和港口，海外贸易兴旺。宋代中国与印度的贸易达到了中世纪民间贸易的高潮。印度南部东西两岸商业繁荣，贸易港众多，很多商人都到中国进行贸易，故临港口是当时印度最大的贸易集散和转口中心，也是和中国进行贸易的重要连接地。

2. 国内经济概况

宋代传统农业在农具改进、良种培育、粪肥使用、集约经营等方面有长足的发展，粮食产量的提高使土地能够在保证人民温饱的前提下进行经济作物的种植，所以此时农业的发展更表现在商业性农业的发展上。以棉花、桑麻、竹子、茶叶、果树、蔬菜、药材、花卉等经济作物为主体的商品性种植业加速扩展，农民群体中出现了很多专业的茶农、果农、蔗农、菜农，他们像独立手工业者一样成为小商品生产者。农业是国民经济的基础，农业发展的形态和特点对其他产业有决定性意义，如宋代两浙江东等地的农业发展丰茂，有利于手工业、商业、货币流通、城市经济、海外贸易的相应繁荣。两宋时期中国的手工业水平远远高于欧洲和亚非各国，手工业制品是海外贸易的主要交易对象。宋代丝织业是家庭手工业的主要项目，小生产者交易的不便促使大量包买商的产生，众多丝织品通过大小商人的转运而进行交易流通，这更加促进了宋代商品经济的发展。陶瓷工艺在两宋时期有突飞猛进的发展，宋代哥窑、官窑、汝窑、柴窑、定窑出产的瓷器美轮美奂，瓷器是海外贸易的重要输出品。宋代的造船业达到世界领先水平，此时海舶载重量大，性能优良，远航能力有大幅提高，“海商之舰，大小不等。大者五千料，可载五六百人。中等二千料至一千料，亦可载二三百人。余者谓之钻风，大

① （宋）赵汝适著，杨博文校释．诸蕃志校释·占城国［M］．卷上．北京：中华书局，1996：9.

小八橹或六橹，每船可载百余人”[①]。两宋时期手工业商品的繁盛和航海技术的优越，是海外贸易发展的先决条件。

3. 海外贸易状况

北宋时期海外贸易比唐代有长足的发展，“广南东西路……宋初以人稀土旷并省州县，然岁有海舶贸易，商贾交凑”[②]。南宋偏安江南一隅，地理位置的特殊性和政权的羸弱性导致统治者的视角不得不投向东南广阔的海洋，海外贸易的发展更是势头强劲。宋代自京东路至海南岛，贸易港有十余处，并且多层次系统化地发展。宋代贸易范围也较前代扩大，据宋人撰写的《岭外代答》《诸蕃志》《云麓漫钞》等著作的记录，当时与中国贸易往来的国家和地区有六十个以上[③]。宋代海外贸易进口的多是原材料和半成品，出口的则是高附加值的手工业制品，并且越来越多的生活资料和生产资料进入流通领域。可以看出，宋代开始由自然经济转向商品经济、由自给自足转向专业分工、由生产使用价值转向生产交换价值、从内陆封闭经济转向海洋开放经济。

宋代海外贸易对百姓生活产生了深刻的影响，以香药为最。进口舶货中很多药材是中医制药中不可或缺的原材料，如南亚、印度等地出产的阿魏是中医中用来杀虫、解毒、消积的药材；东南亚大量进口的荜拨是中医中用于治疗腹痛、呕吐、胃寒的药材；非洲东南部和阿拉伯半岛出产的没药是中医中用来活血、消肿、止痛、散瘀的药材；小亚细亚出产的苏合油是中医用以通窍、辟秽、疏通、理气的药材。这些进口药材经过烘焙、融合、拣选等程序进行深加工，成为百姓生活中不可或缺的治病良药。宋代医药书中记载的用香药制作的药物有二三百种，可见这些香药对百姓生活影响之大[④]。除了中医学中运用香药，百姓的日常饮食中也常见香药的身影。宋代广州人以槟榔待客，常在槟榔中加入桂花、丁香和三赖子等诸味香药，“谓之香药槟榔”[⑤]。北宋时期，开封百姓庆祝端午节的必备物品中常有香药，“紫苏、菖

---

① （宋）吴自牧．梦粱录·江海船舰［M］. 卷 12. 北京：中华书局，1985：102.

② （元）脱脱等．宋史·地理六［M］. 卷 90. 北京：中华书局，1985：2247.

③ 黄纯艳．宋代海外贸易［M］. 北京：社会科学文献出版社，2003：30.

④ 陈高华，吴泰．宋元时期的海外贸易［M］. 天津：天津人民出版社，1981：201.

⑤ （宋）周去非著，杨武泉校注．岭外代答校注·食用门·食槟榔［M］. 卷 6. 北京：中华书局，1999：235.

蒲、木瓜，并皆茸切，以香药相和”[①]。南宋杭州城中的小贩常用香药浸染果品来售卖，称为“香药果子”[②]。《武林旧事》中记载宋末元初杭州处处都有给客人提供香药饮品或香药果子的酒馆店铺，谓之“香药灌肠”“沉香水”“琥珀果”等[③]。可见此时香料也是百姓饮食的主要内容。除此之外，舶货在民间宗教活动中也多有使用。如焚香是宗教活动中重要的仪式，南宋时民间供佛多用光香和笺香，“光香出海北及交阯，与笺香同，多聚于钦州，大块如山石，枯槎气粗烈如焚松桧，桂林供佛宾筵多用之”[④]。进口舶货在建筑、民俗、日用品等方面还有其他的用途。《诸藩志》载：日本“多产杉木、罗木，长至十四五丈，径四尺余，土人解为枋板，以巨舰搬运至吾泉贸易”[⑤]。所以陆游在《放翁家训》中嘱咐子孙“四明临安倭船到时，用三十千可得一佳棺”[⑥]，由于日本的木材材质优良，色泽温润，极抗虫蛀，价格也较为实惠，无怪乎陆游会叮嘱子孙在倭船到达时购买这些木材制作棺木。时人还将进口品做成日常生活器物，如珊瑚做的笔格，沉香、乌木、花梨等珍贵香料木材做的棋桌和茶桌，当然这些都是富裕人家才消费得起的[⑦]。两宋时期整个社会对舶货都有强烈的需求，这种购买的意愿会增加舶货的销售量，会助长舶货价格的提升，从而又会吸引蕃商增加舶货的供给。需求和供给的内在统一使商品价值得以实现，也会促进社会再生产，促进沿海乃至国内各相关产业的发展，这就迫切要求规范的海外贸易管理制度的出现。

2.1.4 市舶制度供给

制度是对人们行为的一种约束，是个人在一定的社会范围内必须遵守的规则，适时而恰当的制度有助于维护良性社会秩序的形成，从而保护人们财富创造的积极性并有利于社会分工的进一步细化、成熟。特别是国家相关经济制度的提供，可以通过鼓励、提倡或者惩罚的方式影响人们的行为，从而

① （宋）孟元老．东京梦华录·端午［M］．卷8．上海：古典文学出版社，1957：47.

② （宋）吴自牧．梦粱录·果之品［M］．卷18．北京：中华书局，1985：145.

③ （宋）周密．武林旧事·市食［M］．卷6．北京：中国商业出版社，1982：122.

④ （宋）周去非著，杨武泉校注．岭外代答校注·香门·众香［M］．卷7．北京：中华书局，1999：245.

⑤ （宋）赵汝适著，杨博文校释．诸藩志校释·倭国［M］．卷上．北京：中华书局，1996：155.

⑥ （宋）陆游．放翁家训［M］．北京：中华书局，1985：3.

⑦ 黄纯艳．宋代海外贸易［M］．北京：社会科学文献出版社，2003：214.

引导人们从事相应的生产和消费活动，进一步影响经济的发展状况。各项具体的制度，可以明确地划分行为主体的责任、权力和利益边界，有利于人们之间的分工与合作；约束人们追逐私利的机会主义行为，有利于保证正常的市场秩序。当人类社会面临特殊的历史背景时，人们就会出现对制度的需求，国家就会提供相应制度。

唐代之前海外贸易的规模较小，对经济社会和百姓生活没有广泛的影响，海外贸易完全是民间自发和自由的行为，各利益主体没有对国家介入海外贸易管理的需求，所以此时没有市舶制度的存在。唐代海外贸易有了长足的发展，沿海地区与海外诸国交流的港口增加，蕃商来华的人数和频率增加，舶货进入中国的数额和种类增加，这些新变化要求新的海外贸易制度产生。虽然《唐六典》载，隋代设置“交市副监”，唐代改为“互市监”，都是掌管“诸蕃交易之事”[①]，但“互市监”是笼统而粗放地将陆路国境和沿海边境交易统一管理，不能适应海外贸易规模扩大后的经济管理需要，所以唐玄宗时期朝廷派遣市舶使到沿海地区参与海外贸易管理，并制定了具备财政内容（征税、收市、进奉）的市舶制度。不过此时海外贸易的发展程度仍然有限，所以唐代并没有出现规范而完备的市舶制度。

两宋时期海外贸易出现了极度繁荣的局面，海外贸易对社会各经济领域和百姓生活产生了深刻的影响。复杂的海外贸易形势需要政府出台完备而适宜的市舶制度，所以宋代市舶司成为官府的常设机构，人员配备颇为慎重，关于海外贸易的财经法规周密而完备，官府开始深入参与海外贸易管理事务。在这样的制度协调和约束下，宋代沿海地区工商业飞速发展，产业结构较之前代有巨大的变化，沿海地区也出现了多个新兴城镇，这些城镇的人口增长迅速，市舶制度对经济社会产生了积极的效应。所以海外贸易发展阶段的不同深入程度对市舶制度产生了不同的需求，有了制度的需求就有制度的供给，市舶制度便随之产生和发展起来。

---

① （唐）李林甫等著，陈仲夫点校．唐六典·诸互市监［M］．卷22．北京：中华书局，1992：580．

2.2 财政对市舶收入的需求及财政制度供给

2.2.1 唐代财政对市舶收入的需求

唐代财政对市舶收入的需求主要是统治阶层对珍奇舶货的需求[①]，市舶收入对于国家财政的影响有限，但市舶收入的财政作用呈逐渐上升的趋势。唐代皇帝派遣到沿海地区参与海外贸易事务的官员有“市舶使”“押蕃舶使”“监舶使”等[②]。《旧唐书》记述开元二年（714）十二月“时右威卫中郎将周庆立为安南市舶使，与波斯僧广造奇巧，将以进内”，柳泽认为周庆立进奉奇器会激发帝王的贪欲，所以上书进谏[③]。《新唐书》卷一一二和《册府元龟》卷五四六中也有类似记载。“唐制岭南为五府，府部州以十数。其大小之戎，号令之用，则听于节度使焉。其外大海多蛮夷，由流求诃陵西抵大夏康居，环水而国以百数，则统于押藩舶使焉。”[④] 唐代一般由节度使兼任押蕃舶使，主管海外贸易诸项事务。唐代监舶使主要监督市舶使的任职情况，所以沿海地区会同时设有市舶使和监舶使。唐玄宗时期使职差遣制盛行，市舶使是为皇室获取珍宝的派遣官，也会协助地方政府长官管理蕃舶、征收关税、收购政府专卖品和处理外交事务。《资治通鉴》中载“宦官广州市舶使吕太一发兵作乱……”[⑤] 由于地方官不熟悉皇室内廷所需，内廷也不了解舶货的品种和价值，由宦官和地方官协同合作较为妥当，所以唐中后期宦官常任市舶使。

---

① 在古代中国的早期，财政既包括王室收支，又包括政府收支（或者称为“国家财政”）。秦汉时期，王室（或者称为“皇室”）收支和政府收支发生分离，管理王室私财的机构为“少府”，管理政府财政的专职机构为“治粟内史”，各司其职。皇室收入主要来源于皇庄以及政府按规定拨付的资金，其支出是满足皇室开支的各项物资。政府财政收入主要依靠赋税收入，其支出是维持政府运转的各项物资。

② 宁志新对唐代使职制度有较为全面的研究，本书借鉴了他的部分研究成果。如宁志新．试论唐代市舶使的职能及其任职特点［A］．中国社会经济史研究，1996（1）：9—14；唐代市舶制度若干问题研究［A］．中国经济史研究，1997（1）：114—121.

③ （后晋）刘昫．旧唐书·本纪第八·玄宗上［M］．卷 8．北京：中华书局，1997：165.

④ （唐）柳宗元．柳河东集·岭南节度飨军堂记［M］．卷 26．北京：中华书局，1960：441.

⑤ （宋）司马光著，邬国义校点．资治通鉴·代宗睿文孝武皇帝上之下［M］．卷 223．上海：上海古籍出版社，2017：2506.

《唐国史补》中载“南海舶，外国船也，每岁至安南、广州……”[①] 广州和安南是唐代主要的海外贸易港口。《唐六典》载少府监中尚署储备“紫檀、榈木、檀香、象牙、翡翠毛、黄婴毛、青虫真珠、紫矿、水银出广州、安南”[②]。广州一直为岭南的政治经济中心，广州港也是中国大陆通往南海、印度洋、波斯湾的海上交通门户，所以唐代海外贸易的主要承接地是在广州，朝廷也主要是在广州设置市舶使。安南位于中南半岛东部，其东部和南部面朝南海，具备优越的海上贸易条件，“每岁，广州常发铜船，过安南易货。”[③] 由于安南贸易地位的重要，陆贽在唐德宗贞元八年（792）向朝廷提出建议：“近日船舶多往安南市易，进奉事大，实惧阙供。臣今欲差判官就安南收市，望定一中使与臣使司同勾当，庶免隐欺。”[④] 可以推断唐中后期朝廷在安南也派遣了市舶使。

唐代中国与新罗、日本、东南亚各国、印度、阿拉伯等国都有贸易往来，覆盖东南亚、西亚、东非、欧洲等广大区域，涉及交易的有香料、纺织品、金属、药材、茶叶、瓷器、佛经佛像、宝石、珍禽异兽等多种物资。毫无疑问，唐代政府通过派遣市舶使获取了大量的珍宝珠玉，但是这些珍宝珠玉的归属是什么，能否用到国家的各项建设中去？《唐会要》记载市舶使获取的舶货会“送少府监，简择进内”[⑤]，“少府监之职，掌百工伎巧之事，……凡天子之服御，百官之仪制，展采备物，皆率其属以供焉。”[⑥] 唐代少府监的主要职责是组织手工业生产，为皇帝和百官提供生活和政务所需物资。所以朝廷从海外贸易中获取的舶货主要是满足统治阶层所需。此外，唐代舶货的收买和交易主要由地方节度使负责，交易中不是完全遵循市场规律，有很大的随意性。如韦正贯担任岭南节度使，“南海舶贾始至，大帅必取象犀明珠，上珍而售以下直，正贯既至，无所取，吏咨其清”[⑦]。按照价值规律，“上珍”应该对应“上值”，但是此处“上珍而售以下直”，可见这种交易更多体现的是抚恤招徕蕃商、怀柔远人的政治意图。

---

① （唐）李肇. 唐国史补［M］. 卷下. 上海：上海古籍出版社，1979：63.

② （唐）李林甫等著，陈仲夫点校. 唐六典・中尚署［M］. 卷22. 北京：中华书局，1992：577.

③ （唐）刘恂. 岭表录异［M］. 卷下. 北京：中华书局，1985：19.

④ （唐）陆贽. 陆宣公集・论岭南请于安南置市舶中使状［M］. 卷18. 杭州：浙江古籍出版社，1988：186.

⑤ （宋）王溥. 唐会要・少府监［M］. 卷66. 北京：中华书局股份有限公司，1955：1155.

⑥ （唐）李林甫等著，陈仲夫点校. 唐六典・少府监［M］. 卷22. 北京：中华书局，1992：573.

⑦ （宋）欧阳修，宋祁. 新唐书・韦皋［M］. 卷158. 北京：中华书局，1975：4937.

唐代前期，市舶收入对国家财政的意义有限，所以朝廷中反对官府获取市舶之利的呼声颇高。如唐玄宗时期“有贾人言市舶利”，玄宗有意命杨范臣前去寻利，但是杨范臣说“御史天子耳目之官”，只能协助皇帝处理军国大事，这种追求钱财之事“特胡人眩惑求媚无益圣德”①，所以拒绝前往，玄宗只好作罢。再如唐玄宗时期柳泽进谏，认为安南市舶使周庆立“广造奇巧”进奉宫廷，会助长君王的奢靡之风，应该遏制这种获取舶货的行为。可见此时朝廷并没有重视市舶收入的财政意义，更多的是考虑这些珍玩会腐化统治者的生活，影响王朝的统治。但是到唐中后期，一方面由于安史之乱后国力衰微，需要寻求更广泛的财政收入来源；另一方面由于海外贸易日趋繁荣，逐渐成为沿海地区的支柱产业，能够为官府提供较为稳定和直接的财政收入，所以国家对市舶收入的需求日渐增加。《新唐书》载广州“地征薄，多牟利于市”，“诸蕃舶至，尽有其税”②，可见市舶征税对岭南地方政府的财政意义很大。再如乾符六年（879）黄巢到广州时，请求朝廷委任其为安南都护、广州节度使，右仆射于琮认为“南海市舶利不赀，贼得益富，而国用屈”③，不能依从黄巢。拒绝黄巢的请求固然有军事和政治上的考虑，但从“国用屈”可见广州市舶收入对国家财政的价值已经很大，已经很受朝廷的重视。此外，安史之乱导致唐王朝在西域的势力衰弱，丝绸之路上的贸易和文化交流不再能够保持以往的繁荣。唐中后期北方藩镇割据状况日渐严重，江南及沿海地区受战火波及较轻，海外贸易仍能够保持一贯的旺盛。国家财政日趋窘迫，迫切需要寻求持续而稳定的财源。这些原因都使统治者着力加强财政对海外贸易财富的汲取能力。综上所述，唐代市舶收入对国家财政的意义呈现逐步上升的趋势，但海外贸易仍没有成为国家仰仗的支柱产业，国家财政对市舶收入的需求是有限的，所以此时没有周密而详尽的市舶制度产生。

2.2.2 宋代财政对市舶收入的需求

1. 皇室及官僚贵族对市舶收入的需求

宋代舶货最大的用途是满足皇室及官僚贵族奢靡的消费需求。宋代少府

① （宋）谢维新．事类备要·监察御史［Z］．后集卷25．文渊阁四库全书本．
② （宋）欧阳修，宋祁．新唐书·王锷［M］．卷170．北京：中华书局，1975：5169.
③ （宋）欧阳修，宋祁．新唐书·黄巢［M］．卷225．北京：中华书局，1975：6454.

监下设“文思院”，“文思院掌造金银犀玉工巧之物，金采绘素装钿之饰，以供辇舆、册宝、法物，凡器服之用”[①]。市舶的珠宝珍玩多是进入文思院进行再加工，满足宫廷所需，“文思院上下界金银、珠玉、象牙、玳瑁、铜铢、漆、皮、麻等诸作工料最为浩瀚”[②]。宋徽宗时在杭州设置了“造作局”，也是负责加工象牙、犀角、金银等进口品，在造作局工作的匠人“日役数千”，可见规模多么庞大。

统治者对于奢侈品的享用已经成为生活的常态，如香药是皇帝、后妃、贵族、臣僚们日常不可缺的物品，皇帝喝的酒中要加入苏合香、乳香、荜拨、龙脑等名贵香料，喝的茶中要“微以龙脑和膏助其香”，皇帝出行要“掷龙脑以辟秽”，皇帝皇后也会在祭祀家庙等重要场合将名贵香料赐予臣下，宫廷里处处都是龙脑的香气。到了传统节日的时候，宫中更是消费香药宝货无数，如端午节皇帝会“分赐后妃诸阁大珰，近侍翠叶……真珠……香囊、软香龙涎佩带”等[③]。七夕节宫廷中摆放“摩睺罗”，“或用象牙雕镂，或用龙涎拂手香制造，悉用镂金珠翠衣帽金钱钗鋜佩环真珠，头发及手中所执戏具皆七宝为之”[④]。

除了皇室痴迷这些奢侈品，很多官僚贵族也是消费珍稀舶货的主力军，高级官员手持的笏板用象牙做成，衣带以犀角珠玉装饰，士大夫阶层讲究的是“烹茶、焚香、吟诗、弹琴”，对香料的消费量很大。南宋时杭州有专门帮人置办香药的“香药局”，达官贵人礼尚往来或者自家消费所需的香药都可由香药局承办。《癸辛杂识》记载“赵梅石孟曦性侈靡而深崄”，其家有沉香暖阁，“香雾纷郁终日不绝”[⑤]。这个官员生活在宋末元初，家里终日不绝使用熏香，可见当时官僚阶层对香药的大量需求。

除了生活中享受的需要，统治阶层在祭祀、封禅等国家重大典礼中也广泛应用珍稀宝货。如宋真宗封禅泰山时，用珍玩装饰沿途，并用沉香、乳香等香料“置圜台，经五丈，高九尺”[⑥]。宋仁宗祭天求雨时，“于殿下设香

① （元）脱脱等. 宋史·职官志第一百十八·少府监［M］. 卷165. 北京：中华书局，1985：3917.

② （宋）李焘. 续资治通鉴长编·起哲宗元符元年正月尽是年二月［M］. 卷494. 北京：中华书局，1992：11729.

③ （宋）周密. 武林旧事·端午［M］. 卷3. 北京：中国商业出版社，1982：47.

④ （宋）周密. 武林旧事·乞巧［M］. 卷3. 北京：中国商业出版社，1982：48.

⑤ （宋）周密著，吴企明点校. 癸辛杂识·黑漆船［M］. 续集卷下. 北京：中华书局，2011：197.

⑥ （宋）李焘. 续资治通鉴长编·起真宗大中祥符元年五月尽是年八月［M］. 卷69. 北京：中华书局，1992：1550.

案，焚生龙脑十七斤以谢天”①。宋徽宗崇尚道教，大建道观，并赐予道观大量珍玩，包括“币帛、朱砂、纸、笔、沉香、乳香之类，不可数计”②。由于统治阶层大量消费奢侈品，有一些有识之士也进行批驳，如南宋的王居安上奏朝廷：“蕃舶多得香犀象翠，崇侈俗，泄铜镪，有损无益，宜遏绝禁止。”③ 但事实上统治阶层对舶货的需求是难以遏制的。

2. 国家财政对市舶收入的需求

宋代市舶收入的财政意义日趋凸显。熙宁五年（1072）宋神宗给发运使薛向的诏书中说“东南利国之大，舶商亦居其一”④。宋高宗曾说：“市舶之利最厚，若措置合宜，所得动以百万计，岂不胜取之于民，朕以留意于此，庶几可以少宽民力而。”“又曰市舶之利颇助国用，宜循旧法以招徕远人，阜通货贿。”⑤ 宋孝宗时编修官林光朝上奏，认为东南沿海有地理便利，与海外诸国联系密切，应“听其往来相为互市”，泉州、广州货物云集，以至于荆淮湖外、四川等地的商贾也络绎不绝来此，这是“生人大利也”⑥。《翰苑新前集》中记载的“四六警语”道“大而国用盈虚之制即此权舆，次而版曹出纳之权归其掌握”“不买蛮琛舶将群集，少镌税额商自鼎来”⑦。不但国家财政对市舶收入的需求日趋增加，沿海地区地方政府对市舶收入的依赖性更强，如《宝庆四明志》载“照得本府僻处海滨，全靠海舶住泊，有司资回税之利，居民有贸易之饶”⑧，庆元府地处偏僻海滨，农业生产基础薄弱，主要靠海外贸易和市舶征税维持地方政府运转和百姓生活。所以在沿海一些区域，地方政府对市舶收入的需求更强烈。总之，国家财政对市舶收入的需求会刺激制度的供给，对海外贸易财富具有汲取能力的财政制度

---

① （宋）王巩．甲申闻见二录补遗［M］．不分卷．景印文渊阁四库全书第1037册．台北：台湾商务印书馆，2008：219.

② （宋）陆游著，杨立英校注．老学庵笔记［M］．卷2．西安：三秦出版社，2003：81.

③ （元）脱脱等．宋史·列传第一百六十四·王居安［M］．卷405．北京：中华书局，1977：12251.

④ （宋）杨仲良著，李之亮校点．皇宋通鉴长编纪事本末·三司条例司废置［M］．卷66．哈尔滨：黑龙江人民出版社，2006：1158.

⑤ （清）徐松．宋会要辑稿·职官四四·市舶司［M］．上海：上海古籍出版社，2014：4216.

⑥ （明）杨士奇．历代名臣奏议·四裔［M］．卷349．上海：上海古籍出版社，1989：4502.

⑦ （宋）佚名．翰苑新前集·四六警语［M］．前集卷49．景印文渊阁四库全书第949册．台北：台湾商务印书馆，2008：349.

⑧ （宋）罗濬等．宝庆四明志·市舶［M］．卷6．宋元方志丛刊第5册．北京：中华书局，1990：5054.

随之产生。

2.2.3 财政制度供给

财政制度包括财政收入（包括税收收入和非税收入）、财政支出、政府专卖、政府采购、财政监督、财政管理等各项内容。财政是一个横跨政治、经济、法律、社会、文化、军事各个领域的综合范畴，是一个连接各项公共事业的纽带，财政的基本属性决定其在国家治理事务中发挥着基础性和支柱的作用。从财政的公共性上看，财政诞生于人类共同体的公共需要，社会公共需要是导致财政活动的根本原因。中国古代的经济形态虽然不是市场经济，但是财政活动仍是以满足全体社会成员的公共需要和实现公共利益为基础。财政需要为社会公共事务活动和社会公共管理负担成本，财政之于其他社会事业的重要性不言自明。从国家征税上看，国家通过赋税制度从私人领域征收财物，再通过公共分配的手段有目的地将这些财物用于社会各项事业发展，以及统治者的挥霍与享受。税收制度还可以调节国家各主体之间的经济利益关系，国家通过规范征税维护公平有序的市场交易，保护私人财产。从财政监督和管理上看，国家凭借政治权力对财政机关的合法性进行监控、检查、督促和激励，通过政策调整而重新分配社会各主体的经济利益，缓解社会中既得利益者和底层群众之间的矛盾，促进国家经济的稳定发展，促进社会的安定和谐。从公有经济上看，国家凭借政治权力占有一定的社会资源，并对其进行垄断管理，一方面在不增加赋税的情况下增加国家的财政收入，另一方面发挥国家对经济领域和人民生活的调控作用。

唐代市舶使收缴的舶货主要用于满足皇室、贵族和官僚日常需要，对国家财政的意义有限，所以对于海外贸易而设计的财政制度较简单。在征税方面，“蕃舶之至泊步有下碇之税”①；“市舶使籍其名物，纳舶脚，禁珍异，蕃商有以欺诈入狱者”②；“其岭南、福建及扬州蕃客，宜委节度、观察使常加存问。除舶脚、收市、进奉外，任其来往通流，自为交易，不得重加率税。”③ 此处有“下碇之税”“舶脚”的称谓，即蕃舶进入中国港口要缴纳进

---

① （唐）韩愈．昌黎先生文集·唐正议大夫尚书左丞孔公墓志铭［M］．卷 33．续修四库全书第 1310 册．上海：上海古籍出版社，2002：105．

② （唐）李肇．唐国史补［M］．卷下．上海：上海古籍出版社，1979：63．

③ （宋）宋敏求著，洪丕谟，张伯元，沈敖大点校．唐人诏令集·大和八年疾愈德音［M］．卷 10．上海：学林出版社，1992：58．

口税，并且是实物征缴。除征税之外还有政府购买，“收市”是官府付出一定额度的本金收买蕃商的商品。唐代收市的做法在高宗时期已经成形，“南中有诸国舶，宜令所司，每年四月以前，预支应须市物。委本道长史，舶到十日内，依数交付价值。市了，任百姓交易。”[①] 即朝廷派“有司”（也就是中央财政的有关部门）于每年四月赶在舶商趁夏季季风到岭南来之前，拨付资金交由岭南道长史收购珠玉珍玩，收市结束后任由百姓自由交易。

宋代市舶收入较前代有大幅增加，直接或间接从事海外贸易的海商众多，他们普遍具有公平分配、有序交易和保护私人财产的公共需求，为了确保财政对市舶财富的汲取能力，满足社会的公共需求，关于海外贸易管理的财政制度应运而生。在征税方面，市舶制度中的税制要素较为完备，除了具备纳税人、征税对象和税率等基本要素之外，还有关于减免税和税收处罚的规定。市舶制度中的税收管理较为缜密，包括税收的行政管理和税收的征收管理。宋代还有禁榷和博买之制，使政府更加牢固和充分地掌握市舶收入。从财政介入海外贸易的过程可见，财政机制已经成为政府筹集资金、参与经济管理、改善分配关系、维护国家利益的有效工具，财政促进资源配置、促进经济平稳运行、巩固国家政权的功能逐步凸显。

---

① （宋）王溥．唐会要·少府监［M］．卷66．北京：中华书局股份有限公司，1955：1155.

第3章

宋元市舶制度中的税制要素

宋元市舶制度中的税制要素较为健全，包括了纳税人、征税对象、税率、减免税和税收处罚等绝大多数现代税制的基本构成要素。市舶征税的纳税人是从事海外贸易的中外海商①，负税人是舶货的货主。征税对象基本上分为“粗色”和“细色”两大类，粗色税率低，细色税率高。但统治者也会根据社会经济状况调整税率，确保全方位、多层次获取财政收入。宋元时期市舶征税制度中的优免与处罚规定保证了制度的严肃性。

3.1 纳税人

3.1.1 蕃商

宋元时期，和中国有贸易关系的国家众多。《宋史》中记载“东若高丽、渤海，虽阻隔辽壤而航海远来，不惮跋涉。西若天竺、于阗、回鹘、大食、高昌、龟兹、拂林等国，虽介辽夏之间，筐篚亦至”。“交阯、占城、真腊、蒲耳、大理、滨海诸蕃自刘张、陈洪进来归，接踵修贡。”②《岛夷志略》中说：“皇元混一声教，无远弗届，区宇之广，旷古所未闻。海外岛夷无虑数千国，莫不执玉贡琛，以修民职。梯山航海，以通互市。中国之往复商贩于殊庭异域之中者，如东西州焉。”③ 宋元时期和中国贸易关系密切的

① 由于元代市舶条中有“蕃货”和“土货”之分，所以本书将宋元时期从事海外贸易的中外商人统称为“海商”，其中从外国来中国贸易的商人称为“蕃商”，从中国出海贸易的商人称为“土商”。

② （元）脱脱等．宋史·夏国上［M］ 卷485. 北京：中华书局，1977：13982.

③ （元）汪大渊著，苏继庼校译．岛夷志略校释·岛夷志后序［M］．北京：中华书局，1981：385.

有日本、高丽、大食、古逻、阇婆、占城、勃泥、麻逸、三佛齐、注辇等国，如表3-1所示，这些国家遍及东亚、南亚、东南亚、北非、东非各地，地域范围广大。这些国家的商人来到中国后，多聚集在泉州、广州、杭州等港口城市，中国政府对其舶货进行抽税，这些蕃商缴纳了税收，就意味着中国政府在法律上对其贸易行为进行了认可，所以市舶征税的纳税人就是这些蕃商。再详细考察舶船上的人员构成，“甲令每舶大者数百人，小者百余人，以巨商为纲首、副纲首、杂事”，即船上有纲首、副纲首和杂事，此外船上还有艄公、贴客和水手。另，“舶船深阔各数十丈，商人分占贮货，人得数尺许，下以贮物，夜卧其上”[①]。可知一艘蕃舶除了有船主，还有货主，货主就是携带货物搭乘船舶远洋贸易的商人，这些货物可能是商人自己的，也可能是帮亲朋好友捎带售卖的，所以市舶征税的实际负税人是舶货的货主，这个“货主”可能是远洋来华的蕃商，也可能是委托蕃商带货售卖的外国人。

表3-1　宋元时期主要的海外贸易国家和地区

	宋代	元代	今地
东亚	高丽	高丽	朝鲜和韩国
	日本	日本	日本
东南亚	占城	占城	越南
	宾瞳胧	民多朗	越南藩朗
	真腊	甘勃智	柬埔寨
	三屿	三岛	菲律宾群岛
	麻逸国	麻逸国	菲律宾群岛
		龙涎屿	印尼苏门答腊岛
		八都马	缅甸南部
		淡邈	缅甸南部
	蒲甘		缅甸中部
		东冲古剌	泰国南部
	丹眉流		泰国南部
	阇婆	爪哇	印度尼西亚
	暹罗	暹罗	泰国
	三佛齐	三佛齐	印尼苏门答腊岛
		文诞	印尼班达群岛

① （宋）朱彧．萍洲可谈［M］．卷2．上海：上海古籍出版社，2012：28.

续表

	宋代	元代	今地
东南亚		苏禄	菲律宾
	单马令		马来半岛中部
	凌牙斯加国		马来半岛
	佛啰安		马来半岛西岸
	渤泥国		加里曼丹岛南部
	吉兰丹	吉兰丹	马来半岛东岸
	苏吉丹	苏吉丹	加里曼丹岛
	古罗		马来半岛西岸北岸
南亚	细兰	僧加剌	斯里兰卡
	注辇	马八儿	印度半岛
	南毗国	古里佛	印度半岛
	古里佛	古里佛	印度西海岸
	小贝喃	小贝喃	印度西南角
	鹏茄罗	朋加剌	孟加拉国
西亚	麻嘉国	天堂	沙特阿拉伯
	吉慈尼		巴基斯坦
	弼斯罗		波斯湾
	白莲		巴林
	大食		阿拉伯国家
东非	层拔国	层拔罗	东非海岸
	弼琶啰		索马里
	桑给帝国		坦桑尼亚

注：

（1）本书借用了当代对亚洲、非洲的地域划分，以此归纳了古代的海外诸蕃。

（2）由于此处主要论述宋元时期和中国进行海外贸易的国家，诸如龟兹、大秦等国多是通过西域丝绸之路与中国交往，所以没有列入表格。

（3）古代大食国，即阿拉伯地区，今天分别建立了沙特阿拉伯、伊拉克、叙利亚、约旦、黎巴嫩、科威特、巴林、也门、巴勒斯坦、埃及、阿拉伯联合酋长国、利比亚、突尼斯、阿尔及利亚、摩洛哥等国，这些国家或其贸易港在古代也有诸多的称谓，不再一一列举。

（4）三佛齐在中国宋代时期达到鼎盛，拥有彭亨、吉兰丹、日罗亭、登牙侬、潜迈、兰无里、细兰等诸多属国，这些国家与中国也有贸易，此处没有一一列举。

资料来源：根据《诸藩志》《岭外代答》《宋史·列传·外国》，以及参考近年来南海史地学者考证成果整理而得。如韩振华著作《南海诸岛史地研究》和《南海诸岛史地论证》研究了南海诸岛的历史地理状况。李金明著作《中国南海疆域研究》及文章《南海诸岛史地研究札记》《中国古代海上丝绸之路的发展与变迁》考证了宋元时期海外贸易的航线，及沿途国家和地区的称谓。陈佳荣等著作《古代南海地名汇释》辑录了中国古代史籍中所载的南海地名，并做出简明的考释。

3.1.2 土商

宋元时期民间舶商从事私人海外贸易的行为也很常见。宋代的土商包括几类人：一是官僚，由于海外贸易的投入高利润更高，一些官员受高额利润的诱惑，再加上也有能力负担这样的成本，所以私下出钱投入海上贸易。《鹤林玉露》中记载一个故事：张循王（即张俊）给他的老卒五十万贯钱，老卒建造了一艘华丽的巨舰，装载铜器、瓷器等中国特产出海，“逾岁而归，珠犀、香药之外且得骏马，获利几十倍”[①]。出海贸易可以获得几十倍的利润，无怪乎一些官僚冒着朝廷“现任官以钱附纲首商旅过蕃买物者有罚”的禁令仍然投身于海外贸易中。二是私商，官僚一般不敢明目张胆地进行贸易活动，直接出海贸易的都是私商，宋代沿海地区农耕条件恶劣，所以很多百姓都从事海外贸易，如“福建一路，多以海商为业”[②]。当然私商群体中会有不同规模的商船，有的是“巨商”，“世为海贾，往来数千里”，有的是“海船高大”，但也有一些中小散商，被称为“搭客”“贴客”，他们多是穷苦渔民、小商小贩、失地农户等，在大商之船上租得一些舱位，携带一些小物件出海贸易，赚取微薄的利润。三是船员，海船上有很多工作人员，如纲首、副纲首、杂事、舟师、直库、部领、碇手等，他们在船上可以拥有一定的舱位贩运货物，以充当对他们的报酬，《宝庆四明志》载“海南、占城、西平、泉、广州船不分纲首、杂事、梢工、贴客、水手例以一十分抽一分”[③]，可见这些船员在海船回帆之际也要接受抽解。

元代多次禁止私人贸易，很多出海贸易的活动由官府招募的官商承担，但这些官商也不是官府的官吏，其身份仍是私人海商。如延祐元年（1314）“复立市舶提举司，仍禁人下番，官自发船，贸易回帆之日，细物十分抽二，粗物十五分取二”，另有“诸市舶司于回帆物内三十分抽税一分”[④]，材料显示这些官商在“贸易回帆之日”要接受抽解。

所以这些土商在得到市舶司授权之后，携带本国货物远洋售卖，在这个

---

① （宋）罗大经．鹤林玉露·老卒回易［M］．卷2丙编．北京：中华书局，1983：269.

② （宋）李焘．续资治通鉴长编·起哲宗元祐四年十月尽其月［M］．卷435．北京，中华书局，1992：10493.

③ （宋）罗濬等．宝庆四明志·市舶［M］．卷6．宋元方志丛刊第5册．北京：中华书局，1990：5055.

④ （清）刘锦藻．续文献通考·市籴考二·市舶互市［M］．卷57．北京：商务印书馆，1955：8119.

环节政府没有征收出口税。但当中国本土商人将外国的舶货贩运回国销售，在进入中国的贸易港时要受到市舶司的征税，所以在这个征税环节中中国本土商人就是纳税人。

3.2　征税对象

征税对象就是对什么征税，是征税的客体。据《宝庆四明志》《大德南海志》《至正四明续志》中对宋元时期市舶征税物品的记载，当时的征税对象大致分为粗色和细色两大类，粗色税率低，细色税率高。从物品种类上看，市舶征税的物品可以分为珠宝、药品、纺织品、香料、金属矿产、木材、食品、杂物等。从物品对百姓生活的必要性上看，可以分为日用品（如白番布、花番布、胡椒、槟榔）、选购品（沉香、丁香、檀香）、特殊品（如金子、银子、水银、硫黄）和奢侈品（如龙涎香、象牙、珊瑚）。从物品对生产生活的作用上看，可以分为生产原料（如松板、杉板）和生活用品（大布、小布、毛丝）。

从表3－2、表3－3、表3－4、表3－5中可以看出，宋代和元代在纳入市舶征税的物品种类，及征税时粗色和细色的划分上有一些特点。其一，对舶货的划分越来越细致，北宋太平兴国年间官府仅规定了10种政府专卖的舶货和37种经过抽解之后可以在民间自由贸易的舶货，舶货的分类比较粗放，也可见当时市舶和海外贸易不甚兴旺。到南宋至元代，舶货划分的标准细化了许多。舶货有大类，大类下面根据货物品质的差异还细分为十几种小类，如香料里分为“沈香、暂香、笺香、虫漏香、没斯宁、蟹壳香、蓬莱香、登楼眉香、旧州香、生香、光香、阿香、委香、嘉路香、吉贝香”等，可见当时征管制度的细致和规范。其二，从舶货类目中可以看到，宋元时期中国进口的多是香料、木材、药品、布匹、矿产，而比较当时中国出口物品的种类，如丝绸、瓷器、茶叶等，可见宋元时期进口多是生产原料，出口多是高附加值商品，这体现出当时中国在海外贸易中的主导国地位。其三，细色类目中的珊瑚、玉、玛瑙、水晶、犀角、琥珀、龙涎香等商品是典型的奢侈品，粗色类目中的布匹、器皿、木材、药物、调料、动物性原料（如山马角、鹿皮、牛角、牛蹄等）和矿产原料（如铅锡、炉甘石、条铁等）等商品是百姓生活的常用品。宋代官府在市舶征税时将奢侈品划入“细色”，并征收较高的税率，虽然主观上是为了保证统治阶层的特权和利益，但客观上也体现了官府用税收的方式限制人们对奢侈品的消费，调节人们的消费行为，调节社会财富的重新分配。

表 3-2　绍兴十一年（1141）市舶征税的舶货分类

细色	呵子、中笺香、没药、破故纸、丁香、木香、茴香、茯苓、玳瑁、鹏砂、莳萝、紫矿、玛瑙、水银、天竺黄、末朱砂、人参、鼊皮、银子、下笺香、芹子、铜器、银珠、熟速香、带梗、丁香、桔梗、泽泻、茯神、金舶、上茴香、中熟速香、玉乳香、麝香、夹杂金、夹杂银、沉香、上笺香、次笺香、鹿茸、珊瑚、苏合油、牛黄、血蝎、腽肭脐、龙涎香、荜澄茄、安息香、琥珀、雄黄、钟乳石、蔷薇水、芦荟、阿魏、黑笃耨、鳖甲笃耨香、皮笃耨香、没石子、雌黄、鸡舌香、香螺奄、葫芦芭、翡翠、金颜香、画黄、白荳蔻、龙脑（有九等：熟脑、梅花脑、米脑、白苍脑、油脑、赤苍脑、脑泥、鹿速脑、木紥脑）
粗色	胡椒、檀香、夹笺香、黄蜡、黄熟香、吉贝布、袜面布、香米、缩砂、干姜、蓬莪术、生香、断白香、藿香、荜拨、益智、木鼈子、降真香、桂皮、木绵、史君子、肉豆蔻、槟榔、青橘皮、小布、大布、白锡、甘草、荆三棱、碎笺香、防风、蒟酱、次黄熟香、乌里香、苓上香、中黄熟香、冒头香、三赖子、青苎布、下生香、丁香、海桐皮、蕃青班布、下等冒头香、下等五里香、苓牙簟、修割香、中生香、白附子、白熟布、白细布、山桂皮、暂香、带枝檀香、铅土、茴香、乌香、牛齿香、半夏、芎袴布、石碌、紫藤香、官桂、桂花、花藤、粗香、红豆、高良姜、藤黄、黄熟香头、叙藤、黄熟香、斤螺头、斩剉香、生香、片水藤皮、苍术、红花、片藤、琉水盘头、赤鱼鳔、香缠、小片水盘头、杏仁、红橘皮、二香、大片香、糖霜、天南星、松子、粗小布、大片水盘香、中水盘香、樟脑、青桂香、斧口香、白苧布、鞋面布、丁香皮、草果、生苎布、土檀香、青花蕃布、苁蓉、螺犀、随风子、细丁、海母、龟同、亚湿香、菩提子、鹿角、蛤蚧、洗银珠、花梨木、琉璃珠、椰心簟、犀蹄、蕃糖、师子绥、枝实
粗重	窊木、大苏木、小苏木、硫磺、白藤棒、修截香、青桂头香、蕃苏木、苏木、镬铁、白藤、粗铁、水藤坯子、大腹子、姜黄、麝香、木跳子、鸡骨香、大腹、檀香皮、把麻、倭板、倭板板头、薄板、板掘、短板肩、椰子长薄板合簟、火丹子、蛙蛄、干倭合山、枝子、白檀木、黄丹、麝檀木、苎麻、苏木、稍靸、相思子、倭梨木、榼藤子、滑皮、松香、螺壳、连皮、大腹、吉贝花布、吉贝纱、琼枝莱、砂黄、粗生香、琉黄、泥黄、木柱、短小零板杉枋、厚板松枋、海松板木枋、厚板令赤藤厚枋、海松枋、长小零板板头、松花小螺壳、粗黑小布、杉板狭小枋、令团合杂木柱、枝条苏木、水藤篾、三抄香团、铁脚珠、苏木脚、生羊梗、黄丝火杴煎盘、黑附子、油脑、药犀、青木香、白术、蕃小花狭簟、海南白布单、青蕃棊盘小布、白芜荑、山茱萸、茅术、五苓脂、黄耆、毛施布、生熟香、石斛、大风油、秦皮、草豆蔻、乌药香、白芷、木兰茸、薏仁、远志、海螺皮、生姜、黄芩、龙骨草、枕头土、琥珀、冷瓶、密木、白眼香、铁熨斗、土锅、豆蔻花、砂鱼皮、拍还脑、香柏皮、黄漆、滑石、蔓荆子、金毛狗脊、五加皮、榆甘子、菖蒲、土牛膝、甲香、加路香、石花菜、粗丝玺头、大价香、五倍、细辛、韶脑、旧香、衔碌香、大风子、檀香皮、缠香皮、缠末、大食芎仑梅、熏陆香、召亭枝、龟头犀香、荳根、白脑香、生香片、舶上苏木、水盘头幽香、蕃头布、海南碁盘布、海南青花布皮（作者注：疑为“被”）单、长木、长倭条、短板肩

资料来源：（清）徐松．宋会要辑稿·职官四四［M］．上海：上海古籍出版社，2014：4203—4231.

表3-3　　宝庆时期（1125—1127）庆元府市舶征税的船货分类

国家或地区	细色	粗色
高丽	银子、人参、麝香、红花、茯苓、蜡	大布、小布、毛丝、布、绸、松子、松花、栗、枣肉、榛子、榧子、杏仁、细辛、山茱萸、白附子、芜荑、甘草、防风、牛膝、白术、远志、茯苓、姜黄、香油、紫菜、螺头、螺钿、皮角、翎毛、虎皮、漆、青铜、双瞰刀、席、合蕈
日本	金子、砂金、珠子、药珠、水银、鹿茸、茯苓	硫黄、螺头、合蕈、松板、杉板、罗板
海南占城西平泉广州船	麝香、笺香、沉香、丁香、檀香、山西香、龙涎香、降真香、茴香、没药、胡椒、槟榔、荜澄茄、紫矿、画黄、蜡、鼊皮	暂香、速香、香脂、生香、粗香、黄熟香、鸡骨香、斩剉香、青桂头香、藿香、鞋面香、乌里香、断白香、包袋香、水盘头、红豆、荜拨、良姜、益智子、缩砂、蓬莪术、三赖子、海桐皮、桂皮、大腹子、丁香皮、桂花、姜黄、黄芦、木鳖子、茱萸、香柿、磕藤子、琼菜、相思子、大风油、京皮、石兰皮、兽皮、苧麻、生苧布、木锦布、吉布、吉贝花、驴鞭、藤、白藤、赤藤、藤棒、藤篾、窊木、射木、苏木、椰子、花梨木、水牛皮、牛角、螺壳、蚜螺、條铁、生铁
外化蕃船	银子、鬼谷珠、硃砂、（珊）瑚、琥珀、玳瑁、象牙、沉香、笺香、丁香、龙涎香、苏合香、黄熟香、檀香、阿香、乌里香、金颜香、上生香、天竺香、安息香、木香、亚湿香、速香、乳香、降真香、麝香、加路香、茴香、脑子、木札脑、白笃耨、黑笃耨、蔷薇水、白豆、芦荟、没药、没石子、槟榔、胡椒、鹏砂、阿魏、腽肭脐、藤黄、紫矿、犀角、葫芦瓢、红花、蜡	生香、修割香、香、札、粗香、暂香、香头、斩剉香、香脂、杂香、卢甘石、窊木、射木、茶木、苏木、射檀木、椰子、赤藤、白藤、皮角、鼊皮、丝、簟

资料来源：（宋）罗濬等．宝庆四明志·市舶［M］．卷6．宋元方志丛刊第5册．北京：中华书局，1990：5056—5059.

表3-4　　大德八年（1304）广州市舶征税的船货分类

宝物	象牙、犀角、鹤顶、真珠、珊瑚、碧甸子、翠毛、龟筒、玳瑁
布匹	白番布、花番布、草布、剪绒单、剪毛单
香货	沉香、速香、黄熟香、打拍香、暗八香、占城、粗熟、乌香、奇楠木、降香、檀香、戎香、蔷薇水、乳香、金颜香
药物	脑子、阿魏、没药、胡椒、丁香、肉子豆蔻、白豆蔻、豆蔻花、乌爹泥、茴香、硫黄、血竭、木香、荜拨、木兰皮、番白芷、雄黄、苏合油、荜澄茄

续表

诸木	苏木、射木、乌木、红柴
皮货	沙鱼皮、皮席、皮枕头、七鳞皮
牛蹄角	白牛蹄、白牛角
杂物	黄蜡、风油子、紫梗、磨末、草珠、花白、藤席、藤棒、□（原文缺）子、孔雀毛、大青、鹦鹉螺壳、巴淡子

资料来源：（元）陈大震．大德南海志·舶货［M］．卷 7．宋元方志丛刊第 8 册．北京：中华书局，1990：8422—8432.

表 3－5　至正二年（1342）庆元路蕃商接受征税的舶货分类

细色	粗色
珊瑚、玉、玛瑙、水晶、犀角、琥珀、马价珠、生珠、熟珠、倭金、倭银、象牙、玳瑁、龟筒、翠毛、南安息、苏合油、槟榔、血竭、人参、鹿茸、芦荟、阿魏、乌犀、膃肭脐、丁香、丁香枝、白豆蔻、荜澄茄、没药、砂仁、木香、细辛、五味子、桂花、诃子、大腹子、茯苓、茯神、舶上茴香、黄芪、松子、榛子、松花、黄熟香、粗熟、黄熟头、速香、沈香、暂香、笺香、虫漏香、没斯宁、蟹壳香、蓬莱香、登楼眉香、旧州香、生香、光香、阿香、委香、嘉路香、吉贝香、吉贝布、木棉、三幅布罩、番花棋布、毛驼布、袜布、鞋布、吉贝纱、胡椒、降真香、檀香、糖霜、苓苓香、麝香、脑香、人面干、紫矿、龙骨、大枫油、泽泻、黄蜡、八角茴香、金颜香、朱砂、天竺黄、桔梗、麽香、剉香、鹏砂、新罗漆、笃耨香、乌黑香、搭泊香、水盘香、肉豆蔻、水银、乳香、喷哒香、龙涎香、栀子花、红花、龙涎、修割香、硇砂、牛黄、鸡骨香、雌黄、樟脑、赤鱼鳔、鹤顶、罗纹香、黄紧香、赖核香、黑脑香油、崖布、绿矾、雄黄、软香、脊蛤皮、三泊、马鹦香、万安香、交趾香、土花香、化香、罗斛香、高丽青器、高丽铜器、苾拨、沙鱼皮、桂皮	红豆、壳砂、草豆蔻、倭枋板枓、木鳖子、丁香皮、良姜、蓬术、海铜皮、滑石、藿香、破故纸、花梨木、射香、榇木、乌木、苏木、赤藤、白藤、螺头、鲟鲇、琼芝菜、倭铁、苎麻、硫黄、没石子、不斛、草菓、广漆、史君子、益智、香脂、花梨根、椰子、铅锡、石珠、炉甘石、条铁、红柴、螺壳、相思子、豆蔻花、倭条、倭橹、芦头、椰簟、三赖子、芜荑仁、硫黄泥、五倍子、白术、铜青、甘松、花蕊石、合蕈、印香、京皮、牛角、桂头、镬铁、丁铁、铜钱、麂皮、鹿皮、鹿角、山马角、牛皮、牛蹄、香肺、焦布、手布、生皮、藤棒、椰子壳、生香粒、石决明、椬明、生白香、真炉、黄丁、杏仁、历青、松香、磨珠、细削香、条截香

资料来源：（元）王元恭，王厚孙，徐亮．至正四明续志·市舶［M］．卷 6．宋元方志丛刊第 7 册．北京：中华书局，1990：6502—6504.

3.3　税率

3.3.1　宋代市舶税率

《文献通考》记载："止斋陈氏曰：是时市舶虽始置司，而不以为利，淳化二年始立抽解二分，然利殊薄。”[①] 一直以来，中国同海外诸国的关系是以“朝贡”为主，各国使臣及商人向中国的皇帝进奉物品，中国的皇帝会以更多更优厚的中国商品回赐给他们，这是一种物物交换和不等价交换的贸易行为。“朝贡”贸易更多的反映了中国对周边国家控制的政治秩序，以及不发达的商品货币经济状况。到了宋代，随着商品货币经济的发展和海外贸易的繁荣，“朝贡”贸易要向“互市”贸易转型，所以有了淳化二年（991）官府向蕃商的舶货“抽解二分”（税率为 20%）的规定，这反映官府开始通过制定税收制度来保证海外贸易的规范和发展。但此时“利殊薄”，可见宋初的海外贸易还不够繁盛，海外贸易征税对财政收入的影响还不够大。

宋神宗时期的熙宁变法对市舶制度也进行了变革，但是北宋时期的记载不详，只是在南宋时期的记载中可见对熙宁变法的记录与评价，可知当时的抽解情况。隆兴二年（1164）七月“臣僚言：熙宁初，创立市舶一司，所以来远人、通物货也。旧法抽解既有定数，又宽期纳税，使其待价，此招致之方也”。又有“抽解旧法十五取一，其后十取其一……”[②]。此处“旧法”就是宋神宗熙宁变法时的规定，可见抽解比例从雍熙年间的十分之一又降低到十五分之一（税率为 6.7%），海商税负进一步减轻。这里的“十取其一”指的是宋徽宗时抽解制度又发生了变化，又恢复了熙宁以前十取其一的抽解制度。

宋高宗绍兴初年又进行了市舶则法的调整，在抽解的税率上“又其后择其良者谓如犀象十分抽二分，……，真珠十分抽一分，……”[③]。此时对犀象、真珠之类的精细商品的抽解税率为 20% 和 10%。绍兴六年（1136）十二月二十九日，户部奏言：“两浙市舶司申，……其抽解将细色直钱之物依法十分抽解一分，其余粗色并以十五分抽解一分。”[④] 但户部认为全部舶货都使用这样的比例不合适，不能确保利润，所以建议：“除象牙、乳香、真珠、犀象是实宝货之物、合依旧分数抽解外，其诸杂香药物货欲依已勘当事理施行。诏依。”[⑤] 此处象牙、乳香、真珠、犀象依据的“旧分数”就是绍

---

① （宋）马端临．文献通考·市籴考一·均输市易和买［M］．卷 20．北京：中华书局，2011：573．
② （清）徐松．宋会要辑稿·职官四四·市舶司［M］．上海：上海古籍出版社，2014：4217．
③ （清）徐松．宋会要辑稿·职官四四·市舶司［M］．上海：上海古籍出版社，2014：4210．
④ （清）徐松．宋会要辑稿·职官四四·市舶司［M］．上海：上海古籍出版社，2014：4213．
⑤ （清）徐松．宋会要辑稿·职官四四·市舶司［M］．上海：上海古籍出版社，2014：4213．

兴初年的十分抽二分，即 20% 的抽解比例。其他香药按照十分抽解一分，即 10% 的抽解比例。粗色十五分抽解一分[①]。在绍兴六年（1136）之后的一段时间，市舶抽解的比例大概是细色 20%，粗色 13.3%。但是到绍兴十四年（1144），"一时措置抽解四分，以市舶司言蕃商陈诉抽解太重"。抽解四分，税率就是 40%，这是宋代建国后市舶抽解的最高比例，无怪乎蕃商"陈诉抽解太重"，故绍兴十七年（1147）十一月四日，朝廷又下诏"三路市舶司今后蕃商贩到龙脑、沉香、丁香、白荳蔻四色，并依旧抽解一分，余数依旧法施行"[②]。也就是在绍兴十七年（1147）年之后，又恢复了绍兴六年（1136）"细色十分抽解二分，粗色十五分抽解一分"，或者如《宝庆四明志》所载"细色五分抽一分、粗色七分半抽一分"之制[③]。这个税率还是比较高，"后因舶商不来，申明户部乞行优润续准户部行下，不分粗细优润抽解，高丽日本船纲首杂事十九分抽一分，余船客十五分抽一分，起发上供"，但这种"十九分抽一分"和"十五分抽一分"是名义税率，实际上舶船纲首、地方政府等都要再进行抽解，所以实际税率反而更高，"共已取其七分，至给还客旅之时，止有其八，则几于五分取其二分"，所以宋理宗时期抽解制度又有变化，"其抽解分数只准递年例十五分抽一，纲首杂事十九分抽一，以为招诱商舶之计"[④]。南宋后期基本都是按照这个抽解比例来执行的，没有太大的变化了。

3.3.2 元代市舶税率

元代市舶征税由"抽解"和"舶税钱"构成，进口税的结构和前代有

---

① 此处两浙市舶司奏言："……其余粗色并以十五分抽解一分。"对于粗色的抽分建议得到户部的同意，并得到皇帝的批准，从"其诸杂香药物货欲依已勘当事理施行，诏依"可知南宋初年对于市舶粗货的抽解比例应该是十五分抽解一分。

② （清）徐松．宋会要辑稿·职官四四·市舶司［M］．上海：上海古籍出版社，2014：4213.

③ 此处多个文献有相似记载。《朝野杂记》中记载："（绍兴）十四年命番商以香药至者十取其四；十七年诏丁沈香荳蔻龙脑之属号细香药者十取其一。"《建炎以来系年要录》中记载："（绍兴十七年）甲子诏三路市舶司，自今蕃商所贩丁沉香龙脑白豆寇四色各止抽一分，先是十取其四，朝廷闻商人病其重也，故裁损焉。"《文献通考》中记载："绍兴十七年十一月诏三路舶司，蕃商贩到龙脑、沉香、丁香、白豆蔻四色并抽解一分，余数依旧法先是十四年抽解四分，蕃商诉其太重故也。"

④ （宋）罗濬等．宝庆四明志·市舶［M］．卷 6．宋元方志丛刊第 5 册．北京：中华书局，1990：5054.

所不同。元世祖定江南之后[①]，“凡邻海诸郡与番国往返互易舶货者，其货以十分取一，粗者十五分取一，以市舶官主之”[②]。即细货抽税税率为10%，粗货抽税比例为6.7%。至元二十年（1283）六月朝廷又重申了这一抽税比例，“庚寅，定市舶抽分例，舶货精者取十之一，粗者十五之一”[③]。又有“独泉州于抽分之外，又取三十分之一以为税”，即在抽分之外又加征3.3%[④]。

在对蕃商到岸正常征收进口税之外，元代官府还制定了转贩舶货征税的制度，至元二十九年（1292）“凡商旅贩泉、福等处已抽之物，于本省有市舶之地卖者，细色于二十五分之中取一，粗色三十分之中取一，免其输税。其就市舶司买者，止于卖处征税，而不再抽”[⑤]。从泉、福之地转贩其他港口的舶货，在当地已经进行了抽解，所以到达设有市舶司的城市销售时，市舶司有权对舶货再进行抽解，税率较低，为细色4%，粗色3.3%。市舶司抽解后予以销售就不用再缴其他的税。如果商人是购买了市舶司的货物出卖，则于卖处缴税，不用接受抽分，这是鼓励商人购买市舶司的货物，从而增加国家的财政收入。这种转口货物征税的记载还见于其他史料，如《至正四明续志》记载“本司每遇客商于泉、广等处兴贩已经抽舶物货，三十分取一”。[⑥] 即从泉州、广州而来的舶货，已经在当地进行了抽解，所以到庆元（今宁波）后再抽解三十分之一即可。这种对转口贸易征税的行为同近代征收的“转口税”有几分相似，也可见元代市舶征税的进步意义。

---

① 《元朝典故编年考》、明万历三十年松江府刻本《续文献通考》上明确记载“至元十三年元世祖定江南”，而后制定了市舶抽解之法，但《元史》、文渊阁四库全书本《续文献通考》《粤海关志》都没有记载“元世祖定江南”的时间，而是明确说“至元十四年立市舶司一于泉州”，所以市舶抽解制度应该是早于至元十四年就制定了。

② （清）孙承泽．元朝典故编年考·行舶税［M］．卷4．景印文渊阁四库全书第645册．台北：台湾商务印书馆，2008：752.

③ （明）宋濂等．元史·本纪第十二·世祖九［M］．卷12．北京：中华书局，1976：255.

④ 在《元史·世祖本纪》卷17、《资治通鉴后编》卷158、《钦定续通志》卷61中记载的是：“唯泉州物货三十取一，余皆十五抽一，乞以泉州为定制，从之。”此处记载是说泉州舶货抽解比例是三十分之一，其他地方都是十五分之一，最后皇帝准许其他地方都按照泉州的抽解比例执行。但是查找元代其他史料，“至元二十一条”颁布后，他处都是于抽分之外，另加征三十分之一，所以这些文献的记载应该有纰漏之处。

⑤ （清）刘锦藻．续文献通考·市籴考二·市舶互市［M］．卷57．北京：商务印书馆，1955：8119.

⑥ （元）王元恭，王厚孙，徐亮著．（清）徐时栋校勘．全正四明续志·市舶［M］．卷6．宋元方志丛刊第7册．北京：中华书局，1990：6523.

至元三十年（1293）朝廷制定市舶抽分条例，凡二十一条，这是以官方法律的形式规范海外贸易行为和市舶管理制度。其中有“比及定夺以来，止依目今定例抽分，粗货十五分中一分，细货十分中一分”，“所据广东、温州、澉浦、上海、庆元等处市舶司，舶商回帆，已经抽解讫物货，并依泉州见行体例，从市舶司更于抽讫物货内以三十分为率，抽要舶税钱一分，通行结课”[①]。《至元市舶则法》中规定市舶征税比例是粗货十五分之一，即6.7%；细货十分之一，即10%。此外各地按照泉州的做法，在抽讫舶货内再征三十分之一，即3.3%的舶税钱。元代在抽解之外征三十分之一舶税钱的做法一直延续了多年，如《至正四明续志》记载“市舶抽分舶商物货……再于货内抽税三十分取一”[②]。延祐元年（1314）朝廷又颁布市舶则法，有“复立市舶提举司，仍禁人下番，官自发船，贸易回帆之日，细物十分抽二，粗物十五分取二”[③]。此时细货抽解比例是20%，粗货抽解比例是13.3%，抽解比例开始高于立国初年的税率了[④]。

元代市舶抽解制度中的一个特别之处是“双抽”和“单抽”的制度。元世祖至元十七年（1280）二月，行中书省来呈上海市舶司招船提控王楠的奏状，王楠认为“有客船自泉、福等郡短贩土产、吉布、条铁等货物到舶抽分，却非番货，蒙官司照元文凭番货体例双抽，为此客少”。这则材料中，王楠认为客船从泉、福等地贩运的吉布、条铁等货物都是本国所产，不是番货，只是商人从一个沿海港口走海路贩运到另一个港口销售而已，如果土货在进入市舶司口岸时再进行抽分和舶税钱双重征税的话，未免太重，“于是定双抽单抽之制，双抽者番货也，单抽者土货也”[⑤]。本书认为，“双抽”之

① 陈高华，张帆，刘晓，党宝海点校．元典章·户部卷八·市舶则法二十三条［M］．典章22．天津：天津古籍出版社；北京：中华书局，2011：875．

② （元）王元恭，王厚孙，徐亮著，（清）徐时栋校勘．至正四明续志·市舶［M］．卷6．宋元方志丛刊第7册．北京：中华书局，1990：6523．

③ （清）刘锦藻．续文献通考·市籴考二·市舶互市［M］．卷57．北京：商务印书馆，1955：8119．

④ 《延祐市舶则法》在市舶征税的税率设计上比《至元市舶则法》增加了一倍，究竟原因如何？有学者认为在元世祖和元仁宗之间，市舶征税的双抽单抽之制已经形成，双抽就是对蕃商舶货进行加倍征收，所以税率为粗货十五分之二，细货十分之二。元代文学家姚燧生活在1238—1313年，其所著《牧庵集》中有记载：“高丽王遣周侍郎浮海来杭，有司比泉、广市舶，十取其三。”似乎可以证明此时市舶征税并不像《至元市舶则法》规定的那样十取其一，可见《延祐市舶则法》的税率设计有一个演变的过程。

⑤ （明）宋濂等．元史·食货二·市舶［M］．卷94．北京：中华书局，1976：2401．

制是指蕃商的舶货要接受“抽分”和“舶税钱”双重征税，“单抽”是指土货只需要缴纳“舶税钱”。从后期的“至元市舶则法”和“延祐市舶则法”中都是在抽讫舶货中再征三十分之一的舶税钱也可印证，蕃商和土商都要交舶税钱，但是土商转口运输的货物已经接受了抽分，所以只征舶税钱即可。《马可·波罗游记》中也有类似记载：“……至于我们前面已提到的那些拥有一千家工场的十二行工匠，以及运货到城中来的商人，和从城里把货物运往内地行销的商人，或由海路进出口货物的商人，都一律要交纳百分之三又三分之一（笔者注：即三十分之一）的税收。但是从遥远的国家和地区，例如印度经海路运来的货物，却要付百分之十的税。”① 从中可以看出，本地商人的土货是征三十分之一的舶税钱，海外蕃商的舶货要接受十分之一的抽解②。可见本地商人是接受“单抽”，海外蕃商要接受“双抽”。

表3-6是宋元时期专门记录财税内容的文献中反映出的市舶征税税率情况，但是在其他专业的书目中，市舶征税税率却有很大的差别，如《算学启蒙》中设置了这样的题目：题目一，“今有客持香七百八十四斤，舶司税之八而取一，今税一百斤却贴与客钱一贯七百三十文，问斤价几何?”题目二，“今有客持珍珠三千七百六十颗，舶司税之，四十分取三，今税讫三百颗，贴与客钱一十贯三百五十文，欲买一百五十颗，问与钱几何?”③ 从这样的题目中可见市舶税率为“八而取一”“四十分取三”，这和前面史料中税率的记载都不一致，可见在市舶征税的实际操作中还存在很多复杂的情况，实际税率和名义税率是有一定差距的。

表3-6　　宋元时期对舶货抽解的比例

朝代	时间	抽解规定	税率	文献来源
宋代	淳化二年（991）	抽解二分	20%	《文献通考》
	宋太宗末年或宋真宗初年	抽解一分④	10%	《宋史》

① ［意］马可·波罗著，陈开俊等译．马可·波罗游记·泉州港及德化市［M］．卷2．福州：福建人民出版社，1981：193．

② 此处应是指对细色的抽解。

③ （元）朱世杰．算学启蒙［Z］．卷上．清道光刻本．

④ 范仲淹在王丝墓表上说：“（王）丝充广南东路转运按察使，兼本路安抚、提举市舶司。凡蕃货之来，十税其一，必择其精者，夷人苦之。公令精粗兼取，夷人大悦，谓之曰金珠御史，意贵之也。”（范仲淹．范文正公集·权三司盐铁判官尚书兵部员外郎王君墓表［M］．卷14．北京：商务印书馆，1937：205）从这里可以知道，宋真宗以来的十取其一的抽解，全都取精者亦即细色货；王丝兼取粗细两色，使细色货减少一半抽解，从而受到舶商们的尊敬，被称之为金珠御史。

续表

朝代	时间	抽解规定	税率	文献来源
宋代	宋神宗年间	十五取一	6.67%	《宋会要辑稿》
	宋徽宗年间	细色抽解一分，粗色抽解三分	10%、30%	《宋史》
	南宋初年（绍兴六年之前）	良者十分抽解二分，真珠十分抽解一分，粗色十五分抽解一分	20%、10%、6.67%	《宋会要辑稿》
	绍兴六年（1136）	象牙、乳香、真珠、犀象十分抽二分，诸杂香药物货十分抽一分，粗色十五分抽解一分	20%、10%、6.67%	《宋会要辑稿》
	绍兴十四年（1144）	十分抽解四分	40%	
	绍兴十七年（1147）	龙脑、沉香、丁香、白荳蔻（十分）抽解一分，其余细色十分抽解二分，粗色十五分抽解一分	10%、20%、6.67%	《宋会要辑稿》
	宝庆三年（1127）以前	细色五分抽一分，粗色七分半抽一分	20%、13.3%	《宝庆四明志》
	宝庆三年（1127）以后	高丽、日本船纲首、杂事十九分抽一分，余船客十五分抽一分，海南、占城、西平、泉广纲首人等十分抽一分，船贩铁船二十五分抽一分，化外番船随定①	5.26%、6.67%、10%、4%	《宝庆四明志》
元代	至元十三年（1276）	细货十分取一，粗货十五分取一	10%、6.67%	《元朝典故编年考》
	至元二十年（1283）	精者十分取一，粗者十五分取一。泉州抽讫货物加征三十分之一的舶税钱	10%、6.67%；泉州加征3.3%舶税钱	《元史》
	至元二十九年（1292）	泉、福等处已抽之物，细色于二十五分之中取一，粗色于三十分之中取一	4%、3.33%	《续文献通考》
	至元三十年（1293）以后	粗货十五分抽解一分，细货十分抽解一分。抽讫物货再征三十分之一的舶税钱	6.67%、10%、3.3%	《元典章》
	延祐元年（1314）	细物十分抽解二分，粗物十五分抽解二分	20%、13.33%	《续文献通考》

① 罗濬等著《宝庆四明志》中记载，对海南、占城、西平、泉广方面来的船舶，“不分纲首、杂事、梢公、贴客、水手，例以一十分抽一分，船贩铁船二十五分抽一分”，此处“船贩铁船”很可能指的是土商货船。由此可见，宋代在对舶货抽解时已经注意到本国商人与外国商人的区别，但是却没有从制度上明确国内贸易与海外贸易的区别。

3.4 优免与处罚

3.4.1 税收优惠

宋元时期，官府出于对一定时期政治、经济、社会发展状况的考虑，在市舶征税制度中会对一部分纳税人和课税对象给予减轻税收负担。这种税收优惠大致分为四种情况：

1. 对特殊纳税人的优惠

宋真宗天禧元年（1017）“六月，三司言：大食国蕃客麻思利等回收买到诸物色，乞免缘路商税”。[①] 麻思利是经常来中国贸易的穆斯林，以前他贩运的真珠等舶货，是经过明州市舶司抽解的货物，然后到京城售卖。但此次以“进奉名目”前来售卖，没有接受市舶司的抽解，所以沿路税场仍令其缴纳商税，后来皇帝下诏免其一半商税。这是大食国蕃客贩运的舶货在接受市舶司抽解后，在国内销售时可以减免征收商税的例子。《新元史》中记载：“僧、道、也里可温、答失蛮人夹带商贾过番贩卖，如无许免抽分明谕，仍依例抽分，违者罪之。”[②] “也里可温”是元代对基督徒和教士的通称，“答失蛮人”是元代对伊斯兰教士的称谓，也里可温、答失蛮和僧、道一样，都是特殊的宗教人士，从文献中“免抽分明谕”可以推测这些人享有税收优惠的特殊待遇，他们会庇护一些商贾贩卖舶货，以减免税收，但是这种行为要持有官府许可的凭证，如果没有“明谕”，则要“依例抽分”，否则要获罪。从宋元时期的这些文献看来，此时的宗教人士可以享受一定程度市舶征税的优免。

此外，宋代也有对特定国家海商的特定商品的优免政策，如《开庆四明续志》中记载：吴潜力陈应该减免倭金的抽解，“倭人冒鲸波之险舳舻相衔以其物来售”，十分辛苦，且“每舶务抽博倭金之利多者不过二三万缗，旧楮而罗织漏舶之金极不过十数两”，官府对倭金抽解的利润并不是很高，如

---

① （清）徐松．宋会要辑稿·职官四四·市舶司［M］上海：上海古籍出版社，2014：4204.

② （民国）柯劭忞．新元史·食货五·市舶课［M］．卷72．长春：吉林人民出版社，2005：1618.

若减免则可以达到“朝廷怀远之恩”，[①] 最后官府允许该地市舶务免抽倭金。这是针对日本制定的税收优惠。

2. 防止重复征税

市舶征税后，舶商已经履行了纳税义务，如果舶货在国内行销还要缴纳商税的话就会造成重复征税，重复征税会加重海商的税收负担，影响其从事海外贸易的积极性，所以宋元时期的官府采取一些措施解决这个问题。宋孝宗隆兴元年（1163）十二月，“臣寮言：舶船物货已经抽解不许再行收税，系是旧法”[②]。可见以往官府的通行做法是舶货经市舶司抽解后不再收其他的商税，以此减少重复征税，减轻海商税收负担。

3. 纳税期限上的优惠

纳税期限是纳税人向官府缴纳税款的时间限制，在市舶征税时，一方面官府根据海商的特殊情况适当延长纳税期限，给海商以人性化的税收管理；另一方面官府对于积极纳税的海商给予税收优惠。如隆兴二年（1164）七月，“臣僚言：熙宁初，创立市舶一司，所以来远人、通物货也，旧法抽解既有定数，又宽期纳税，使之待价，此招致之方也。”可见北宋熙宁时期市舶征税不但严格按照条法征收，还经常宽期纳税，以此招徕海商增加税收。宋孝宗的臣僚既然提出向熙宁时期学习，所以也会在纳税期限上给予海商优惠待遇。事实的确是这样，隆兴二年（1164）市舶司在征得朝廷允许的情况下，决定“（海商由）物力户充保，自给公凭日为始，若在五月内回舶，与优饶抽税”。即海商较规定出海期限（半年或一年）提前回国者，可以享受优惠税率。

4. 税收人性化管理

官府在获取市舶收入的同时也注意体谅海商的实际困难，如果的确有不可控的灾难发生，海商可以减免纳税。如《延祐市舶则法》中规定，海商如果遭受风暴、强盗事故，据实向发舶州县报告，再由市舶司转申总司衙门

---

① （宋）梅应发，刘锡．开庆四明续志·蠲免抽博倭金［M］．卷 8．宋元方志丛刊第 6 册．北京：中华书局，1990：6010．

② （清）徐松．宋会要辑稿·职官四四·市舶司［M］．上海：上海古籍出版社，2014：4216．

进行复审核查，“如委是遭风暴被劫事故，方许销落元给验、凭字号”①，即原来颁发的公验和公凭作废，免除税收。

5. 外国朝贡物品可以免除纳税

“番国遣使赍擎礼物，赴阙朝贡”，则使臣需将贡品报送市舶司检查备案，再交由行省或中书省层级递送，这样这些舶货就可以免除征税。

税收优惠的措施的确有利于刺激海上贸易的发展，增加官府财政收入，如宋理宗初期，泉州“番舶畏苛征，至者岁不三四。(真）德秀首宽之，至者骤增至三十六艘”②。

3.4.2　税收处罚

宋代和元代都制定了规范海外贸易和市舶管理的财税则法，宋代有元丰时期的《广州市舶条》③，元代有《至元市舶则法》和《延祐市舶则法》，这些财经法则里都明确规定了违反税款征收和税收管理行为的处罚方式，这保证了市舶征税的严肃性。

1. 超过纳税期限要受到处罚

隆兴二年（1164）两浙市舶司奏请，商贾出海贸易要遵循一定的回帆期限，并按时纳税，“自给公凭日为始”，海上可能会遇到风暴或盗贼，所以若一年内回帆，则不享受税收优惠而正常纳税，若“满一年之上，许从本司根究责罚施行，若有透漏，充保物力户同坐”④。如果逾期未缴税，甚至偷漏税，不但海商本人要接受处罚，对其担保的物力户也要接受处罚。

---

① （元）官修，方龄贵校注．通制条格校注·市舶［M］．卷18．北京：中华书局，2001：533.

② （元）脱脱等．宋史·列传第一百九十六·真德秀［M］．卷437．北京：中华书局，1977：12959.

③ 宋代《广州市舶条》没有完整的条文存世，只能在史料中找到散乱的条令窥见一斑。苏轼曾任职杭州和礼部，其状文中有大量关于海外贸易条法的记述，如《乞令高丽僧从泉州归国状》《论高丽进奉状》《论高丽进奉第二状》《论高丽进奉第三状》《乞禁商旅过外国状》《论高丽买书利害札子》等（苏轼．苏轼文集·经状［M］．卷30—31．北京：中华书局，1986：847—888.）从中可推知《广州市舶条》的大概内容。

④ （宋）马端临．文献通考·均输市易和买［M］．卷20．北京：中华书局，2011：578.

2. 违反公凭管理的规定要受到处罚

在宋代，端拱二年（989）规定，商旅出海要在两浙市舶司申请许可证，“违者没入其宝货”[①]。元祐五年（1090）规定，“不请公据而擅乘船自海道入界河及住高丽新罗登州界者，徒二年五百里编管”[②]。熙宁七年（1074）下诏，如果有舶船遇风信不便漂至某个州县，该地官府要检点货物并押送其至附近市舶司接受抽解，市舶司验其公凭无误，则给回引即许通行，如果拿不出公凭引目，则“许人告依偷税法”[③]。元代违反公凭管理的规定也要受到处罚，如《延祐市舶则法》中规定，“海商不请验凭擅自发船并许诸人告捕”，大小船只的公验和公凭要随时携带，超过公验公凭允许范围外的货物属于私贩，“许诸人告补得实，犯人决杖壹百柒下，船物俱没官”[④]。

3. 偷逃税款及走私要受到处罚

太平兴国元年（976）五月，“诏敢与蕃客货易计其直满一百文以上，量科其罪过十五千以上”，要被脸上刺字流放到海岛，如果数额巨大要被押送到京城接受审讯，如果是妇女从事海外贸易走私则“配充针工”。淳化五年（994）二月，“又申其禁四贯以上徒一年，递加二十贯以上黥面配本地役兵”[⑤]。这些是走私逃税要接受的惩罚。元代《延祐市舶则法》中规定：海商要严格纳税，若“在船巧为藏匿者，即系漏舶，并行没官，仍许人告首，依例于没官物内壹半充赏，犯人决杖壹伯柒下”。没有任何特殊的纳税人，包括诸王、驸马、权豪、势要、僧道、也里可温、答失蛮人等，如果有隐匿货物偷逃税款者，“许诸人首告，取问是实，钱物没官，犯人决杖壹百柒下，有官者罢职”。商船要严格遵守公验公凭所规定的贸易国家和纳税地点，否则“船物尽行没官，舶商、船主、纲首、事头、火长各杖壹百柒下”。海商不能借停泊取水或风浪避险等理由私运舶货上岸交易，这样就会

① （清）徐松．宋会要辑稿·职官四四·市舶司［M］．上海：上海古籍出版社，2014：4204.

② （宋）李焘．续资治通鉴长编·哲宗元祐五年十一月乙丑［M］．卷451．北京：中华书局，1992：10823.

③ （清）徐松．宋会要辑稿·职官四四·市舶司［M］．上海：上海古籍出版社，2014：4205.

④ （元）官修，方龄贵校注．通制条格校注·市舶［M］．卷18．北京：中华书局，2001：538.

⑤ （清）徐松．宋会要辑稿·职官四四·市舶司［M］．上海：上海古籍出版社，2014：4207.

造成偷漏税收，“并听诸人告捕，全行断没，犯人杖壹百柒下”。沿海州县镇守军官、巡尉人等会经常巡逻，“催赶船只随即起离，彼处不许久停”，防止走私行为发生。此外，由于元代朝贡的贡品免税，所以对蕃国使节假托朝贡之名逃避税收的行为做出规定，“如隐瞒不报，或夹带他人物货，不与抽分，并与漏舶论罪断没”[①]。

① （元）官修，方龄贵校注．通制条格校注·市舶［M］．卷18．北京：中华书局，2001：533—536.

第4章 宋元市舶制度中的税收管理

宋元时期市舶制度中的税收管理包括税务行政管理和税收征收管理两大部分。宋元时期广州、明州、杭州、密州、泉州、秀州、温州、江阴军、澉浦、上海、海南等地都曾设置市舶机构，市舶机构是建制规范的政府机关。中央政府会通过检查和制裁的方式对市舶机构及其官员进行监督。市舶机构在税收征收工作中注重凭证管理、舶货管理，也积极吸纳第三方中介机构参与海外贸易税收管理。

4.1 税务行政管理

4.1.1 机构管理

宋元时期官府在多个沿海贸易繁荣的港口城市设置了市舶机构，包括市舶司、市舶务、市舶场等，其中市舶司是管辖较大范围区域事务的高级市舶机构，市舶司、市舶场是管理地方事务的基层市舶机构。市舶机构负责市舶征税的工作，是一个建置规范的常设政府机构。宋代设置过市舶机构的城镇有广州、明州、杭州、密州、泉州、秀州、温州、江阴军、澉浦。元代设置过市舶机构的城镇有广州、杭州、上海、澉浦、庆元（明州）、泉州、海南。宋元两朝市舶机构的设置地多有重合，一方面可见诸如广州、杭州、泉州这样的沿海城市长时期都有海外贸易的传统，另一方面可见宋、元两朝在市舶制度上的沿承关系。表4－1展示了宋元时期市舶机构的置废情况。

表4－1　宋元时期市舶机构置废情况

朝代	时间	市舶机构设置情况	市舶机构迁移和罢废情况	文献来源
宋	开宝四年（971）	广州[①]置市舶司		《文献通考》
	端拱二年（989）	杭州置市舶司		《舆地纪胜》
	淳化元年（990）	市舶务由杭州迁徙至明州		《宝庆四明志》
	淳化三年（992）	杭州市舶司迁至明州定海县		《乾道临安志》
	淳化六年（995）		市舶务又迁回杭州	《宝庆四明志》
	咸平二年（999）	明州、杭州都置市舶务		《宝庆四明志》
	元祐二年（1087）	泉州置市舶司		《舆地纪胜》
	元祐三年（1088）	密州板桥镇置市舶司		《玉海》
	崇宁三年（1104）	复置泉州市舶司[②]		《舆地纪胜》
	政和三年（1113）	秀州华亭设市舶务		
	建炎元年（1127）		罢闽浙市舶司	《舆地纪胜》
	建炎二年（1128）	复置闽浙市舶司		《舆地纪胜》
	绍兴元年（1131）	温州设市舶务		《历代职源撮要》
	绍兴二年（1132）	秀州华亭县置市舶司	废泉州市舶	
	绍兴十五年（1145）	江阴军设市舶务		《中兴会要》
	绍兴二十九年（1159）	福建、广南各置务于一州，两浙市舶乃分建于五所		《事类备要》
	乾道二年（1166）		罢两浙市舶司	《宋会要辑稿》
	绍熙元年（1190）		废杭州市舶务	《宝庆四明志》
	庆元元年（1195）		罢秀州、温州、江阴军市舶务	《宝庆四明志》
	淳祐十年（1250）	澉浦置市舶场		《海盐澉水志》
	咸淳四年（1268）	在杭州设置新的市舶务		《咸淳临安志》
元	至元十二年（1275）	广州	后因战事罢废	
	至元十五年（1278）	泉州、庆元（明州）、上海、澉浦		《延祐四明志》
	至元二十一年（1284）	杭州		《元典章》
	至元二十三年（1286）	复置广州		《大德南海志》
	至元二十五年（1288）	海南博易市舶提举司	至元三十一年（1294）罢废，后有复置，又于至大四年（1311）罢废	《元史》

① 宋神宗年间（1068—1085）至宋徽宗政和二年（1112）广州市舶司时有罢废和复置。

② 《舆地纪胜》中记载，宋哲宗元祐二年（1087）置泉州市舶司后，“后尽罢提举官”。宋徽宗大观元年（1107）复置浙江、广东、福建三路市舶提举官。宋徽宗大观三年（1109）罢两浙路提举市舶官，令提举常平司兼领。宋徽宗政和二年（1112）复置两浙福建路市舶官。罢提举市舶官并不是取缔市舶机构，只是由其他政府部门的官员管辖市舶事务。

续表

朝代	时间	市舶机构设置情况	市舶机构迁移和罢废情况	文献来源
元	至元三十年（1293）		温州市舶司并入庆元市舶司①，杭州市舶司并入杭州税务，罢海北海南市舶提举司	《元史》
	大德二年（1298）		上海、澉浦市舶司并入庆元市舶司	《元史》
	大德七年（1303）		停罢广州、泉州、庆元市舶司	《延祐四明志》
	至大元年（1308）	复置泉州、庆元、广州市舶司		《延祐四明志》
	至大四年（1311）		停罢泉州、庆元、广州市舶司	《延祐四明志》
	延祐元年（1314）	复置泉州、庆元、广州市舶司		《延祐四明志》
	延祐七年（1320）		停罢泉州、庆元、广州市舶司	《延祐四明志》
	至治二年（1322）	复置泉州、庆元、广州市舶司		《元史》

有诸多地方志记载了当地市舶机构的具体设置地点。《乾道临安志》记载临安“提举市舶衙旧在城中，淳化三年四月庚午移杭州，市舶司于明州定海县，以监察御史张肃领之，今存市舶务”“市舶务在保安门外诸家桥之东”②。《咸淳临安志》中记载“市舶务在保安门，海商之自外舶至京者，受其券而考验之，又有新务在梅家桥之北以受船纲”③。《海盐澉水志》中载海盐县澉浦镇“市舶场在镇东海岸，淳祐六年创市舶官，十年置场”④。《宝庆四明志》中记载庆元府（今浙江省宁波市）市舶务旁边有门曰“市舶务门”，后改为“来安门”，“惟舶货入则开”。市舶司附近还有一座桥，曰“四港桥”⑤。

市舶司中设置提举市舶司使、市舶监管、勾当公事、监门官、吏有、孔

---

① 温州市舶司设置的时间史料中没有明确记载。

② （宋）周淙．乾道临安志·廨舍［M］．卷2．台湾：成文出版社，1983：49.

③ （宋）潜说友．咸淳临安志·行在所录·市舶务［M］．卷9．杭州：浙江古籍出版社，2012：348.

④ （宋）常棠．海盐澉水志·坊场门［M］．卷上．北京：中华书局，1985：16.

⑤ （宋）罗濬等．宝庆四明志·四港桥［M］．卷4．宋元方志丛刊第5册．北京：中华书局，1990：5039.

目等官吏职务。虽然宋初时统治者也曾令宦官南下招徕蕃商，“雍熙中，遣内侍八人赍敕书金帛，分四路招致海南诸蕃”[①]，但纵观整个宋元时期，市舶司官员任命较为规范和严格。北宋初置广州市舶司时，“以知州为使，通判为判官，及转运使司掌其事，又遣京朝官三班、内侍三人专领”[②]。知州是州府的最高长官，通判为中央政府对地方加强监管的特派员，转运使是一路的长官，这三位高级别的官员还要会同京朝官、内侍共同协作管理，可见宋代朝廷对市舶事务的重视。南宋时也非常重视市舶司官员的任用，绍兴二十一年（1151）“李庄除福建提举。上曰：提举市舶司委寄非轻，若用非其人，则措置失当，海商不至矣。庄可发来禀议，然后任提举”[③]。南宋市舶机构的最高长官是由专职提举或以地方官兼职的方式设置的，专职提举是路一级的长官充任，地方官兼职则是由低级市舶机构长官担任，不管哪种形式都有规范严格的官员职责规定。元代市舶司也常以高级官员兼领或监督，如至元十四年（1277）“立市舶司一于泉州，令孟古岱领之。立市舶司三于庆元、上海、澉浦，令福建安抚使杨发督之”。至元十五年（1278）“孟古岱为福建路宣慰使”[④]，宣慰使是元代负有承上启下职责的一个地方区划的军政最高长官，而安抚使也是中央政府派出的处理地方事务的重要长官。从元代至元年间市舶官吏设置也可以看出朝廷对市舶事宜的重视。

此外，宋代科举制发达，很多地方志都记录了当地学子科举中榜后充任市舶官员的情况，如《淳熙三山志》中记载绍兴十二年（1142）壬戌陈诚之榜中陈禾任提举广东市舶[⑤]。绍兴二十二年（1152）辛未赵逵榜中林之奇提举福建市舶[⑥]。《赤城志》中记载，绍兴二十七年（1157）进士科王十朋榜中彭椿年提举福建市舶[⑦]。嘉泰二年（1202）特科中诸葛若任泉州市舶[⑧]。

---

① （元）脱脱等. 宋史·食货下八·互市舶法［M］. 卷186. 北京：中华书局，1985：4559.

② （清）徐松. 宋会要辑稿·职官四四·市舶司［M］. 上海：上海古籍出版社，2014：4203.

③ （明）黄仲昭. 八闽通志·秩官［M］. 卷27. 福建：福建人民出版社，1990：583.

④ （明）宋濂等. 元史·世祖七［M］. 卷10. 北京：中华书局，1976：198.

⑤ （宋）梁克家. 淳熙三山志·绍兴十二年条［M］. 卷28. 宋元方志丛刊第8册. 北京：中华书局，1990：8038.

⑥ （宋）梁克家. 淳熙三山志·绍兴二十二年条［M］. 卷28. 宋元方志丛刊第8册. 北京：中华书局，1990：8041.

⑦ （宋）陈耆卿. 嘉定赤城志·人物门二·进士科［M］. 卷33. 宋元方志丛刊第7册. 北京：中华书局，1990：7533.

⑧ （宋）陈耆卿. 嘉定赤城志·人物门三·特科［M］. 卷34. 宋元方志从刊第7册. 北京：中华书局，1990：7543.

《景定建康志》中记载王端朝十八岁时“登第中博学宏词科”，后曾提举两浙市舶。[①] 科举出身的官员担任市舶官职，一方面可见市舶官员选拔的程序和资质较为严格，另一方面高素质人才参与市舶事务有利于推动海外贸易的发展。

4.1.2 征收机关的组织与归属管理

宋元时期中央政府和地方政府在海外贸易收入的管理权方面有一个博弈较量的过程。从表4-2中可见，宋初，受唐末五代时期藩镇割据局面的影响，市舶管理实行“州郡兼领”，东南沿海市舶之利都被地方政府控制。元丰时期中央集权进一步强化，当时的《广州市舶条》规定市舶事务由漕臣兼领、由转运使主持，“旧制虽有市舶司，多州郡兼领。元丰中始令转运司兼提举，而州郡不复预矣。”[②] “路”是宋太宗时期开始设置的高级行政区，其行政管理权介于州郡与中央之间，各路设“转运司”掌握一路或数路的财赋运输、官吏考核、维持治安、刑狱监察、举荐贤廉等事务，尤其是元丰时期转运司的地位高于南宋时期，所以由转运使直接管理市舶事务可见中央政府开始掌控市舶财权[③]。《山堂考索》中有多处关于北宋熙宁改制之后地方财权的论述，“自熙宁以来，坊场、河渡、白地、房廊、坑冶、市舶、农田水利各置提举，而利权不在州县矣”；熙宁之后免役等钱归常平司，房廊地课收入归转运司，“于是乎守臣无利权矣”；北宋建国初期还是转运使总领一路财赋，“至熙丰则分为提举常平、茶盐、市舶、坑冶，渡江以来又有四总所，则州郡之财益可知矣。”[④] 宋代立国之初，地方财政还相对充裕，能够应付本地的开支。但受宋夏战争等的影响，中央政府加强了对地方的征

---

① （宋）周应合．景定建康志·治行传［M］．卷49．南京：南京出版社，2009：1210．

② （宋）祝穆．《古今事文类聚·遗集·市舶提举》［M］．卷13．影印文渊阁四库全书第930册．台北：台湾商务印书馆，1986：584．载：“元丰三年书言广州市舶条已修定，乞专委官推行，诏广东以转运使孙迥、广西以转运使陈倩、两浙以转运副使周直孺、福建以转运判官王子京，迥、直孺兼提举催行，倩、子京兼觉察拘拦，其广南东路安抚使，更不带市舶。”

③ 本书认为北宋时期转运司更多的代表中央政府的意志。《宋史·职官志七》中记载：转运司官员的职责是“掌经度一路财赋，而察其登耗有无，以足上供及郡县之费。岁行所部，检察储积，稽考帐籍。凡吏蠹民瘼，悉条以上达，及专举刺官吏之事。”所以转运司的职责有三：一是保证中央政府财政收入。二是对所辖州军间的财赋、及州军与中央政府间的财赋进行调拨调剂，保证各州军的财政支出。类似于今天的纵向转移支付与横向转移支付。三是履行对州军财政监督的职责。所以从转运司的职责来看，其更多的代表中央政府的意志。

④ （宋）章如愚．山堂考索·财赋门·杂赋类［M］．卷54．北京：中华书局，1992：804．

调，尤其是宋神宗熙丰变法之后加强中央集权，将包括市舶等各项财都掌握在中央手中。

南宋时期，市舶机构的归属有四种方式：一是由转运司管理，二是专设市舶提举，三是由提举茶事兼领，四是由本地知州兼领。虽然北宋末年到南宋时期转运司的性质开始发生变化，转运司从初期主要代表中央督征地方税赋的角色，逐渐开始代表地方财政利益①。但是转运司仍然是在财政管理权限上高于州县的一级机构，仍然担负着向中央输送财赋的重要职责，所以转运司监管市舶事务体现了中央对市舶收入的把控。由于提举市舶司和提举茶事司都是由户部直属管理的机构，所以市舶事务由这两个机构管理仍然体现了中央对市舶事务的控制，但是“市舶并入提举茶事司”一事又体现了部门之间对市舶之利的争夺。南宋淳熙、嘉定、开庆年间广州、福建由知州兼领市舶提举，显示了地方政府对市舶之利的争夺。总之，宋代市舶财权是以中央政府掌握为主。

元初市舶司由高级官员兼任，如至元十四年（1277）泉州市舶司由福建行省首脑忙古解领之，其他市舶司由福建安抚使杨发督之②，又以蒙古管军万户伯家奴为海外诸蕃宣慰使兼福建道市舶提举③。随着行政管理制度的完善，市舶事务才由专门的官员管理。元代市舶机构设置较为混乱，有“市舶都转运司”“市舶提举司”，甚至和盐运事务合并称为“盐课市舶都转运司”。元初，中央政府设立泉府司（院）、行省设立行泉府司（院）管理市舶事务，行泉府司（院）受中央的泉府司（院）和地方的行省双重管理。至大二年（1309）“罢行泉府院，以市舶归之行省”，即罢废中央的泉府司（院），市舶事务均由各行省管理。泰定元年（1324）“诸海舶至者止令行省抽分”④。所以从整个元代市舶管理归属情况看，市舶事务由地方最高行政机关来管理是基本的制度，所以元代市舶财权主要以地方政府掌握为主。

① 北宋时期，转运司还可以“或有非常支用，必须干告朝廷，既在经费之外，于理自合应副”。但到南宋时期，转运司却“须管自擘画支赡”，再加上南宋时设置了四总领所，转运司的财权缩小很多，必须更多的从解决本地岁支出发来考虑问题，转运司的财政角色也发生了变化。

② （明）宋濂等．元史·食货志二·市舶［M］．卷94．北京：中华书局，1976：2401．

③ （明）宋濂等．元史·唆都［M］．卷129．北京：中华书局，1976：3152．

④ （明）宋濂等．元史·武宗二［M］．卷23．北京：中华书局，1976：527．

表4-2　　宋元市舶机构从属关系一览表

年代	时间	地点	归属	文献来源
宋	开宝、庆历、皇祐年间	广州	转运使兼市舶提举	《宋会要辑稿·职官四四》
	熙宁二年（1069）	广州	发运使兼市舶提举	《宋会要辑稿·职官四四》
	元丰三年（1080）	广州	转运副使兼市舶提举（发运使不再兼市舶提举）	《宋会要辑稿·职官四四》
		广西	转运使兼市舶提举	
		两浙	转运副使兼市舶提举	
		福建	转运判官兼市舶提举	
	崇宁二年（1103）	广南路、福建路[①]	专置市舶提举官	《皇宋十朝纲要》
	大观元年（1107）	广南路、两浙路、福建路	复置市舶提举官	《宋会要辑稿·职官四四》
	大观三年（1109）	两浙路	罢两浙路提举市舶官，令提举常平官兼任	《宋会要辑稿·职官四四》
	政和二年（1112）	两浙路、福建路	复置市舶	《宋会要辑稿·职官四四》
	建炎元年（1127）	两浙路、福建路	两浙、福建市舶司归转运司	《群书考索后集》
	建炎二年（1128）	两浙路、福建路	复置两浙、福建路提举市舶司	《宋会要辑稿·职官四四》
	绍兴二年（1132）	秀州华亭县	两浙提举市舶移到秀州华亭县置司，由秀州应副[②]	《宋会要辑稿·职官四四》
		福建路	福建路市舶司的事务由本路提举茶事兼领	《建炎以来系年要录》
	绍兴十年（1140）前后	广东	提举茶盐公事管理市舶事务	《建炎以来系年要录》
	绍兴十二年（1142）	福建路	福建路提举市舶令现任官专一提举	《宋会要辑稿·职官四四》
	乾道二年（1166）	两浙路	撤两浙路提举市舶司，由两浙路转运司提督[③]	《宋会要辑稿·职官四四》
	淳熙、开庆年间	广州	知州兼市舶提举	《南宋馆阁续录》
	嘉定以后	福建路	知州兼领提举市舶	《宋会要辑稿·职官四四》

① 福建路在崇宁二年（1103）到大观元年（1107）之间何时被罢市舶提举官不详。

② 南宋时期，两浙路有临安府、明州、秀州、温州、江阴军五处市舶务，《宋会要辑稿·职官四四》载："祖宗旧制，有市舶处，知州带提举市舶务，通判带主管，知县带监，而逐务又各有监官。市舶置司，乃在华亭。"（徐松辑．宋会要辑稿·职官四四·市舶司［M］．上海：上海古籍出版社，2014：4210.）可见市舶务的具体事务由州县官员负责。

③ 《宋会要辑稿·职官四四》载，由于两浙各市舶务在管理中，知州、通判、知县、监官"委是冗蠹"，各官员要么是在蕃舶繁华的地方"名为抽解，其实骚扰"，要么在蕃舶稀少的地方"终任不到，可谓素餐"。所以撤销两浙路提举市舶，由转运司总领协调市舶事务。（徐松辑．宋会要辑稿·职官四四·市舶司［M］．上海：上海古籍出版社，2014：4209.）

续表

年代	时间	地点	归属	文献来源
元	至元十六年（1279）	泉州	转运使榷市舶	《弘治八闽通志》
	至元二十一年（1284）	泉州、杭州	设福建市舶都转运司，两浙市舶都转运司	《元史·食货志》
	至元二十三年（1286）	泉州	复置泉州市舶提举司	《元史·世祖纪》
		广州	改广东都转运市舶提举司为盐课市舶提举司	
	至元二十四年（1287）	泉州	改福建市舶都转运司为都转运盐使司	《钦定续文献通考》
	至元二十九年（1292）	泉州	改立市舶提举司	《元史·食货志》
	大德四年（1300）	泉州	转运司管理市舶事务	《元史·食货志》
	至大四年（1311）	泉州	复升转运司径隶行省	《元史·食货志》①

4.1.3　对征收机构的执法督察

在市舶管理中，中央政府会通过检查、制裁等方式对市舶或相关机构及官员进行监督，以保证市舶管理的严肃性。宋高宗建炎四年（1130）六月，朝廷下诏“诸路市舶司钱物今后并不许司官划刷，如违以徒二年科罪”。严禁各司官随意搜刮市舶司征收的钱物，否则接受徒刑的处罚。绍兴五年（1135）闰二月，朝廷下诏严禁市舶务监官和现任官员私下贩卖市舶司舶货，或者强买海商财物，否则要治罪。但是如果是更高级别的市舶提举官对这些事听之任之，就减轻前面犯罪官员的刑罚（而加重惩罚提举官）②。这是防止官员参与商业贸易，假公济私获取非法利益，而丧失职业操守。也加强了领导负责制，强化上级管理机构的责任心。

元代的“市舶则法”中对官员监督和约束的条款更是详细，主要有以下内容：

其一，禁止官员间接参与海外贸易，假公济私。如行省、行泉府司、宣慰司、市舶诸官吏“交舶商捎带私钱贸易，匿不抽分者”，“罪之，钱物断

① 关于元代泉州市舶事务归属问题，《元史》和《三山续志》上记载有所不同，《三山续志》载：“至元十六年设转运使，榷盐货兼市舶。二十四年兼榷盐铁酒醋诸课。二十九年改置提举始专司鹾。三十一年设转运使。大德八年罢。十年改置提举。皇庆元年复设都转运使，各有佐属，以治其事，凡𨔄运及仓场之官隶焉。”本书采纳了《元史·食货志》的说法。

② （清）徐松．宋会要辑稿·职官四四·市舶司［M］．上海：上海古籍出版社，2014：4214．载：“市舶务监官并见任官诡名买市舶司，及彊买客旅货，以违制论仍不以赦降原减，许人告赏钱一百贯。提举官、知通不举劾，减犯人罪二等。”

没，以三分之一与首告人充赏”。这些官员不能强迫海商携带他们的财物到国外买卖，不能将贵重的货物低价估值盘剥舶商，更不能隐瞒税收损公肥私，“如违，许诸人首告，取问是实，犯人决杖壹伯柒下，罢职不叙，钱物没官”。并且强调连带责任，“船主、事头不举者同罪”。

其二，禁止因公出国的官吏借机营利。一些使臣、官吏、军队将领等人因公出国，由政府负担路费食宿，自己不负担任何成本，但有的人却借机夹带舶货回国售卖，以此营利。针对这样的情况，朝廷规定他们的舶货要接受市舶司的检查、登记和征税，“如违，并以漏舶治罪，物货没官”。

其三，对市舶机构官员执法的规定。如果舶船起航下海，市舶司轮差正官一名必须亲自查验船只，确保无违法行为，如果将来查出问题，或者有刁难舶商索取贿赂等行为，则“检视官并行断罪”。如果舶船回帆到岸，当地官吏要督促其尽快到市舶司缴税，“如官吏知情容纵，决伍拾柒下，受赂者计脏以枉法论罪”。海商到市舶司后，要将贩运的舶货详细填报，杜绝漏舶，“如舶司官吏容庇，或觉察得之，或因事发露到官，定将官吏断罢不叙”。“官吏知情受赂，船客隐税者，依条断罪”。相反，如果海商已经按照法律缴纳税收，市舶司官员不能再非理刁难，向舶商索要钱财，“违者计脏以枉法论罪”。行省、行泉府司、市舶司的官员每年要在舶商回帆的时候早早候于港口，便于舶船缴税，“不得因而走透作弊，其监抽官亦不得违期前去，停滞舶商人难”。此外，各市舶司只能对本地出海的船只征税，如果不是本地船只，则不能以任何理由对其进行抽分，“违者，决杖伍拾柒下，解现任，因而受财者，以枉法论”[①]。

4.2 税收征收管理

4.2.1 凭证管理

宋元时期的市舶活动都强调账簿凭证的管理，这些账簿凭证将海商海外贸易活动情况集中记录，便于官府检查各项经济活动的合法性，也便于督促纳税人照章纳税。宋代称这种凭证为“引”“公凭”“引目”等，海商出海

① （元）官修，方龄贵校注．通制条格校注·市舶［M］．卷18．北京：中华书局，2001：540.

必须有凭证，《庆元条法事类》里规定“诸客人买抽解物货于市舶司，请公凭引目，听往他州卖，若小出引目匿物数者，依匿税法”①。超过引目范围获取的物货是没有纳税的，所以属于偷逃税款行为，要受到惩罚。宋代官府诏令经常强调公凭的重要性，如元丰二年（1079）官府规定商贾到高丽贸易者，如果货物规模较大的话就需要在明州市舶司登记造册，由政府“给引发船”，“无引者如盗贩法”，即无引者属于私贩，要受到严厉的惩罚②。元祐五年（1090）规定商贾要向州县官府上报兴贩舶货种类、数额、贸易对象等基本情况，发舶州给予其“公据”，回帆时将公据交由市舶司审验纳税。隆兴二年（1164）臣僚上奏，旧法官府在海商出海贸易时发给“公凭”，回帆时仍回发舶处以公凭为依据进行抽解，近来两浙市舶司争利，都希望舶商到本地纳税，所以奏请按旧法进行管理。这则材料一来显示了宋代市舶征税延续多年的“公凭”管理的方法，二来显示了市舶之利丰厚，所以受到地方政府对税源的争抢。

元代市舶管理中有“公验”，有“公凭”，舶商大船申请的是“公验”，柴水小船申请的是“公凭”。这种凭证也被泛称为“公据”。海商出海贸易要先向港口所在地的市舶司提出申请，市舶司官员对船上人员和货物进行核查后，给海商颁发“公验”或“公凭”作为外贸经营许可证，这种凭证上除了勘印有关市舶的条例法令，还要详细登记“下舶船收买物货往某处经纪，公验开据本船财主某人，纲首某人，直库某人，梢工某人，杂事等某人，部领等某人，碇手某人，作伴某人，船只力胜若干，樯高若干，船面阔若干，船身长若干”③。当舶商回帆之时往往会装载大量舶来品运往国内销售，此时舶商需持之前的公验公凭向市舶司报关登岸，市舶司对船上货物查验记录之后进行征税。并且这些凭证上注明了“发船舶司”，商船只能原地缴税而不能“越投他处舶司”。所以官府发放凭证的做法除了能够查验管理海外贸易行为，遏制走私违禁贸易，还能明晰纳税地点，均衡税源分布，确保各市舶司的管理权限。

4.2.2 舶货管理

舶货是市舶司对商船抽解后获得的物资，属于实物形式的税收，对这些

① （宋）谢深甫．唐明律合编·宋刑统·庆元条法事类［M］．事类36．北京：中国书店，1990：293．
② （元）脱脱等．宋史·食货下八·互市舶法［M］．卷186．北京：中华书局，1985：4564．
③ （元）官修，方龄贵校注．通制条格校注·市舶［M］．卷18．北京：中华书局，2001：538．

税收的进一步处理是市舶征税管理的最终环节，也是重要的环节，这关系到国家财政利益的最终实现。

1. 舶货的起发

舶货种类多样，很多物品不是京城所需要的，所以也没有必要将这些物品全部运到京城，只需要挑选一部分运输即可，究竟是哪些舶货要起发京城？宋徽宗政和七年（1117）七月，提举两浙路张苑奏“上供之物依条附纲起发”①。宋高宗建炎时期承议郎李则上奏，希望恢复旧制，即“闽广市舶司抽解舶货以其贵细者计纲上京”②，得到朝廷的允许。绍兴十一年（1141）的舶货管理中，对舶货划分为“细色”“粗色”和“粗重”三个类别，且“户部言：重行裁定市舶香药名色，仰依合起发名件”。绍熙元年（1190）臣僚上奏称“福建市舶司每岁所发纲运有精细色陆路纲，有粗色海道纲”③。从上述史料看来，宋代起发的舶货有粗色有细色，以体积小质量高级的物品为主，也会起发数量较多质量略次，但是京城广泛需求的物资，香药是起发舶货中的重要项目。

舶货向京城运输通常以纲为单位来进行统计，所以舶货解送又称为纲运。“熙宁四年（1071）五月十二日诏，应广州市舶司，每年抽买到乳香杂药，依条计纲。”④ 在宋徽宗大观以前，“细色纲龙脑珠之类每一纲五千两，其余犀象、紫矿、乳檀香之类为粗色，每纲一万斤”⑤。每一纲舶货差衙前一名押送，衙前押送官物要支给其脚乘赡家钱。大观以后纲运项目做了调整，象犀、紫矿都被归入细色起发，以旧日一纲分为三十二纲运输⑥，相应押送舶货的衙前人数就要增加，脚乘赡家钱也要增加。乾道七年（1171）“诏广南起发粗色香药物货每纲二万斤，加耗六百斤”。淳熙二年（1175）“福建广南市舶司粗细物货并以五万斤为一纲”⑦。由此看到南宋后期舶货每一纲的数额增加，这是由于此时舶货主要由海船运输，海船承载量大所以纲运量也扩大了。

---

① （清）徐松．宋会要辑稿·职官四四·市舶司［M］．上海：上海古籍出版社，2014：4215.

② （宋）李心传．建炎以来系年要录·建炎元年十月［M］．卷10．上海：上海古籍出版社，1992：183.

③ （清）徐松．宋会要辑稿·职官四四·市舶司［M］．上海：上海古籍出版社，2014：4206.

④ （清）徐松．宋会要辑稿·职官四四·市舶司［M］．上海：上海古籍出版社，2014：4217.

⑤ （元）脱脱等．宋史·食货下八·互市舶法［M］．卷186．北京：中华书局，1985：4562.

⑥ 宋代1斤等于16两，因而细色香药每纲5000两相当于312.5斤，则原来粗色香药10000斤一纲正好分为细色香药32纲，故“32纲”由此而来。

⑦ （元）脱脱等．宋史·食货下八·互市舶法［M］．卷186．北京：中华书局，1985：4561.

纲运中存在一些弊症，如海运时“人畏风涛多不愿行”，延误运输时间；“每差副尉小使臣多有侵欺贸易之弊”，官员假公济私将舶货进行买卖。淳熙元年（1174）提举福建路市舶司就承认：“舶司素有鬻纲之弊，部纲官皆求得之，换易偷盗折欠稽迟无所不有。”为此，朝廷也采取一些措施解决这些问题。如严格规定纲运抵达京城的时间，乾道七年（1171）诏广南市舶司起发粗色香药“限五个月到行在交纳”。淳熙元年（1174）诏起发舶货，福建市舶司限三个月时间、广南市舶司限六个月时间到达京城①。如对违反政策的官员进行惩罚，“前提举广南市舶江文叔容纵押纲官移易香纲钱物，特降一官”②。还有一系列赏赐激励的措施，如果纲运舶货“别无欠损违限”，则“推赏其差募官管押等”。如果官吏押运一定数量的舶货运输一定的距离，则可以在其政绩考核时优先提拔。如绍熙元年（1190）臣僚建议市舶纲运比照饶州钱监起发钱，“官押及二万三千贯，地满三千里，例减磨勘二年”③，从之。可见市舶纲运也采取了此激励措施。

元代《至元市舶则法》和《延祐市舶则法》中都规定，市舶司抽解舶货中的“贵细之物”要运输至京城。元代皇室对于奇珍异宝的采集主要通过“呈献”的方式进行，从文献中记载的市舶司抽解商品的种类来看，这些“贵细之物”主要是香料、贵重药材和其他贵重的土特产，其中香药占比最高④。元代上解的舶货是否像宋代一样纲运，文献中所载不详。但可以看到元代有专门运输舶货的路线，如果蕃舶在杭州附近贸易，则将市舶司抽解舶货先集中到杭州，再通过大运河北上至京城。由于当时的泉州港也是重要的贸易港，所以泉州的舶货或通过海上贡道运输至杭州，或通过陆路水路兼有的陆上贡道运输至杭州，再由杭州转运大都。

2. 舶货的变卖

除了起发京城的舶货之外，还有一些“粗重，难起发之物”⑤，运输这

① （清）徐松．宋会要辑稿·职官四四·市舶司［M］．上海：上海古籍出版社，2014：4209.

② （宋）陈傅良．止斋先生文集·外制［M］．卷 14．丛书集成续编第 104 册．上海：上海书店，1994：793—794.

③ （清）徐松．宋会要辑稿·职官四四·市舶司［M］．上海：上海古籍出版社，2014：4216.

④ 有多个材料可以证明香药是元代上解舶货的主要项目：如元代会同馆派遣商史的主要任务是“取香药”。延祐《市舶则法》中严禁“下番使臣”假托“采取药材、根买稀罕宝货”而“徒费廪给”。也提到禁商下海会造成“香货药物销用渐少，价直陡增，民用阙乏”的后果。

⑤ （清）徐松．宋会要辑稿·职官四四·市舶司［M］．上海：上海古籍出版社，2014：4215.

些货物耗费资财，也不见得是京城所需，得不偿失，所以可以将这部分舶货就地处理。宋神宗元丰年间对舶货就是这样管理的[①]，但政和七年（1117）臣僚上奏说“大观后始尽令计纲，费多而弊众”[②]，可见宋徽宗大观时期曾经令所有舶货起发京城，不由本地出卖，但弊端众多。在臣僚的一再奏议之下，宣和年间又开始对舶货部分起发上供，部分就地出卖。南宋时期舶货管理多是采取这样的方式，如建炎元年（1127）臣僚建议“乞将前项抽解粗色并令本州依时价打套出卖尽作见钱”，从之；绍兴三年（1133）十二月户部上奏，三路市舶司抽解到的乳香、牛皮、筋角之类可行起发，“余物货若不权宜立定所起发窠名，窃虑枉费脚乘”，所以可以就地售卖。绍兴八年（1138）“诏令逐路市舶司，如抽买到和剂局无用，并临安府民间使用稀少物货，更不起发本色”，可以就地处理，将现钱送到京城府库中[③]。这些粗重舶货经济价值不高，搬运不便，如果就地售卖能节约官府不少成本，这是对舶货很好的处理方式。

粗重舶货就地售卖，则本地商人可以购买这些舶货再运输内地进行销售，获取利润。熙宁七年（1074）规定，本地商人在购买舶货前要先向市舶司申请公凭引目，然后允许运往他州售卖。崇宁三年（1104）又重申这一规定，商人贩运舶货到别处售卖者，由市舶司勘验诣实，给予公凭，任其交易。此外，商人在市舶司领取公凭引目后，还可以享受在市舶机构所在州县交易免商税的待遇，如乾道二年（1166）两浙路市舶司上奏，建炎三年（1129）时曾经规定，商人取得贩卖香药的引目后到他州售卖免商税，所以现在也应该据此免商人到杭州、明州二州销售舶货时的商税。隆兴元年（1163）官府又重申了这一规定，“舶船物货已经抽解，不许再行收税”，这虽然是旧法，但是近来州郡税场苛征商人，“宜行约束”，已经接受抽解的舶货不出州界贩卖的话，不应该再被征税[④]。这既是保护商人的利益，也是通过保护税源而保障官府的税收收益。

元代《延祐市舶则法》中规定“各处市舶司每年办到舶货，除合起解贵细之物外”，其他的舶货要就地变卖。元代舶货变卖的管理制度较宋代更

① 宋徽宗宣和四年（1122）五月诏：“诸蕃国进奉物依元丰法更不起发，就本处出卖。”可见在宋神宗元丰年间，舶货就由各市舶司部分出卖，不再解运中央。

② （宋）李心传．建炎以来系年要录·建炎元年十月［M］．卷10．上海：上海古籍出版社，1992：189.

③ （清）徐松．宋会要辑稿·职官四四·市舶司［M］．上海：上海古籍出版社，2014：4217.

④ （清）徐松．宋会要辑稿·职官四四·市舶司［M］．上海：上海古籍出版社，2014：4209.

为完善，杭州附近各市舶司需将舶货在十二月前运至杭州泉府司官库，同时各市舶司也要呈报行省，行省委派“监抽官”监督相关司库“估计实值价钱”。除此之外也有“不干碍官司”的“廉干正官”予以“复估”，两次估计的价格一致后才能定价，这样确保“别无亏官损民”。此外，舶货出卖时要将“民间必用”和“并不系急用”的物品搭配出卖，“均配立号，募商人掣签取物”，“一并通行发卖”①，这是尽可能地对舶货均衡出卖，防止有商人囤积居奇，或者利用市场供需不均衡的商品哄抬物价。本地商人向市舶司购买和贩运这种就地处理的舶货时，“其就市舶司买者，止于卖处收税，而不再抽”②，即不用再向市舶司缴税，只在内地转卖时交商税。

表4-3　绍兴三年（1133）市舶司起发和变卖的舶货一览表

起发的货物	变卖的货物
金、银、真珠、玉乳香、牛皮筋角、象牙、犀、脑子、麝香、沉香、上中次笺香、檀香、乌文木、鹏砂、朱砂、木香、人参、丁香、琉璃、珊瑚、苏合油、白豆蔻、牛黄、腽肭脐、龙涎香、藤黄、血碣、荜澄茄、安息香、缩砂、降真香、肉豆蔻、诃子、舶上茴香、茯苓、菩萨香、鹿茸、黑附子、油脑、苁蓉、琥珀、上等螺犀、中等螺犀、下等螺犀、水银、上等药犀、中等药犀、下等药犀、鹿速香、赤仓脑、米脑、脑泥、木扎脑、夹杂银、石碌、白附子、铜器、银硃③、苛子、南蕃苏木、高州苏木、随风子、青木香、干姜、川芎、红花、雄黄、川椒、石钟乳、琉黄、白木、夹杂黄熟香头、上等生香、茴香、乌牛角、白牛角、沙鱼皮、上等鹿皮、鱼胶、海南苏木、熟速香、画黄、龟、鼊皮、鱼鳔、椰心簟、蕃小花狭簟、菱牙簟、蕃显布、海南碁盘布、海南吉贝布、海南青花碁盘皮（作者注：疑为“被”）单、下色瓶香、海南白布、海南白布皮（作者注：疑为“被”）单、拣香、上色瓶乳香、中色瓶香、次下色瓶香、上色袋香、中色袋香、下色袋香、乳香、塌香、黑塌香、水湿黑塌香、青碁盘布䌷、生速香、斫削拣选低下水湿黑塌香、黄蜡、松子、榛子、夹煎黄熟香头、白芜荑、山茱萸、茅术、防风、杏仁、五苓脂、黄耆、土牛膝、毛绝布、高丽小布、占城速香、生䓘香、夹煎香、上黄熟香、中黄熟香、下笺香、石斛	蔷薇水、御碌香、芦荟、阿魏、荜拨、史君子、豆蔻花、肉桂、桂花、指环脑、丁香、母扶律膏、大风油、加路香、火丹子、紫藤香、笃芹子、豆蔻、黑笃耨、龟童、没药、天南星、青桂头、秦皮、橘皮、鼊甲莳萝、官桂、榆甘子、益智、高良姜、甲香、天竺黄、草豆蔻、藿香、红豆、草果、大腹子肉、破故纸、苓苓香、蓬莪术、木鼊子、石决明、木兰皮、丁香皮壳、豆蔻、乌药、柳桂、桂皮、檀香皮、姜黄、相思子、苍术、青椿香、幽香、杜心、大斤香、姜黄、熟缠末、潮脑、三赖子、龟头、枝实、密木、檀香、缠丁香、枝白胶香、椿香头、鸡骨香、龟同香、白芷、亚湿香、木兰茸、乌黑香、粗熟香、下等丁香、下等冒头香、下等粗香头、下等青桂、片香、麝香、木蕃、槟榔肉、连皮、槟榔旧香连皮、大腹、粗熟香头、海桐皮、松搭子、犀蹄土、半夏、常山、蕤仁、远志、暂香、下速香、下黄熟香

资料来源：徐松．宋会要辑稿·职官四四·市舶司［M］．上海：上海古籍出版社，2016：4212—4213.

① （元）官修，方龄贵校注．通制条格校注·市舶［M］．卷18．北京：中华书局，2001：537.

② （明）宋濂等．元史·食货志二·市舶［M］．卷94．北京：中华书局，1976：2402.

③ 《宋会要辑稿》中此处缺字，《粤海关志》中写为“银硃”。

从表4-3中可见，同类的货物，质量较高的是“起发”，质量较低的为“变卖”。起发的货物占比较高，约占60%，变卖的物品占比较低，约占40%。起发的货物普遍体积小好运输，价值大利润高，官府借以实现成本最小而收益最高的效果。

3. 舶货的储存

市舶司以各种方式获取的舶货需要先存放在市舶库中，进而将这些物品分类，起发上供或者就地售卖，所以负责舶货储存管理的机构也尤显重要，这关系到国家从市舶中获取的收入是否能够真正实现。海商来到杭州，首先会将货物寄存于塌房，《梦粱录》载南宋时期杭州城外十分繁盛，诸司（包括市舶司）“于水次起造塌房数十所，为屋数千间，专以假赁與市郭间铺席宅舍，及客旅寄藏物货并动具等物”，在塌房里储备货物的商人要交租金，从而使塌房管理能够“顾养人力遇夜巡警，不致疏虞”[①]。舶货在塌房中安全存储以待征税，这是保证国家税收的最基础环节。元代各市舶司普遍都设置有市舶库用于储存舶货，《大德南海志》载“市舶库在子城直街内，有来远楼，市舶亭在朝宗门外，至元十九年创建”[②]；《延祐四明志》载“市舶库在录事司东南隅灵桥门里，宋旧市舶务遇有舶商到港，官为抽分，其物皆贮于此”[③]。此外，这些市舶库设有专职人员巡查，如“南湾巡检一员”，其职责之一是“巡栏市舶物货”，确保舶货安全[④]。

从国家的层面看，市舶司抽解的钱物主要运输到左藏库储藏。左藏库是宋代的主要国库，国家财政收入基本都在左藏库储备，以应对中央与地方的各项财政开支。如绍兴二年（1132）诏曰：“市舶司废罢，其本司银器钱物，并令起赴行在左藏库送纳。”[⑤] 舶货除了送纳左藏库外，也会纳入内藏库，内藏库的管理不同于左藏库，其设置主要为了应对战争、赈灾和其他的“非常之需”。景德四年（1007）“诏杭、明、广州市舶司般犀牙珠玉到京，

---

① （宋）吴自牧．梦粱录·塌房［M］．卷19．北京：中华书局，1985：179.

② （元）陈大震．大德南海志·局务仓库［M］．卷10．宋元方志丛刊第8册．北京：中华书局，1990：8449.

③ （元）袁桷．延祐四明志［M］．卷8．宋元方志丛刊第6册．北京：中华书局，1990：6262.

④ （宋）梁克家．淳熙三山志·秩官类五［M］．卷24．宋元方志丛刊第8册．北京：中华书局，1990：7997.

⑤ （清）徐松．宋会要辑稿·职官四四·市舶司［M］．上海：上海古籍出版社，2014：4215.

并纳内藏，拣退者纳香药库”①。由此可见，舶货不但会纳入内藏库，还会纳入香药库。香药库的职责就是“掌出纳外国贡献而及市舶香药、宝石之事”②。但是舶货一般是先由内藏库甄选，“诸州香药亦以细色纳内藏”，内藏库挑选之外的“次者”才纳入香药库。

天禧三年（1019）“供备库使时其昌言，广州市舶库旧令钤辖监阅，望止于都监押内轮司其事，从之”。③ 可见广州市舶库初由钤辖等地方武官负责管理，后改为都监押内各司轮流监管，这样府库管理更为严密。南宋时期杭州设榷货务负责舶货的发卖，榷货务中的寄椿库便是“掌发卖香药、匹帛，拘其值归于左藏南库”④。宋高宗时期尚书省基于广州市舶库舶货收支繁杂“全籍监门官检察”的事实，奏请“无赃私罪文武官，充广州市舶库监门”以加强对市舶库的监管，“杜绝侵盗之弊”⑤。

4. 舶货的用途

一般情况，起发到京城的舶货很大一部分是供皇室贵族进行消费，但有时舶货也有特殊的用途，如宋太祖时期专设封椿库，“收市舶利禁羡余之献”⑥，以作日后恢复幽燕之费。此时舶货的储备就有了军事战略意义。此外，舶货中被禁榷的部分会被售卖，如宋太宗时期在京师设置榷易署作为官方专卖部门，售卖舶货。南宋时杭州设置的榷货务中有编估局和打套局，便是“拣选市舶香药杂物等第，会其值以待贸易”⑦。这些售卖舶货的收入会充入国库用于各项财政支出。元代舶货处理中还有一个值得注意的地方，至元二十六年（1289）正月，“江淮行省平章沙木斯鼎上市舶司岁输珠四百斤金三千四百两，诏贮之以待贫乏者”⑧，舶货被储存下来用于赈济支出，又有了些许人性化管理的意义。

---

① （清）徐松．宋会要辑稿·职官四四·市舶司［M］．上海：上海古籍出版社，2014：4216.

② （元）脱脱等．宋史·职官五·司天监［M］．卷 165．北京：中华书局，1977：3925.

③ （清）徐松．宋会要辑稿·职官四四·市舶司［M］．上海：上海古籍出版社，2014：4219.

④ （元）脱脱等．宋史·职官五·司天监［M］．卷 165．北京：中华书局，1977：3926.

⑤ （清）徐松．宋会要辑稿·职官四四·市舶司［M］．上海：上海古籍出版社，2014：4219.

⑥ （元）胡一桂．双湖先生文集·宋纪·太祖［M］．卷 10．续修四库全书第 1322 册．上海：上海古籍出版社，2002：619.

⑦ （元）脱脱等．宋史·职官五·司天监［M］．卷 165．北京：中华书局，1977：3925.

⑧ （明）宋濂等．元史·世祖十二［M］．卷 15．北京：中华书局，1976：2388.

4.2.3 税务中介

宋元时期海外贸易中有一些特殊人群，他们并不直接从事贸易活动，而是作为中介经纪人，成为官府和海商的纽带。他们一方面协助官府管理繁杂的海外贸易日常事务，另一方面接受海商的委托，在法定的范围内帮助其顺利出海及办理纳税事宜。《续资治通鉴长编》中记载：元丰二年（1079）诏明州清查来自高丽的商人，“财本及五千缗以上者令明州籍其姓名召保”[①]，然后才被允许贸易。《宋史》[②]、《续资治通鉴长编》[③]、《苏轼文集》[④]、《文献通考》[⑤]中都提到：元祐五年（1090），刑部上奏要求商贾由海道到外国贸易，要将船载商品、贸易对象、是否携带违禁物品等信息据实上报，并由所在州物力户三人作保方能出海[⑥]。隆兴二年（1164）臣僚奏“旧法召保给公凭起发”[⑦]，希望仍沿用旧法，从之，从这些资料中可看出两宋时期海商需有保人作保才能出海。此时为海商作保的物力户就是中介人，物力户是有财产的民户，所以可以推测他们在当地具有一定的身份地位，他们不仅为海商提供中介服务，更要有实力能够为贸易活动提供信用担保。

“牙人”是宋代对外贸中介经纪人的通常称呼，牙人的重要职责是协助官府相关机构对外贸交易商品的合法性和质量等级进行确认，防止海商虚报价格、以次充好。如官府获取舶货后，“唤集牙人估值”，且“责牙人辩验无滥伪”[⑧]。但是宋代文献中更多的是将牙人称为“牙侩”，他们常对海商进行压榨盘剥。《开庆四明续志》载明州、泉州、广州等港口，“且以舶务每岁官吏、牙侩罗织倭人。指为漏舶，自行罚纳之金，衮为岁课”。明州往来的商船在交易时“官吏之虐取，牙侩之控扼，卒使之干没焉”，使舶商深受

---

① （宋）李焘．续资治通鉴长编·起神宗元丰二年正月尽是年二月［M］．卷296．北京：中华书局，1992：7195.

② （元）脱脱等．宋史·食货下八·互市舶法［M］．卷186．北京：中华书局，1977：4560.

③ （宋）李焘．续资治通鉴长编·起哲宗元佑五年十一月己丑尽其月［M］．卷451．北京：中华书局，1992：10828.

④ （宋）苏轼．苏轼文集·经状·乞禁商旅过外国状［M］．卷31．北京：中华书局，1986：889.

⑤ （宋）马端临．文献通考·均输市易和买［M］．卷20．北京：中华书局，2011：590.

⑥ 《宋史》和《文献通考》中记载的是：元祐五年“贾人由海道往外蕃，令以物货名数并所之地报所在州召保。”《续资治通鉴长编》中明确说：“召本土有物力户三人委保。”《东坡全集》中梳理了嘉祐时期、熙宁时期、元祐时期此政策规定，都是规定“召本土有物力居民三名委保”。

⑦ （清）徐松．宋会要辑稿·职官四四·市舶司［M］．上海：上海古籍出版社，2014：4218.

⑧ （清）徐松．宋会要辑稿·职官四四·市舶司［M］．上海：上海古籍出版社，2014：4219.

盘剥利润微薄。舶商在接受抽解时不了解中国的贸易政策，被牙人蒙蔽，“远人不察其伪，多以付之奸牙，辄为所匿”，舶商损失很大。还有朝廷下令减免倭金“以免其数十年为官吏牙侩欺骗之害”[①]。从这些材料中可见“牙侩”在贸易港口的行为十分活跃，他们也积极地参与官府征税的活动，如果被他们指为“漏舶”，即偷漏税，则海商将受到严格的惩罚。宋理宗时期的吴潜曾奏，倭人来中国贸易多有遇风暴财物尽失者，只好“寄口腹于牙人之家”，但是牙人“多算火帐”，都是要计饭钱的，所以这些丧失财物的倭人只能向别人借钱支付饭钱，以至于更加困顿[②]。这里的牙人不是慈悲救人的形象，而是只顾自身利益而苛榨落难者的尖刻之人。

《元典章》和《通制条格》都记载元代时“舶商请给公据，照旧例召保舶牙人，保明某人招集人伴几名，下舶船收买物货，往某处经纪”[③]。“舶牙人”就是元代活跃在海外贸易领域的经纪商，从材料中可见舶商要出海，要进行诸多详细的审验，而舶牙人要对进行海外贸易的舶船进行担保，反映了政府开始吸纳第三方中介参与规范的行政管理活动，并且有了舶牙人的担保，也可以一定程度上简化舶商审查的程序。

① （宋）梅应发，刘锡．开庆四明续志·蠲免抽博倭金［M］．卷8．宋元方志丛刊第6册．北京：中华书局，1990：6010.

② （宋）吴潜．许国公奏议·奏给遭风倭商钱米以广朝廷柔远之恩亦于海防密有关系［M］．卷4．续修四库全书第475册．上海：上海古籍出版社，2002：179.

③ （元）官修，方龄贵校注．通制条格校注·市舶［M］．卷18．北京：中华书局，2001：537.

第 5 章 宋元市舶制度中的禁榷和博买

宋代有禁榷和博买之制。禁榷是国家对特殊舶货实行专卖，以遏制沿海地区官商勾结乱象，并将海外贸易利润牢固掌控在中央政府手中。宋代舶货到岸后，除了禁榷和抽解之外，市舶司还要将其中的宝货进行博买，以获得更多的利润。禁榷和博买造成了诸多弊端，宋人对此就有颇多争论。所以元代取消了禁榷和博买之制，一律征收舶税钱①，这是财政制度顺应商品经济发展规律的结果。

5.1 禁榷

宋代有禁榷之制，元代取消了禁榷。“禁榷”即国家专卖，是国家对舶货中稀有的宝货，或者特殊战略物资实行专卖。宋代对舶货实行禁榷的制度，元代对舶货只征税，没有禁榷。北宋初年实行对舶货普遍禁榷的制度，“诏诸蕃国香药宝货至广州、交趾、泉州、两浙，非出于官库者，不得私相市易”。禁榷的货物由市舶司收购并加以处理，如果有人违反诏令要受到严厉惩处。且京师设置榷易院，又称为榷易署，由该机构对禁榷物进行专卖，为国家获取收益。朝廷实行禁榷制度的初衷，一是为了遏制沿海地区官商沆瀣牟利的乱象，二是为了将海外贸易利润掌控在中央政府手中。但是此时禁

① 元代取消禁榷和博买之制，已有学者进行清晰的论述。如王冠倬．元代市舶制度简述［A］．中国历史博物馆馆刊，1979（6）：80—85；孙文学．元朝市舶制度论［J］．内蒙古大学学报，1987（1）：17—22；喻常森．元代海外贸易发展的积极作用与局限性［J］．海交史研究，1994（2）：40—54．本书借鉴了他们的研究成果。

榷制度的规定过于严苛和僵化，损害了贸易活动原有的灵活性，导致舶货物资的供需不平衡，也损害了从事海外贸易商人的利益，所以其一“在京及诸州府人民或少药物食”[①]，其二京师的禁榷商品充溢府库卖不出去，其三沿海地区私人贸易活动活跃，如潮州未设市舶机构，但是海商为躲避泉、广市舶司抽解经常在潮州进行走私贸易。于是太平兴国七年（982）朝廷进行了妥协，适度缩小了禁榷的范围，规定禁榷物为珠贝、玳瑁、牙犀、宾铁、鼊皮、珊瑚、玛瑙、乳香八种，后不久禁榷物品又增加了紫矿。大中祥符二年（1009）“诏杭、明、广州市舶司，自今蕃商赍鍮石至者，官为收市”[②]，至此禁榷物共计十种。通行药物为木香、槟榔、龙脑、沉香、荜澄、豆蔻、没药、煎香、熟香、降真香等三十七种民间常用香药。这些禁榷品由市舶机构收购后全部运往京师，一部分存放在香药库供皇室贵族享用，一部分送入榷易院加价出售。淳化五年（994）二月朝廷又申了对私自交易禁榷物的处罚规定，“四贯以上徒一年递加二十贯以上黥面配本地役兵”，对禁榷品的态度仍然是严格管控。虽然官府软硬兼施，但是民间私人交易仍然难以杜绝，《宋会要辑稿》载雍熙四年（987），“两浙漳泉等州自来贩舶商旅藏隐违禁香药犀”，“惧罪未敢将出”，朝廷“与限陈首官场收买”[③]。元祐三年（1088）户部状言，密州外贸繁盛，来自广南、福建、淮浙的海商，同来自京东、河北、河东等内地的客商在此进行交易，“凡乳香、犀象珍宝之物，虽于法一切禁榷，缘小人逐利，梯山航海，巧计百端，必不能无欺隐透漏之弊。”朝廷的严刑峻法也难以遏制这种局面，这是因为“其势然也”[④]，其实也就是舶货供给和需求之间的关系所致，最终朝廷以“设立密州板桥市舶司”的方式解决了这个问题。可见，市舶机构的设置也是中央集权管控海外贸易，与顺应商品经济发展趋势而允许民间交易之间的妥协结果。

关于禁榷，宋代人也有自己的看法，黄裳认为禁榷的确可以保证国家税赋充足，但是“时难事多则以其利优公，禁之可也；时平事复则以其利优民，通之可也；然则禁榷之法今欲不厉乎民而得利焉，其术安在?”禁榷是国家的权宜之计，如果国家处于多事之际，可以通过禁榷获取财政收入，但

① （清）徐松．宋会要辑稿·职官四四·市舶司［M］．上海：上海古籍出版社，2014：4207.

② （宋）李焘．续资治通鉴长编·真宗大中祥符二年［M］．卷72．北京：中华书局，1992：1628.

③ （清）徐松．宋会要辑稿·职官四四·市舶司［M］．上海：上海古籍出版社，2014：4209.

④ （宋）李焘．续资治通鉴长编·哲宗元祐三年三月乙丑［M］．卷409．北京：中华书局，1992：9956.

是在国家较为正常的状态，还是应该给民以利益，放松禁榷。其实封建国家实行“禁榷”的根本缺陷在于违背了供需平衡的商品经济规律，国内有众多的消费者需求这些舶货，而商人逐利的特性可以天然地驱使他们供给这些产品，所以二者直接交易是最为恰当的，国家只需通过征税加以管理和协调即可。但是封建国家的本性是要对这些利润进行管控，所以就会出现海商巧计百端偷漏税的结果。元代取消了禁榷之制，征收舶税钱，这也是财政制度顺应商品经济规律而调整的结果。

5.2 博买

宋代舶货到岸后，禁榷品全由市舶司收购，其他货物除按比例抽解之外，市舶司还要将其中的宝货进行部分收买，称为“博买”①。博买就是一种政府购买的行为，但是博买制度的后期官府往往以较低的价格强制购买价值较高的舶货，严重违背了价值规律，所以元代取消博买，一律征税。博买的舶货部分供皇室贵族享用，部分由官府加价出售，牟取利润。太平兴国初年，“大抵海舶至，十先征其一，其价直酌蕃货轻重而差给之”②。官府征收蕃货时要评估其价值，根据不同的价值给予不同的价格，这不符合征税的特征，而是政府购买的行为，即博买。此外，每次舶商到港，广州市舶司将所有舶货博买，结果常常是“良苦相杂，官益少利”，所以淳化二年（991）市舶博买制度进行调整，除禁榷商品外，“他货择良者止市其半，如时价给之，粗恶者悠其买勿禁”③，即市舶司对价值高昂或者国内需求量较大的舶货进行50%的博买，以保证官府的市舶利润，对于价格低廉的舶货不再博买，任其自行交易。咸平中期，皇帝诏谕各市舶司“海舶至者，视所载，十

① 在宋代市籴制度中，“和买”和“博买”区别较大，《宋会要辑稿》中记载：“宋时市籴之名有三：和籴以见钱给之；博籴以他物给之；便籴则商贾以钞引给之。”所以“和买”有公平交易、现钱交易的意味，“博买”是以实物折价、以物易物。北宋初年，“广州市舶每岁商人舶船官尽增常价买之”，还可以算是公平交易，但是后期官府进行市舶博买都是折价购买、强行购买，并且不以现钱支付，所以宋代官府采购舶货的过程中基本不满足“和买”的含义，所以本书只用“博买”来描述宋代官府采购舶货的行为。

② （清）徐松．宋会要辑稿·职官四四·市舶司［M］．上海：上海古籍出版社，2014：4210.

③ （清）徐松．宋会要辑稿·职官四四·市舶司［M］．上海：上海古籍出版社，2014：4209.

算其一，市其三四”[①]。此时博买的比例是 30%—40%。熙宁以后市舶博买制度又有变动，据南宋孝宗时期臣僚所言：“熙宁初立市舶……旧法……”，“择其良者如犀角、象齿……博买四分，珠……博买六分”，可知熙宁之后很长一段时间对犀角、象齿、真珠进行博买，比例是犀角、象齿 40%，真珠 60%。绍兴三年（1133）户部勘会三路市舶司“除依条抽解外，蕃商贩到乳香一色，及牛皮筋角堪造军器之物，自当尽行博买”。乳香既是香料又可以入药，用途广泛，需求量大，所以利润也高。牛皮筋角是可以造军器的物资，有重要的军事意义，所以官府对这些舶货都是“尽行博买”，可见博买也是政府调控经济和行政管理的一种手段。隆兴二年（1164）臣僚建议，“舶户惧抽买数多，止买粗色、杂货，若象齿、珠犀比他货至重，乞十分抽一更不博买”。开禧元年（1205）规定“遇蕃船回舶，乳香到岸尽数博买，不得容令私卖”[②]。可见宋宁宗时期乳香是要完全接受博买的。

南宋的统治阶层对博买并不是很赞同。建炎元年（1127）高宗诏“市舶多以无用之物费国用”，自此将博买笃耨香、指环、玛瑙、猫儿眼睛之类，以及有亏蕃商者，皆依法治罪，只有用来赏赐臣僚的象笏犀带可以输送[③]。建炎四年（1130）三月，大食国进贡珠玉宝贝，宋高宗说：“大观宣和间，川茶不以博马，惟市珠玉，故武备不修，遂致危弱如此，今复捐数十万缗易无用之物，曷若惜财以养战士乎？”此处说“数十万缗”来买无用之物就是博买，因为抽解是不需要付出本钱的。宋高宗认为博买的物资无用，不若用这些钱进行军事支出。宋高宗这种区分“有用”和“无用”舶货而进行博买的思想还体现在其他文献中，绍兴三年（1133）“诏广南东路提举市舶官，……将中国有用之物，如乳香、药物及民间常使香货，并多数博买”[④]。《京口耆旧传》记载，大臣张坚赴任提举福建市舶，宋高宗对其“厉言舶司之弊”，如朝廷岁降经总制钱及度牒博买乳香，但由于官员执行不力常有缺漏。所以张坚在任时“变买乳香并留钱十之三专充本钱，自是本钱有余，舶商无滞”[⑤]。由此可见博买制度中的确存在诸多漏洞。嘉定十二年（1219）臣僚建议，以金银进行博买会导致金银的外泄，损失严重，所以朝廷“命有

① （宋）马端临．文献通考·市舶互市［M］．卷 20．北京：中华书局，2011：591.

② （清）徐松．宋会要辑稿·职官四四·市舶司［M］．上海：上海古籍出版社，2014：4214.

③ （宋）马端临．文献通考·市舶互市［M］．卷 20．北京：中华书局，2011：591.

④ （清）徐松．宋会要辑稿·职官四四·市舶司［M］．上海：上海古籍出版社，2014：4213.

⑤ （宋）佚名．京口耆旧传·张纲子坚孙釜［M］．卷 7．北京：中华书局，1991：199.

司止以绢帛锦绮瓷漆之属博易，听其来之多寡，若不至则任之，不必以为重也”[①]。此时朝廷的态度是消极的，仅用绢帛锦绮瓷漆等价值较小的、普遍售卖的物资来进行博买，对博买不加强求，顺其自然，不以其为重要的事业。《开庆四明续志》中载明州市舶司官员向朝廷上奏，“（宝祐）四年，博买之利所收止八千余缗。（宝祐）五年，博买之利所收止一万余缗”，博买的收益并不高，而朝廷为了获取这微薄的利润却失去“远人向化之心”，可谓得不偿失，所以申请朝廷免抽博倭金[②]。

① （元）脱脱等．宋史·食货下八·互市舶法［M］．卷186．北京：中华书局，1977：4561．

② （宋）梅应发，刘锡．开庆四明续志·蠲免抽博倭金［M］．卷8．宋元方志丛刊第6册．北京：中华书局，1990：6010．

第 6 章

宋元市舶制度的效应分析

宋元市舶制度具有社会效应、经济效应和财政效应。社会效应可以在官府和私人经济主体的博弈关系中体现，官府和海商在共赢和斗争中实现平衡，以维护王朝的统治。经济效应可以通过对比江南及沿海地区的税收结构体现，税收结构状况可以反映出海外贸易对当地经济的影响。此外海外贸易发展也刺激了新市镇的诞生。财政效应可以通过对比市舶制度的总收益与总成本来考察，总收益反映了财政对海外贸易财富的汲取能力，及国家招徕远人的无形效果。总成本是官府为贯彻市舶制度而付出的行政成本和经济成本的总和。

6.1 宋元市舶制度的社会效应

6.1.1 市舶制度对私人经济主体的正面影响

宋元时期的统治者都较为重视发展海外贸易和进行市舶征收，对从事海外贸易的私人经济主体采取鼓励和招徕的态度。宋代官府在任命市舶官员时，注意标榜和表彰清廉谨慎之人，如北宋时期的向敏中知广州兼市舶，“无所求索清节益著”。侍御史王丝兼市舶提举时，在抽解海商时注意粗精兼取，取得海商赞美，称其为“金珠御史”。绍兴七年（1137）起居郎楼昭上奏朝廷时认为要招徕蕃商，应“择心计之臣示远人之信”[①]。绍兴二十一

① （宋）李心传．建炎以来系年要录二·绍兴七年五月［M］．卷111．上海：上海古籍出版社，1992：508.

年（1151）李庄卸任福建提举时，宋高宗说："广东帅臣及诸路提举市舶官皆当慎择，苟非其人，则措置失宜，海商往往不至。"① 朝廷自上而下基本达成共识——对遵纪守法的海商要宽容以待，如刘克庄在《后村集》中提出："宽征则海之贾可招，无欲则浦之珠可还也，选择而使可不勉哉。"② 要想招徕蕃商，实现海外贸易的可持续发展，就要减轻其税收负担，对其进行规范的管理。这些蕃商漂洋过海，以性命来中国进行贸易，幸运的人才能够登岸，如果"重征焉强买焉，或陷之罪而乾没焉"，将会使"商贾失业民夷胥"，这不是仁义的官员应该做的事。《水心集》中记载一官员蒋公，监明州市舶务，每当舶船到岸时他会亲自查验和测量，所以"粗细立尽"，粗货和细货价值差别大，官吏在抽解时极易做手脚而使蕃商蒙受巨大损失，蒋公秉公执法，所以"蕃客跪公前，昂其首加手于额拊地以谢"③。这些文献都是在记载清正廉洁和体恤海商的官员，可见宋代上至统治者下至官僚士大夫，基本的施政方针都是爱护和招徕海商，这有利于推动海外贸易事业的发展，进一步增加国家的财政收入。

鼓励海外贸易发展是元代统治者的基本态度，所以国家政策是有利于海商贸易的，海商也能够在交易中获得很高的利润，据《马可·波罗游记》记载，在泉州城"据商人们计算，他们的花费，包括关税、运费在内，总共达到货物价值的一半。然而就是从这余下的一半中，他们也能取得很大的利润"④。所以商人们将贩运的舶货在泉州卖掉，还能够再运销中国的产品回到本国，获取更多的利润。元代市舶制度的实施能够保证海商有利可图，实现资金的良性循环，这就保护了海商的基本利益，也能够促进海外贸易的持续发展。

---

① （宋）李心传．建炎以来系年要录三·绍兴二十一年正月［M］．卷162．上海：上海古籍出版社，1992：260.

② （宋）刘克庄．后村先生大全集·马世纶带行太府寺簿尚书省市舶所检阅官分司庆元府［M］．卷67．成都：四川大学出版社，2008：1775.

③ （宋）叶适．水心集·朝议大夫知处州蒋公墓志铭［M］．卷18．景印文渊阁四库全书第1164册．台北：台湾商务印书馆，2008：333.

④ ［意］马可·波罗著，陈开俊等译．马可·波罗游记·泉州港及德化市［M］．卷2第82章．福州：福建人民出版社，1981：193.

6.1.2　市舶制度对私人经济主体的负面影响

1. 税收负担沉重

虽然海商按照官府规定的税率接受市舶抽解，但是他们往往要承受超过官府规定的名义税负的实际税负，这会对海商造成沉重负担。对于蕃商就是“舶客不至”，对于回帆的土商就是偷漏税和投机走私。熙宁七年（1074）“又批闻广州市舶司顿亏岁课二十万缗，或称缘市易司之故，致舶客不至”[①]。广州市舶司和市易司扯皮，造成市舶课税的损失，这种损失必定会强加在蕃商头上，增加他们后期的税收负担，所以导致“舶客不至”。绍兴二十九年（1159），张阐上奏：“近年遇明州舶船到，提举带一司吏人留明州数月，名为抽解，其实骚扰，……惟是两浙置官委是冗蠹，乞赐废罢。”[②]官府骚扰和冗蠹，很有可能是在名义的章则之外苛征税收，增加海商负担。宋孝宗隆兴时期，大臣上奏“缘近来州郡密令场务勒商人，将抽解余物重税，却致冒法透漏，所失倍多，宜行约束”[③]。这是说市舶征税负担过重，使得海商不得不想尽办法偷逃税款，致使漏税颇多。开禧元年（1205）提辖行在榷货务都茶场赵善谧说，泉广市舶司经常拖欠舶商博买乳香的钱，或者因为官吏克扣，或者因为舶司官员“巧作他物抽解收税，私卖挠夺国课”，也就是官府直接将舶货征走，不再付钱，这也反映出市舶官员在正常征税之外的苛征。宋理宗时期官府通行的市舶抽解比例是十五分之一（粗货），但是在实际抽解之时，各相关人等都要占一分便宜，蕃商往往负担了比“十五分抽一分”高得多的实际税负，“户部行下令准条抽解施行，窃见旧例抽解之时，各人物货分作一十五分，舶务抽一分，起发上供；纲首抽一分为船脚糜费；本府又抽三分低价和买，两倅厅各抽一分低价和买，共已取其七分。至给还客旅之时，止有其八，则几于五分取其二分。”此处市舶抽解的名义税率是十五分之一，即6.67%。但是实际抽解时，舶务、纲首、本府、两倅厅都要层层加码，再加抽解，舶商的实际税负达到十五分之七，即46.7%，可见实际税负远远高于名义税率，无怪乎“故客旅宁冒犯法禁透

① （宋）李焘．续资治通鉴长编・神宗熙宁七年［M］．卷252．北京：中华书局，1992：61736.

② （宋）祝穆．古今事文类聚・遗集・市舶提举［M］．卷13．影印文渊阁四库全书第930册．台北：台湾商务印书馆，1986：584.

③ （清）徐松．宋会要辑稿・职官四四・市舶司［M］．上海：上海古籍出版社，2014：4210.

漏，不肯将出抽解”，舶商困苦不堪①。《齐东野语》中记载，宋理宗景定时期出现彗星，周密认为这种不详的天象是统治者政策失误导致民间疾苦而引发的，而他认为“市舶利重”就是民间一大害，可见市舶征税负担的沉重②。就“彗星问题”其他大臣也有论奏，陈宜中说“仍乞将公田市舶茶盐等咈民所欲者悉赐改正”③，高斯得说“市舶尽利而蕃人怨”④，他们都认为市舶税负过于沉重应予以改善。还有一例，南宋中叶的泉州是当时世界上最大和最繁华的外贸港口，但到宋理宗绍定年间以后泉州港渐趋衰落，市舶司年收入降至四五万贯。其主要原因是“商人畏重征”，所以“舶之至者滋少，供贡阙绝，郡赤立不可为”⑤。

元代市舶抽解亦常有实际税负超过名义税率的现象。元代市舶官员的操守普遍不高，《马可·波罗游记》中记载，蒙古贵族没有经商和理财的本事，“只是撒花，无一人理会得贾贩”，很多善于敛财的人士在市舶机构中担任重要官职⑥。如元世祖时沙不丁和忙兀台等人把持东南沿海的海上贸易，当蕃商进入中国口岸后，“忙兀台、沙不丁等自己根寻利息，上头船每来呵，教军每看守着，将他每的船封了，好细财物选拣要了。为这般奈何上头，那壁的船只不出来。有咱每这里入去来的每，些小来，为那上头，市舶司的勾当坏了”⑦。马可·波罗也曾记述泉州“凡输入之商货，包括宝石珍珠及细货在内，大汗课额十分取一，胡椒值百取四十四，沉香、檀香及其他粗货，值百取五十”⑧。元贞元年（1295），元成宗下诏“以舶商隐漏物货者多，命就海中逆而阅之”⑨，为什么舶商隐匿货物？很可能就是为了逃避沉重的税负。

---

① （宋）罗濬等．宝庆四明志·叙赋下·市舶［M］．卷6．宋元方志丛刊第5册．北京：中华书局，1990：5055.

② （宋）周密．齐东野语·景定彗星［M］．卷17．济南：齐鲁书社，2007：213.

③ （元）刘一清．钱塘遗事·陈宜中奏［M］．卷8．上海：上海古籍出版社，1985：167.

④ （宋）高斯得．耻堂存稿·彗星应诏封事［M］．卷1．北京：中华书局，1985：20.

⑤ （宋）真德秀．西山文集·提举吏部赵公墓志铭［M］．卷43．景印文渊阁四库全书第1174册．台北：台湾商务印书馆，2008：692.

⑥ ［意］马可·波罗著，陈开俊等译．马可·波罗游记·泉州港及德化市［M］．卷2第82章．福州：福建人民出版社，1981：194.

⑦ 陈高华，张帆，刘晓，党宝海点校．元典章·户部卷八·市舶则法二十三条［M］．典章22．天津：天津古籍出版社；北京：中华书局，2011：874.

⑧ ［意］马可·波罗著，陈开俊等译．马可·波罗游记·泉州港及德化市［M］．卷2第82章．福州：福建人民出版社，1981：193.

⑨ （民国）柯劭忞．新元史·食货五·市舶课［M］．卷72．长春：吉林人民出版社，2005：1618.

2. 官府对海商的矛盾和敌对

宋元时期官府和海商之间也存在诸多矛盾甚至敌对状态。宋代很多官员认为活跃的海外贸易对海防是极大的隐患，苏轼在《乞禁商旅过外国状》中说“显见闽浙商贾因往高丽遂通契丹，岁久迹熟，必为莫大之患”，“而交通契丹之患其渐可忧，皆由闽浙奸民因缘商贩为国生事”①，所以苏轼认为应该对海商严加监管。李纲在《论福建海寇劄子》中谈到，福建广南路多有海寇作乱，他们劫持海船宝货“动以巨万计”，但地方政府往往难以抓捕，而多以招安来解决，若“愚民嗜利，喜乱从之者众，将浸成大患”，所以朝廷应该加强海防，防止社会动荡因素②。《梁溪集》中也记载了李纲对广州海防的看法，“番禺为广东都会，多富商大贾蕃客之家，号为富庶，在朝廷则市舶香盐所在利尽，南海故为盗贼垂涎之地”③。广州虽然舶利丰厚，但也会成为社会动荡的源头，所以官府要加强对心怀叵测之人的防范。

海商及负责纲运的士兵水手常会夹带兵器、矿产品、铜钱等违禁物资，这些投机倒把的人是官府重点监控的对象，金银铜钱外流更成为官府重点打击的领域。北宋时的张方平在《论钱禁铜法事》中说，广南、福建、两浙等地的官商勾结，将禁物私行买卖，“莫不载钱而去，钱本中国宝货，今乃与四夷共用”④。宋孝宗时期林光朝上书言，广东沿海多有蕃人以蕃货换置金银，“中国所得蕃物往往可以充耳目之玩，若用之于救水旱行军旅，一皆为无用之物，至如金银可贵，自古而然，岂可使之日蠹月耗而不加恤焉”⑤，舶货都只是把玩之物，在军事、赈灾等方面没有任何用处，而金银才是国家重要的储备物资，不能被外泄，所以应对违禁者严加处罚。元代也是禁止铜钱下海，严厉打击私贩铜钱的商人，如至元二十三年（1286 年）“乃禁海外

---

① （宋）苏轼．苏轼文集·经状·乞禁商旅过外国状［M］．卷 31．北京：中华书局，1986：889．

② （宋）李纲．李忠定公奏议·论福建海寇劄子［M］．卷 44．续修四库全书第 474 册．上海：上海古籍出版社，2002：725．

③ （宋）李纲．梁溪集·与秦相公第四书别幅［M］．卷 117．景印文渊阁四库全书第 1126 册．台北：台湾商务印书馆，2008：396．

④ （宋）张方平．乐全集·论钱禁铜法事［M］．卷 26．景印文渊阁四库全书第 1104 册．台北：台湾商务印书馆，2008：274．

⑤ （明）杨士奇．历代名臣奏议·四裔［M］．卷 349．上海：上海古籍出版社，1989：4501．

贸易者毋用铜钱"，至大二年（1309）"诏舶商贩铜钱下海者禁之"①。

官府和海商之间的矛盾还有其他的表现，两方势力针锋相对，不是东风压倒西风，就是西风压倒东风。如《东都事略》中记载苏缄任广州市舶司的主簿时，很多海商都是当地的"右姓"，财力雄厚，便不将官府官员放在眼中，有一个樊姓富商态度傲慢，苏缄"捕系杖之"，樊姓商人告于州官，州官要处罚苏缄，苏缄说"主簿虽卑邑官也，舶商虽富部民也，部民有罪而邑官杖之，安得为?"② 海外贸易暴富的商贾虽然是被管理者，但是却能与官府抗衡，也由此产生矛盾。当然二者关系中更多的是官府对海商的压榨，如《西山文集》中载，舶商冒生命之忧来到泉州，但地方官"惟所欲刮取之，命曰和买，实不给一钱，蠙珠、象齿、通犀、翠羽、沈脑、薰陆诸珍怪物太半落官吏手"③。《元史》中载，市舶官在抽解时将"贵细物货贱估价"，"重取利息"，强迫海商向市舶官员"呈祥"，刁难海商侵吞其财物，"诬首海商一百十有六人为盗，而掠其资"④。毋容置疑，官府与海商之间的矛盾与敌对不利于海外贸易的发展。

综上看来，宋元时期官府与私人经济主体之间的关系是共存共赢，海商希望获取更多的私人利润，官府则希望获取更多的财政收入，双方合作的纽带是海外贸易与市舶制度。但双方的相处中又充满摩擦，一方面官府要极力遏制民间不稳定因素，防止其威胁统治集团利益，另一方面海商也在寻求政治地位的上升而与官府抗衡。作为有识之士的政府官员，则是冷静观察妥善处理矛盾，在对不确定性事件进行防范的同时也具备底线思维，那就是维护王朝的统治。

6.2 宋元市舶制度的经济效应

6.2.1 从税收结构看江南和沿海地区的经济变化

海外贸易是世界各国在不同历史阶段中都存在的一种经济活动，在各国

---

① （民国）柯劭忞. 新元史·食货七·钞法［M］. 卷 74. 长春：吉林人民出版社，2005：1634.

② （宋）王象之. 舆地纪胜·广州·官吏下［M］. 卷 89. 成都：四川大学出版社，2005：3078.

③ （宋）真德秀. 西山文集·提举吏部赵公墓志铭［M］. 卷 43. 景印文渊阁四库全书第 1174 册. 台北：台湾商务印书馆，2008：693.

④ （明）宋濂等. 元史·列传第二十三·阿沙不花［M］. 卷 136. 北京：中华书局，1976：3295.

经济发展阶段中起着不同的作用。古代中国商品经济的发展是一个漫长而渐进的过程，恩格斯曾说："产业资本的萌芽……存在于以下三个领域：航运业、采矿业、丝织业。"[①] 宋元时期海外贸易的发展和这三个行业有密切的关系，海外贸易发展促进了江南和沿海地区经济发展方式的变化。其一，商品市场外延扩大，宋元时期的海外贸易涉及今中南半岛和马来半岛、今印度尼西亚群岛、印度次大陆、波斯湾、阿拉伯地区的诸多国家，反映了中国经济海洋发展道路的形成[②]。其二，生产商品的目的，宋元时期江南及沿海地区多数产业的生产已不再是为满足本国百姓的自身需要，而是为了制造具有交换价值的商品而生产，有力地推动了宋元社会商品经济的发展，促进社会经济的转型。其三，农业商品化，在沿海地区商业和手工业规模扩张的同时，社会经济的传统支柱——农业也发生了变化，一方面本国农业开始进行出口导向的生产，如广泛种植甘蔗、荔枝和桑树；另一方面进口农产品改变了本国的农业种植模式，如占城稻在中国的广泛推广。总之，宋元时期海外贸易为古代中国商品经济的发展和经济生产方式的转型提供了温床，中国的经济形态在这个时期有潜在的变化。

宋元时期受海外贸易影响较大的是江南和沿海地区，这些地区经济状况的变化可以从税收结构中略见一斑。在宋元之前，国家的财政收入绝大部分来自于土地出产物的"赋"和人丁负担的"役"，工商税收在财政收入中占比微乎其微。宋代商品经济的发展使税收结构开始发生变化，由于土地高度私有化，大地主和大商人日益融合为一体，社会财富的集中化程度更高，也促进了对外贸易规模迅速扩大。虽然土地在国家税收收入中的主体地位还没有发生根本性变化，但来源于工商业的收入比例持续上升。而工商税收的持续增加，是商品经济发展的重要表现。所以，从江南及沿海地区的税收结构可以看出当地经济规模和结构发生了很大变化。

表 6－1 根据宋元时期庆元府和镇江的地方志，辑录当地的税收结构状况。在宋代，庆元府是海外贸易重要的疏散地，镇江是长江三角洲的重要港口，这些地区受海外贸易的影响最为直接，而繁荣的进出口贸易势必引起当地房屋租赁业、运输业、手工业、商品销售业等各种产业的发展，也使这些区域土地税收和工商税收的对比情况发生变化。到了元代，在更加旺盛的海

---

① ［德］恩格斯．资本论第三卷增补［M］．北京：人民出版社，1966：1024.

② 葛金芳．两宋东南沿海地区海洋发展路向论略［A］．湖北大学学报（哲学社会科学版），2003（3）：71—79.

外贸易推动和统治者施政策略的促进下，庆元路和镇江两地的工商业也更为繁荣。通过对比宋元时期庆元和镇江这两个地区的土地税收和工商税收，可以看出宋代这两个地区的工商税收在财政收入中的占比在20%左右，元代两个地区土地税收和工商税收基本相埒。结合上面的分析，传统中国一直是以“赋”和“役”为主要的财政收入形式，工商税收在财政收入中占比微乎其微，而庆元和镇江两地土地税收和工商税收的对比情况反映出这个历史时期江南及沿海地区经济结构的变化[①]。

海外贸易的活跃促进了国家间商品的流通与交易，一方面中国商品从国内各地输送到沿海港口，用以远销国外；另一方面舶货从世界各地汇聚到中国的口岸，运销到中国内地。商品的流通必然导致税收的征缴。宋元时期的商税是在商人贩运货物的途中，或者在店铺出售货物所征收的税收。海外贸易繁荣促进沿海区域商品集散和流通，从而促进这些区域商税的增加，所以商税和海外贸易和区域经济发展状况有很大的关系。从表6－2中可以看到杭州、泉州、福州、广州、漳州、秀州等地的商税数额远远超过了本路及其他路的商税平均值，这些地区处于沿海地带，是宋代海外贸易的重要城镇，所以从商税的情况可以窥见当时中国沿海地区海外贸易和经济结构的状况。表6－3是元代天历年间各地商税收入情况，从中也可看出诸如湖广行省和江浙行省这些海外贸易频繁的地区的商税量比较大。商税数额从一个侧面反映了海外贸易对经济的影响。

总之，庆元府和镇江两地土地税收与工商税收对比的情况，以及宋元时期国内各地商税的数额，都反映了当时经济决定税收，税收又反作用于经济，二者相互依存相互影响的辩证关系。海外贸易繁荣促进税源增加，促使税收数额增加；市舶征税和税收管理的顺畅又反作用于海外贸易，促进海外贸易的进一步繁荣。沿海地区旺盛的海外贸易促使税收结构和商税数额出现一些变化，而这种变化又反映了财政制度适应和推动海外贸易发展，从而产生这种良性互动的局面。

---

① 在此估算中，土地收入中的土贡由于是实物且种类繁多，无法估量价值，所以没有统计在内。工商税收中的市舶也是实物的形态，多以奢侈品为主，也无法准确估计其价值，故也没有计入。但大致可以推测，如果在土地收入和工商税收中各加上一项内容再进行估计，最终的比值关系不会有太大的变化。

表 6－1　　宋元时期江南和沿海地区税收结构情况

<table>
<tr><td rowspan="2"></td><td>嘉定时期
镇江</td><td>宝庆元年（1225）
庆元府</td><td>延祐七年（1320）
庆元路[14]</td><td>至顺四年（1333）
镇江</td></tr>
<tr><td>《嘉定镇江志》</td><td>《宝庆四明志》</td><td>《延祐四明志》</td><td>《至顺镇江志》</td></tr>
<tr><td rowspan="6">土地税收[1]</td><td>夏税：绢 8144 匹，罗 1043 匹，绵 68155 两，丝 15361 两，大麦 9752 石，小麦 6314 石，麻皮 2092 斤，租钱 23 贯[2]</td><td>夏税：实催本色[6]绢 44379 匹 1 丈 4 尺 2 寸 7 分 2，绸 5659 匹 1 丈 8 尺 3 寸 5 分，绵 76693 两 5 钱 9 分 9</td><td>夏税：钞中统 4298 锭 19 两 5 钱 9 分 6 厘</td><td rowspan="2">夏税：丝 8447 斤 25 两 9 钱 2 分 3 厘，绵 1991 斤 3 两 4 钱 3 分 8 厘，钞中统 9441 两 1 钱 3 分 7 厘，大麦 8658 石 1 斗 2 升 5 合 2 勺，小麦 12272 石 6 斗 7 升 3 合 4 勺 2 撮</td></tr>
<tr><td>秋税：粳米 109067 石，糯米 6578 石，豆 6270 石，布 6853 匹</td><td>折色[7]钱 176725 贯，麦 2404 硕 9 斗 3 升 3 勺</td><td>秋税：米 130552 石 1 斗 8 升 4 合[15]</td></tr>
<tr><td>和买绢 9938 匹</td><td rowspan="3">秋税：实催本色[8]米 100550 硕 8 斗 8 升 3 合 7 勺</td><td rowspan="4">秋税：钞中统 136 锭 11 两 6 钱 3 分 7 厘</td><td rowspan="4">秋租：粳米 146250 石 9 斗 2 升 8 合 4 勺，白粳米 5197 石 6 斗正，秈米 27865 石 2 斗 4 升 6 合 2 勺，糯米 1510 石 7 斗 4 升 5 合，白糯米 749 石正，香糯米 9433 石 6 升正，黄豆 613 石 4 斗 3 合，钞中统 16601 贯 4 钱 1 分</td></tr>
<tr><td>免役钱 44348 贯</td></tr>
<tr><td>官庄营田收入钱 10819 贯，麦 680 石，稻 4674 石[3]</td></tr>
<tr><td>屯田租米 23113 石</td><td>免役钱 77921.484 贯</td></tr>
<tr><td>总计</td><td>约 658355 贯[4]</td><td>约 1017463 贯[9]</td><td>约 75533 锭</td><td>约 6095047 贯[17]</td></tr>
<tr><td rowspan="9">工商税收</td><td>盐见脚钱 13902 贯</td><td>商税 87104.48 贯[10]</td><td>盐课 21266 引 164 斤 14 两 2 钱 5 分[16]</td><td>盐课 14766 引 293 斤 14 两 7 钱 6 分</td></tr>
<tr><td>经总制钱 117075 贯</td><td>酒课 62009.609 贯</td><td>商税中统钞 6201 锭 20 两 9 分 3 厘</td><td>租钱每月钞中统 381 贯 5 钱 9 分 8 厘 5 毫</td></tr>
<tr><td rowspan="7">商税 17761 贯[5]</td><td>醋息钱[11] 16470.299 贯</td><td>酒醋课钞中统 4851 锭 36 两 8 钱 8 分 8 厘</td><td>房钱每月 55 贯 9 钱 1 分 9 厘</td></tr>
<tr><td>买扑坊场钱 31571.965 贯</td><td>茶课钞 40 锭 7 两 5 钱 1 分</td><td>地钱每月 325 贯 6 钱 7 分 9 厘 5 毫</td></tr>
<tr><td rowspan="5">牙契[12] 77431.653 贯</td><td rowspan="5">铁冶课钞中统 2 定</td><td>包银中统钞 2200 贯</td></tr>
<tr><td>商税中统钞 190756 贯 2 钱</td></tr>
<tr><td>酒醋课中统钞 390084 贯 6 厘</td></tr>
<tr><td>茶课中统钞 1717 贯 9 钱</td></tr>
<tr><td>鱼课中统钞 793 贯</td></tr>
<tr><td>总计</td><td>148738 贯</td><td>274588.006 贯[13]</td><td>74891 锭</td><td>约 2808789 贯</td></tr>
</table>

续表

	嘉定时期 镇江	宝庆元年（1225） 庆元府	延祐七年（1320） 庆元路[14]	至顺四年（1333） 镇江
	《嘉定镇江志》	《宝庆四明志》	《延祐四明志》	《至顺镇江志》
土地收入：工商税收	约4.42∶1	约3.7∶1	约1.01∶1	约2.17∶1

注：（1）本书认为“土地税收”包含农业税和屯田营田地租，二者都是来源于农田的财政收入。由于宋元时期的人口绝大部分是农业人口，所以在“土地税收”中包括了丁税或免役钱。由于丝织品是直接或间接来源于土地的，所以“土地税收”中也包括了丝织品的项目。

（2）此数据系“夏税：丹徒县绢二千一百八十匹，内丁绢八百三十匹，于开禧三年内奉旨蠲放，住催外实合催绢一千三百五十匹，罗四百三十六匹，绵二万二千六百五十三两，丝五千二百四十九两，盐见脚钱二千五百九十八贯，大麦三千四百三十四石，小麦三千二百四十三石，麻皮二千九十二斤，租钱一十三贯。丹阳县绢二千一百九十九匹，罗五百六疋，绵二万三千四百三十九两，丝四千二十三两，盐见脚钱三千五百九十八贯，大麦三千二百一石，小麦三千三十四石，租钱一十贯。金坛县绢四千五百九十五匹，罗一百一匹，绵二万二千六十三两，丝六千八十九两，盐见脚钱七千七百六贯，大麦三千一百一十七石，小麦三十七石”加总而得。

（3）此数据系“丹徒县：夏料，钱804贯，大麦251石；秋料，钱1230贯，稻子586石。丹阳县：夏料，钱2196贯，大麦293石；秋料，4438贯，稻子2946石。金坛县：夏料，629贯，麦136石；秋料1522贯，稻子1142石”加总而得。

（4）计算时需要用到的价格：《历代名臣奏议》卷248中载宁宗时期江南麦价每石2000文，《宋会要辑稿·食货四十》记载乾道七年（1171）“镇江府于桩管朝廷会子内各支一十万五千贯，收籴大麦各七万硕”，所以可算出镇江府大麦价格为每石2214文，两个价格基本相当，可以相互印证。《历代名臣奏议》卷184中载宁宗时期宁国府农村市价粳米每石2000文。《宋会要辑稿·食货七十·赋税杂录》载宁宗时期建宁军糯米每石2300。《西山先生真文忠公文集·乞赈灾》卷7载宁宗时期广德军（江南）官府收籴市价米每石2400。且“一米二谷”是稻谷碾压成米的大致比例（清代官书《大清会典》载朝廷征收公粮所定的米与稻谷的比价就是“一米二谷”），按照这个比例，当时稻谷价格约为1200文一石。按照《嘉泰会稽志》记载，宁宗时浙江和买绢每匹6500文，绸每匹7000文，绵每两460文。杨辉《详解九章算法类纂》载南宋理宗时期罗价为每匹1760文，丝为一两120—150文，布为一匹244文。

（5）此数据系“坊场河渡丹徒县见管三十四坊每年管催六千五百七十五贯（6575贯），丹阳县见管五十五坊每年管催七千二百七十八贯（7278贯），金坛县见管二十坊河渡二处每年管催三千九百八贯（3908贯）”加总而得。

（6）夏税正税是绢二万七千三百六十匹二丈九尺三寸九分九，绸六千九百七十七匹二丈六寸六分八，绵一十三万七千九百四十三两七钱四分一，和买为绢三万五百六匹，绸九千九百匹。其中正税折帛钱耗费绢三千二百七十三匹每匹，绸二千九百七十八匹，绵五万五千两，和买折帛钱耗费绢九千一百五十二匹，折麦耗费绢四百二十一匹一丈五寸五分，绸一百三十九匹八尺三寸五分，绵三千八十二两八分五，再加上各县缴税时有一些误差，所以实催本色为此数额。

（7）正税绢每匹折钱七贯文计二万二千九百一十一贯文，绸每匹折钱七贯文计二万八百四十六贯文，绵每两折钱四百文计二万二千贯文。和买绢每匹折钱六贯五百文计五万九千四百八十八贯文，绸每匹折钱六贯五百文计五万一千四百八十贯文。绢、绸、绵通折正麦二千四百四硕九斗三升三勺。

（8）苗米正额一十一万二千六百九十七硕三斗二升三合七勺，其中糯九千五百四十八硕二斗四升八合折除苗米九千七百一十二硕八斗七升三合，亭户折盐二千五百九十八硕一斗九升，所以得到此实催本色数额。

（9）绢、绸、绵的价格参考此时官府折色的价格。米价参考《真文忠公文集》卷17记载嘉定十七年（1224）两浙路平年粮价为375斗/文（1石=10斗），麦价参考《历代名臣奏议》卷248中记载宋宁宗时期（1168—1224）江南麦价为2000文/石。也参考了程民生的研究。（程民生．《宋代物价研究》[M]．北京：人民出版社，2008．）

(10) 此数据是宝庆元年的数据，此商税数额系“都税院额（35662.475贯）、诸门引铺（10912.005贯）、奉化慈溪定海小溪石碶宝幢澥浦七税场税额（40530贯）”加总而得。

(11) 此为宝庆三年（1127）数据。

(12) 此为嘉定十七年（1224）数据。

(13) 明州是南宋重要的海外贸易港口，市舶收入颇丰，但由于都是实物，无法估量其价值，故没有算在内。另外，土贡种类繁多皆为实物，也无法估计其价值，没有包括在内。

(14) 元代庆元路下辖奉化州、昌国州、慈溪县、鄞县、定海县、象山县、录事司。

(15) 日本学者杉村勇造根据一批元代（最早为大德元年，最晚为至正六年）公牍进行研究，得出元代中期浙东地区各个档次的粮价，将各档次粮价取平均值为27.23中统钞两/石。

(16) 元贞二年（1296）全国盐引价格为中统钞65贯，至大二年到延祐二年（1309—1315）之间，盐引价格为中统钞150贯，元代基本上从至大二年（1309）开始盐引的价格保持在每引中统钞150贯。

(17) 此书成于至顺四年（1333），据《元典章》载元中后期丝的价格是每斤中统钞5贯，绵的价格每斤大概中统钞20贯。据日本学者杉村勇造公开的浙东地区元代公牍显示，大麦价格为13.5中统钞两/石，小麦价格为25中统钞两/石，粳米价格为30中统钞两/石，白粳米价格为35中统钞两/石，籼米价格为22中统钞两/石，糯米价格为平均31中统钞两/石，黄豆价格估计为30中统钞两/石（公牍上只显示绿豆、赤豆、黑豆的价格，取三种价格的平均数作为黄豆价格）。

资料来源：

(宋) 卢宪．嘉定镇江志［M］．卷4—5．宋元方志丛刊第3册．北京：中华书局，1990：2344—2353.

(宋) 罗濬，胡榘．宝庆四明志［M］．卷5—6．宋元方志丛刊第5册．北京：中华书局，1990：5045—5068.

(元) 马泽，袁桷．延祐四明志［M］．卷12．宋元方志丛刊第6册．北京：中华书局，1990：6285—6296.

(元) 脱因，俞希鲁．至顺镇江志［M］．卷6．宋元方志丛刊第3册．北京：中华书局，1990：2694—2710.

表6-2　北宋熙宁十年（1077）商税统计表

地点	数额（贯）	区域位次	区域平均数（贯）	区域总数（贯）
密州（京东东路）	87136.999	1	52513.573	472622.153
杭州（两浙路）	183813.523	1	61999.596	867994.343
苏州（两浙路）	77076.378	3	同上	同上
常州（两浙路）	64953.048	7	同上	同上
秀州（两浙路）	65446.934	6	同上	同上
明州（两浙路）	26947.304	14	同上	同上
台州（两浙路）	45286.201	8	同上	同上
温州（两浙路）	41978.170	10	同上	同上
福州（福建路）	75560.522	1	32245.887	257967.094
泉州（福建路）	46026.906	3	同上	同上
漳州（福建路）	14990.120	7	同上	同上
广州（广南东路）	68703.485	1	17772.557	248815.803

续表

地点	数额（贯）	区域位次	区域平均数（贯）	区域总数（贯）
潮州（广南东路）	30283.585	3	同上	同上
琼州（广南西路）	19592.042	2	5179.512	139846.791
昌化军（广南西路）	16904.291	3	同上	同上
京东西路			44568.572	267411.431
京西南路			23812.160	190497.283
京西北路			24746.713	173226.993
河北东路			28388.223	454211.582
河北西路			17929.187	286867.000
河东路			13101.158	262023.155
永兴军路			22227.652	400097.740
秦凤路			24506.797	343095.155
淮南东路			42220.702	422207.021
淮南西路			40007.932	360071.392
江南东路			36181.115	361811.151
江南西路			24852.070	248520.700
荆湖北路			17821.318	178213.183
荆湖南路			22293.381	178347.044
成都府路			55831.865	725814.249
梓州路			24882.472	348354.610
利州路			32954.668	362501.346
夔州路			17767.473	230977.144

注：

（1）本表选取的地点是海外贸易繁荣的州军，这些地方基本都设置了市舶机构。

（2）在计算一些区域所属州军商税平均值的时候，忽略了熙宁十年“已废”和“不立额”州军的数值，如计算“成都府路”所属州军商税平均值时忽略了威州（不立额）和永康军（已废）。

资料来源：（清）徐松．宋会要辑稿·食货一五—食货一七［M］．上海：上海古籍出版社，2014：6293—6349.

表 6-3　　元代天历年间各地商税收入统计表

地区	税额
大都宣课提举司	103006 锭 11 两 4 钱
上都税课提举司	10525 锭 5 两

续表

地区	税额
腹里	189945 锭 31 两 5 钱
岭北行省	448 锭 45 两 6 钱
辽阳行省	8273 锭 41 两 4 钱
河南行省	147428 锭 32 两 3 钱
陕西行省	45579 锭 39 两 2 钱
四川行省	16676 锭 4 两 8 钱
甘肃行省	17361 锭 36 两 1 钱
江浙行省	269027 锭 30 两 3 钱
江西行省	62512 锭 7 两 3 钱
湖广行省	68844 锭 9 两 9 钱
总计	939682 锭 4 两 8 钱

注：表中“腹里”包括二十九路、州，分别是大都路、上都留守司、兴和路、永平路、保定路、真定路、顺德路、广平路、彰德路、大名路、怀庆路、卫辉路、河间路、东平路、东昌路、济宁路、曹州、濮州、高唐州、泰安州、冠州、宁海州、德州、益都路、济南路、般阳路、大同路、冀宁路、晋宁路。

资料来源：（民国）柯劭忞．新元史·食货六［M］．卷73．长春：吉林人民出版社，2005：1620—1622.

6.2.2 海外贸易促进新城镇的兴起

在国家支持海外贸易发展的基本国策之下，杭州、广州、明州、泉州等较大的沿海城市在海外贸易的推动下变得尤为繁华，而诸如澉浦镇、青龙镇、黄姚镇等市镇也在海外贸易中承担了基础的吸纳海商的角色，所以很多新兴的市镇也逐渐崛起①。

1. 沿海主要贸易城市的繁荣

杭州是两浙路的重要都会，是重要的纺织业和印刷业的中心，被誉为“百事繁庶，地上天宫”。杭州海舶辐辏，“闽商海贾，风帆浪舶，出入于江

① 黄纯艳在宋代海外市镇的研究较为深入和全面，本书借鉴了他的部分研究成果，如黄纯艳．论宋代贸易港的布局与管理［A］．中州学刊，2000（6）：165—169；宋代海外贸易［M］．北京：社会科学文献出版社，2003；论宋代的近海贸易［A］．中国经济史研究，2016（2）：84—96.

涛浩渺、烟云杳霭之间，可谓盛矣”[①]。《宋史·地理志》中载：“余杭四明，通蕃互市，珠贝外国之物，颇充于中藏。”[②] 杭州市舶司于何年置司，文献中没有明确的记载，但《宋会要辑稿》中在端拱二年（989）已有“两浙市舶司”的描述。两浙路的另一个主要贸易城市是明州，明州的自然环境并不优越，“僻处海滨”，“田业既少”，“俗不甚事蚕桑纺绩，故布帛皆贵于他郡”，所以本地民众没有太多可以谋生的产业，但明州海岸线绵长、海港优良，具有得天独厚的外贸优势，所以《乾道四明图经》谓其“辟在一隅，虽非都会”，却是“海道辐辏之地”，“商舶往来，物货丰衍”[③]。《方舆胜览》谓明州是“海道辐凑之地，故南则闽广，东则矮人国，北控高丽，商舶往来，货物丰行”[④]。《宝庆四明志》载庆元府“全靠海舶住泊”，才使得“有司资回税之利，居民有贸易之饶”[⑤]。该书记载明州于淳化元年（990）就设立了市舶司[⑥]。所以海外贸易和市舶机构的设置对于明州的发展影响很大。广州毗临南海，是中国通过世界的南大门，自秦汉以来就是重要的外贸城市。“岭以南，广为一都会，大贾自占城、真腊、三佛齐、阇婆涉海而至，岁数十柁。”[⑦] 在宋代，广州是国内最大的香药集散地，香药收入颇具规模。广州市舶司是建置较早的市舶机构，《续资治通鉴长编》《文献通考》《群书考索后集》《宋史全文》《玉海》都记载广州在宋太祖开宝四年（971）六月就被确定为广南东路市舶司所在地[⑧]，可见广州在宋代海外贸易中的地位。绍兴二年（1132 年）广州市舶司的官员说，广州兴置市舶历史悠久，“收课

---

① （宋）施谔．淳祐临安志·旧治古迹［M］．卷 5．宋元方志丛刊第 4 册．北京：中华书局，1990：3260．

② （元）脱脱等．宋史·地理四·两浙路［M］．卷 88．北京：中华书局，1977：2176．

③ （宋）张津．乾道四明图经·分野［M］．卷 1．宋元方志丛刊第 5 册．北京：中华书局，1990：4877．

④ （宋）祝穆．方舆胜览·庆元府［M］．卷 7．北京：中华书局，2003：120．

⑤ （宋）罗濬等．宝庆四明志·市舶［M］．卷 6．宋元方志丛刊第 5 册．北京：中华书局，1990：5054．

⑥ 《宝庆四明志·叙赋下·市舶》中记载“浙务初置杭州，淳化元年徙明州。”但《乾道临安志》中记载却为“行在所，宫阙门附，提举市舶衙，旧在城中，淳化三年四月庚午，移杭州市舶司于明州定海县，以监察御史张肃领之，今存市舶务。”总之明州市舶司在淳化期间设立，后又罢废，直到咸平中又置司。

⑦ （宋）洪适．盘洲文集·师吴堂记［M］．卷 31．景印文渊阁四库全书第 1158 册．台北：台湾商务印书馆，2008：457．

⑧ （宋）李焘．续资治通鉴长编·开宝四年六月［M］．卷 12．北京：中华书局，1992：267．

入倍于他路”[①]，所以南宋初年时广州的贸易地位还是不容撼动的。元初蒙古统治者对广州进行了大肆杀戮，对当地海外贸易产生了极大破坏，到元代中期广州港逐渐繁荣，依然“为蕃舶凑集之所，宝货从聚”[②]，每年抽解的金珠、犀象、香药等不下巨万计，广州在海外贸易中仍颇具地位。从南宋后期开始泉州的海外贸易地位渐渐超过广州。泉州同样地处海滨，同样农耕环境恶劣，“人稠山谷瘠，虽欲就耕无地辟，”但其有优越的海洋条件，“州南有海浩无穷，每岁造舟通异域”[③]。再加上泉州基本没有受到宋金战火波及，有大量皇亲宗室居住，且泉州往杭州运送物资较为便捷，所以泉州港日趋繁荣。“泉七闽之都会也，蕃货远物异宝奇玩之所渊薮，殊方别域，富商巨贾之所窟宅号为天下最。”[④] 泉州地位的上升可以从朝廷拨付泉州的市舶本钱中一窥，宣和七年（1125）朝廷发给福建、广南的博买本钱为空名度牒五百道，而两浙是三百道。建炎二年（1128）朝廷发给福建的市舶本钱为度牒师号二十万贯，而两浙为十万贯。乾道三年（1167）朝廷发给泉州的市舶本钱是二十五万贯，又有所增长。从这些数据中可以看出，北宋末年到南宋时期，泉州在海外贸易的地位和广州相埒，超过了明州与杭州。到了元代，统治者在招降蒲寿庚之后对泉州进行更大力度的支持，泉州曾被设立泉州行省，至元三十年（1293）颁布的《至元市舶则法》中也提到“悉依泉州例”，都可见泉州在元代地位的重要。

2. 新市镇的兴起

沿海一些市镇地理位置优越，港口条件良好，受到海外贸易的推动而兴旺发展，甚至有的地方设县置府。密州板桥镇“正居大海之滨，其人烟市井交易繁夥，商贾所聚”，所以元祐三年（1088）朝廷在此设置京东东路市舶司[⑤]。秀州华亭县的青龙镇“南通漕渠，下达松江，舟艎去来，实为冲

---

① （清）徐松．宋会要辑稿·职官四四·市舶司［M］．上海：上海古籍出版社，2014：4214.

② （元）陈大震．宋元方志丛刊·大德南海志·广州府三［M］．卷7．北京：中华书局，1990：8430.

③ （宋）王象之．舆地纪胜·福建路·泉州［M］．卷130．续修四库全书第585册．上海：上海古籍出版社，2002：182.

④ （元）吴澄．吴文正集·送姜曼卿赴泉州路录事序［M］．卷28，景印文渊阁四库全书第1197册．台北：台湾商务印书馆，2008：299.

⑤ （清）徐松．宋会要辑稿·职官四四·市舶司［M］．上海：上海古籍出版社，2014：4216.

要"[①]，所以此处海船辐辏市井繁华，"富室大家，蛮商舶贾，交错于水陆之道"[②]。由于在市舶事务上的作用重要，政和三年（1113）华亭县设置市舶务，青龙镇有专门的监管管理市舶事务。建炎四年（1130）华亭县市舶务更是移到青龙镇办公。但是南宋中期，随着明州港逐渐恢复地位，两浙路市舶司从华亭撤销，青龙镇的贸易地位大幅下降。取代青龙镇地位的是吴松江流域下游的几个市镇，如江湾镇、黄姚镇。江湾镇昔日就是进入青龙镇的要道，也常发生客旅逃避商税的现象，所以"乞于江湾浦口置场，是收过税"[③]，江湾镇便设置税场，也日渐兴旺。黄姚"系二广、福建、温台、明、越等郡大商海船辐凑之地"，"每月南货关税动以万计"[④]，也是势头强劲的新兴城镇。宋代官府在吴松口建立了上海镇，并设置上海市舶务，《正德松江府志》曰："上海县在府东北九十里，本华亭县地，旧曰华亭海，后以人烟浩穰，海舶辐辏，遂成大市，宋于其地立市舶提举司及榷货场，曰上海镇。"[⑤] 海外贸易是上海的主要产业，所以上海的教育民政等事务都由市舶官兼领，以示市舶的重要。元代由于上海镇日趋繁茂，便改镇为县，并设立市舶司，助推海外贸易的发展。海盐县澉浦镇毗邻杭州，南宋时为了都城安全，官府命令进入杭州的舶船都先停靠在澉浦，使得澉浦镇商贾往来，十分繁华，《澉水志》载："市舶场在镇东海岸，淳祐六年创市舶官，十年置场"[⑥]，也写出了澉浦市舶机构的发展情况。再如元代苏州太仓刘家港是海上漕运的起点，是重要的外贸港口，马玉麟的《海舶行送赵克和任市舶提举》一诗描写当地海舶繁荣的景象："玉峰山前沧海滨，南风海舶来如云。大艘龙骧驾万斛，小船星列罗秋旻。"[⑦] 可见当时刘家港极其繁盛的场面。同样，福建路和两广地区也不乏这样因海外贸易而兴起的城镇，福建路有石井镇、后渚港、海口镇、安海镇等，两广地区有凤岭港、潮州港、揭阳港、

---

① （元）徐硕．至元嘉禾志·重开顾会浦记［M］．卷20．宋元方志丛刊第5册．北京：中华书局，1990：4565.

② （宋）孙觌．鸿庆居士集·朱公墓志铭［M］．卷34．景印文渊阁四库全书第1135册．台北：台湾商务印书馆，2008：351.

③ （清）徐松．宋会要辑稿·食货一七·商税三［M］．上海：上海古籍出版社，2014：6353.

④ （清）徐松．宋会要辑稿·食货一八·商税四［M］．上海：上海古籍出版社，2014：6381.

⑤ （明）陈威修，顾清纂．正德松江府志·沿革［M］．卷1．台湾：成文出版社，1983：27.

⑥ （宋）常棠．绍定澉水志·坊场门［M］．卷上．宋元方志丛刊第5册．北京：中华书局，1990：4663.

⑦ （元）马玉麟．东皋先生诗集［M］．卷2．续修四库全书第1324册．上海：上海古籍出版社，2002：464.

如洪镇、永平寨等，这些地方原来都是人际稀少的村落，海外贸易的兴盛改变了当地的经济面貌和城市结构。

表6-4反映了北宋太平兴国元年（976）和崇宁元年（1102）全国各路的人口增长情况，以及海外贸易繁荣并设置市舶机构的地区的人口变化情况。虽然人口的变化有诸多影响因素，但是当地贸易活动兴盛、经济生活条件改善肯定是吸引外来人口和促进人口繁衍的重要原因。可以看出，诸如台州、明州、秀州、漳州、广州、琼州这些海外贸易重镇的人口数量从北宋初年到北宋末期增长很快，很多外贸城市的人口变化率都超过了全国各路人口的平均变化率，从一个侧面反映了海外贸易和市舶制度对城市发展的影响。

表6-4　　北宋时期市舶城市和各路人口的变化情况

地域	太平兴国元年（976）口数（人）	崇宁元年（1102）口数（人）	人口变化率（%）
密州	217608	867402	398.6
杭州	366376	1058585	288.9
润州（镇江路）	138044	331016	239.8
苏州（平江府）	183014	794996	434.2
常州（江阴军并常州）	364536	858603	235.5
秀州	119870	638628	532.8
明州	143941	603928	419.6
台州	166093	815318	490.9
温州	211848	622128	293.7
福州	491244	1324352	269.6
泉州	502221	1260836	251.1
漳州	124836	628953	503.8
广州	94770	788752	832.3
潮州	30321	450750	1486.6
琼州	6391	54449	852.0
开封府	893155	261117	175.4
京东东路	1701288	4904130	288.2
京东西路	1418994	3204078	225.8
京西北路	1818576	3238740	178.1
河北东路	2198766	4057998	184.6
河北西路	1546062	3262842	211.0

续表

地域	太平兴国元年（976）口数（人）	崇宁元年（1102）口数（人）	人口变化率（%）
河东路	1383582	3826542	276.6
永兴军路	1933944	6140124	317.5
秦凤路	770664	2368913	307.4
淮南东路	2103538	3716398	176.7
淮南西路	1032048	4032800	389.9
两浙西路	1437036	4953816	344.7
两浙东路	1197789	5316379	443.8
江南东路	1714736	5335834	311.2
江南西路	2971498	8584113	288.9
荆湖北路	922293	4184794	453.7
荆湖南路	657457	4952470	753.2
京西南路	464742	2532282	544.9
福建路	2432638	6517234	267.9
成都府路	2689882	4768520	177.3
梓州路	1556922	2921870	187.7
利州路	835650	1744418	208.7
夔州路	572536	1552855	271.2
广南东路	481307	3420222	710.6
广南西路	343637	1448174	421.4

注：

（1）本表数据来自于曹树基教授“中国人口史”的研究成果，其中一些数据是笔者计算所得。

（2）各路的人口变化率是分别计算了该路分别在崇宁元年和太平兴国元年的人口和，再相除所得。

（3）由于数据的缺失，京东西路中没有包含莱芜监的数据，河北东路中没有包含瀛洲和平戎军的数据，河北西路中没有包含顺安军的数据，秦凤路中没有包含熙州、河州、兰州的数据。

6.3 宋元市舶制度的财政效应

6.3.1 收益

1. 有形收益

市舶制度的有形收益是国家通过市舶征税和市舶专卖直接获取的财政收

入。宋元时期的统治者都比较重视海外贸易的发展，主要原因就是市舶收入对朝廷的财政收入有着较为重要的意义。

宋初市舶收入以实物形式计量，官府通常是直接记录市舶抽解和博买物品的具体数量。太平兴国二年（977）京城设立香药榷易院，这一年香药岁入为三十万，此后香药收入逐渐增加，后岁入是五十万。淳化二年（991），市舶抽解收入为“岁约获五十余万斤条株颗”①。此处是将市舶抽解的象犀、珠宝、香药、纺织品、木材等物品的数量加总在一起，没有具体的价值。咸平时期，香药榷易院“岁课增八十余万”。天禧五年（1021）天下总获“香药、真珠、犀象七十余万斤条片颗”②。“皇祐中，总岁入象犀、珠玉、香药之类，其数五十三万有余。至治平中，又增十万”③。熙宁九年（1076）“杭、明、广三司市舶收钱、粮、银、香药等五十四万一百七十三缗、匹、斤、两、段、条、个、颗、脐、只、粒”。杭、明、广三市舶司是朝廷获得市舶收入的主要机构，所以此三地的收入情况可以代表国家大致的市舶收入。从上述数据看来，在北宋中前期市舶收入每年大致在五十万到七十万单位之间。崇宁时期朝廷在杭、明、广等地设置提举市舶官专门筹划经营市舶事务，“九年之间收置一千万矣”④，这个数字较之前有所增加。

此外，香料是市舶收入的重要项目，据《中书备要》记载，熙宁元丰时期三司在三年内出卖乳香共获钱八十九万四千七百一十九贯三百五文（894719.305贯），其中熙宁九年（1076）出卖乳香获三十二万七千六百六贯一百四十七文（327606.147贯），熙宁十年（1077）出卖乳香获三十一万三千三百七十四贯二百四文（313374204贯），元丰元年（1078）出卖乳香获二十五万三千七百三十八贯九百五十四文（253738.954贯）。可知乳香利润颇大。另有《建炎以来系年要录》载大食商人蒲啰辛贩卖的乳香价值三十万缗，故朝廷恩赏令其补承信郎，赐公服履笏。一个商人贩卖的乳香就价值三十万缗，乳香贸易规模不容小觑。

南宋偏安东南一隅，财政状况更为窘迫，于是市舶收入对于南宋政权来讲意义更为重要。绍兴元年二月，连南夫上奏宋高宗，言以往“国家每岁市

---

① （元）脱脱等．宋史·食货下八·互市舶法［M］．卷186．北京：中华书局，1977：4563.

② （宋）李焘．续资治通鉴长编·起真宗天禧五年正月尽是年十二月［M］．卷97．北京：中华书局，2004：2252.

③ （元）脱脱等．宋史·食货下八·互市舶法［M］．卷186．北京：中华书局，1977：4559.

④ （宋）马端临．文献通考·市籴考一·均输市易和买［M］．卷20．北京：中华书局，2011：587.

舶之入数百万，今风信已顺而舶舡不来，闻有乘黄屋而称侯王者，臣恐未易招也”①。从连南夫的言语中可见往年市舶收入对朝廷来说较为丰厚，现今蕃舶不至，甚至有些海商成为国家的不稳定因素，所以连南夫请求宋高宗加以干预，以保证朝廷仍旧能获得这些利润。绍兴七年（1137）的诏令中说市舶之利“所得动以百万计”，“市舶之利最厚”②。绍兴十年（1140）又说市舶收入“动得百十万缗”③。绍兴二十九年（1159 年），提举两浙市舶张阐告诉宋高宗，市舶“岁抽及和买约可得二百万缗”④，可见南宋初年朝廷十分重视海外贸易产业，市舶收入得到统治者的重视，市舶收入也增长很快。南宋初年广州是设置市舶司的城市中贸易最繁华的地方，当时广州一处乳香的收入量是杭州、明州收入量之和的六倍⑤。此外，市舶收入对于地方政府的财政意义也很重要，如《宝庆四明志》中载“照得本府僻处海滨，全靠海舶住泊，有司资回税之利，居民有贸易之饶”⑥，庆元府地处偏僻海滨，农业生产薄弱，主要靠海外贸易和市舶征税维持地方政府运转和百姓生活。

市舶机构获取的舶货除了用于宫廷消费、赏赐、向国外馈赠等用途，大部分是在榷易院发售，市舶机构在征收这些舶货时付出的成本很低，所以可推测榷易院售卖舶货可以得到高额的利润。另外，市舶获取的药材大都进入和剂局进行深加工，也会大幅度增加这些药材的附加值，获利不可估量。所以这个时期市舶收入远不止文献中记载的数额。

虽然宋代市舶收入是国家的一项重要的财政收入，但是其地位还需要客观看待。总的来说，中国封建社会还是以土地税为基本和大额的财政收入形式，田赋一直是古代中国最重要的财政收入项目。但宋代商品经济的发展使

---

① （清）陆心源．宋史翼・连南夫［M］．卷 9．北京：中华书局，1991：96．

② （清）徐松．宋会要辑稿・职官四四・市舶司［M］．上海：上海古籍出版社，2014：4214．

③ （宋）李心传．建炎以来系年要录・绍兴十年四月—五月［M］．卷 135．上海：上海古籍出版社，1992：808．

④ （宋）李心传．建炎以来系年要录・绍兴二十九年七月—十二月［M］．卷 183．上海：上海古籍出版社，1992：592．

⑤ 《中书备要》记载：“三州市舶司乳香三十五万四千四百四十九斤，其内明州所收惟四千七百三十九斤，杭州所收惟六百三十七斤，而广州收者则有三十四万八千六百七十三斤，是虽三处置司，实只广州最盛也。”按此文献记载，杭、明两市舶司获取乳香 5376 斤，广州市舶司获取乳香 348673 斤，所以广州一处是杭、明二地乳香收入量之和的 6 倍。

⑥ （宋）罗濬等．宝庆四明志・市舶［M］．卷 6．宋元方志丛刊第 5 册．北京：中华书局，1990：5061．

税收结构开始发生巨大变化，工商税收在财政收入中的占比有很大提高。以宋仁宗时期的数字为例，“景祐中天下岁收商税钱四百五十余万缗，酒课四百二十八万余缗，盐课三百五十五万余缗，和买绢二百万匹（共 14330000 余）”[①]，此处显示了工商税收的大致数量。“（赋入之数）至皇祐中，（较景德中）增四百四十一万八千六百六十五（即 4418665）”[②]；“（天下岁入缗钱）嘉祐间又增至三千六百八十余万缗（即 36800000 余），其后月增岁广。”[③] 这两则史料显示了岁入的情况。从宋仁宗时期工商税收和岁入之间的对比关系可见工商税收在国家财政收入中占据一定的地位。

从表 6－5 中可见，北宋时期市舶收入只有实物的统计，即便是抽解和博买舶货中有珍奇宝货，但是这些物品多是由皇室和贵族消费，产生不了财政收益。以宋神宗时期为例，熙宁九年（1076）杭、明、广三地市舶收入为 540173 实物单位，熙宁十年（1077）商税课钱 8545600 余贯，元丰三年（1080）榷盐收入 2730000 余缗，从大概数字上看，商税和榷盐收入都不逊于市舶收入。熙宁年间朝廷进行了很大力度的政府机构改革，在市舶制度上也进行了调整（如加强中央集权、用经济手段招徕海商、取消铜钱出口禁令等[④]），这些措施引发了宋代海外贸易的高潮，朝廷市舶收入达到 200 万贯。但是在元祐元年（1086）到绍圣四年（1097）的十二年间，市舶所收物货不过 500 万贯，平均每一年不到 50 万贯，再结合仁宗朝 53 万贯、英宗朝 63 万贯的数字，可以看出北宋前期海外贸易收入在国家财政收入中的地位并不高。宋徽宗时期骄奢淫逸，为寻求更多珍宝供统治者挥霍，海外贸易规模开始增加，市舶收入也开始增加。南宋时期由于地理位置所限和战争开支所需，市舶贸易比较受重视，市舶收入在财政收入中的意义较之北宋有很大的提高。但是从一些数据的对比上看，市舶收入在整个国家财政收入中的地位也是有限的，如绍兴十年（1140）市舶收入有“百十万缗”，但绍兴十一年（1141）仅四川契税就有 4670000 余贯。

---

① （宋）李心传著，徐规点校．建炎以来朝野杂记·财赋一［M］．甲集卷 14．北京：中华书局，2000：289.

② 此处是按照宋代会计的惯例，在计算总收入时将缗钱（贯）、粮（石）、布帛（匹）、金银（两）等项目进行累计，同时略去单位。

③ （元）脱脱等．宋史·食货上三·赋税［M］．卷 174．北京：中华书局，1977：4213.

④ （宋）李焘．续资治通鉴长编·起神宗熙宁八年十月尽其月［M］．卷 269．北京：中华书局，2004：6584．载：“自熙宁七年（1074）颁行新敕，删去旧条，削除钱禁，以此边关重车而出，海舶饱载而回，闻缘边州军钱出外界但每贯收税钱而已。”

表 6-5　宋代市舶收入和其他财政收入比较表

皇帝	时间	地域	项目	数额	资料来源
宋太宗	太平兴国二年（977）	京城	榷易院香药收入	30 余万实物单位	《宋史》
	太平兴国二年之后	京城	榷易院香药收入	50 余万实物单位	《宋史》
	淳化二年（991）	全国	市舶收入	50 余万实物单位	《宋史》
	至道二年（996）	两京[1]	榷铜和铁的收入	2779000 余贯	《宋史》
	至道三年（997）	解县、安邑	榷盐收入	728000 余贯	《宋史》
	至道中	全国	商税课钱	4000000 余贯	《宋史》
	至道末	全国	岁入	70893000（加总单位）	《宋史》
			榷茶收入	2852900 余贯	《宋史》
			榷盐收入	颗盐钱 728000 余贯；末盐钱 1630000 余贯	《续资治通鉴长编》
宋真宗	天禧五年（1021）	全国	岁入	64530000（加总单位）	《宋史》
			市舶收入	70 余万实物单位	《续资治通鉴长编》
	天禧末	全国	榷茶收入	3202900 余贯	《宋史》
		两京	榷铜和铁的收入	11929000 余贯	《宋史》
		全国	商税课钱	12040000 余贯	《宋史》
	景德中	全国	岁入	49169900（加总单位）	《宋史》
宋仁宗	皇祐元年（1049）	全国	岁入	126251964（加总单位）	《宋史》
		陕西	榷盐收入	2210000 贯	《宋史》
	皇祐中	全国	岁入	53588565（加总单位）	《宋史》
			酒曲课缗钱	14986196 贯	《宋史》
			市舶收入	53 万实物单位	《宋史新编》
	至和元年（1054）	全国	榷盐收入	1690000 贯	《宋史》
宋英宗	治平二年（1065）	全国	岁入	116138450（加总单位）	《宋史》
	治平中	全国	岁入	67767929（加总单位）	《宋史》
			茶税钱	498600 余贯	《宋史》
			酒曲课缗钱	12862466 贯	《宋史》
			商税课钱	8463900 余贯	《宋史》
			市舶收入	63 万实物单位	《宋史新编》
宋神宗	熙宁九年（1076）	杭、明、广	市舶收入	540173 实物单位	《宋史新编》
	熙宁十年（1077）	全国	商税课钱	8545600 余贯	《宋会要辑稿》
	元丰三年（1080）	全国	榷盐收入	2730000 余缗	《宋史》
宋高宗	建炎三年（1129）	两浙	折帛钱	2355600 余贯	《宋史》
	绍兴七年（1137）	全国	市舶收入	动以百万计	《记纂渊海》
	绍兴十年（1140）	全国	市舶收入	动得百十万缗	《皇宋中兴两朝圣政》
	绍兴十一年（1141）	四川	契税	4670000 余贯	《宋史》
	绍兴二十九年（1159）	全国	市舶收入	2000000 余缗	《宋史》

① 两京指东京开封府和西京河南府。

续表

皇帝	时间	地域	项目	数额	资料来源
宋理宗	绍定元年（1228）	两浙、江东	上供物帛钱数	4138612 余贯	《宋史》
	宝庆元年（1225）	全国	盐课	7499000 余贯	《宋史》

综上所述，虽然市舶收入在国家财政中的地位并不是极为重要的，但基于宋元时期海外贸易较为旺盛的现实背景，市舶收入可以成为一种稳定而可靠的财政收入。财政作为一种凭借国家权力对社会财富进行汲取与分配的机制，其天然的功能就是在经济发展的基础上聚集一定数量的社会产品，从而维护国家运转与王朝统治。所以此时必然会产生适宜的财政制度，将市舶收入纳入财政体系进行规范管理，这是财政机制的运行规律所在。但是从数量上看，这个时期的市舶收入并不是国家赖以生存的重要项目，国家财政的主要收入来源仍然是土地税，只是对于农业生产条件恶劣的沿海地方政府来讲，市舶收入才有极为重要的意义[①]。

2. 无形收益

市舶制度的无形收益，是指市舶管理活动中难以用货币计量的、对经济社会有利的影响。这种影响体现在两个方面：

（1）安抚远人

适度宽容的市舶制度有利于安抚远人。官府发展海外贸易事业，允许和鼓励国内外商人贸易交流，并进行适当的市舶管理，有利于增加外国人对中国的向化之心，有利于宋元统治者对其他民族和国家的笼络。《宋史·职官志》中对市舶司职责的定义是："掌蕃货海舶征榷贸易之事，以来远人，通远物。"[②] 其中"来远人"就是通过中外贸易交流而招抚外邦。再如隆兴二年（1164）臣僚上奏，熙宁初期创立市舶和通货之法，抽解有定数，不苛征，适当延长其纳税期限，以使蕃商能够将舶货卖个好价钱，这些宽恤的做法都是为了显示"怀远之意"，所以当前（隆兴时期）也应该学习熙宁时期

① （宋）罗濬等．宝庆四明志·市舶［M］．卷 6．宋元方志丛刊第 5 册．北京：中华书局，1990：5054．载："照得本府僻处海滨，全靠海舶住泊，有司资回税之利，居民有贸易之饶。"可见庆元府农耕环境恶劣，政府收入和居民收益大都靠海外贸易所得。

② （元）脱脱等．宋史·职官志七·提举常平茶马市舶等职［M］．卷 167．北京：中华书局，1977：3969．

的做法[①]。再如开庆时期左丞相吴潜上奏，庆元府慈溪县每年市舶博买之利不到一万缗，朝廷若只着眼于微薄的市舶收入而“失远人向化之心”，实在是得不偿失，所以希望“蠲免抽博倭金”，朝廷对倭人的微微存恤就可以“使知朝廷之仁心仁闻，则远人愈向慕中国”[②]，以达到对倭人笼络安抚的目的。元代市舶制度的实施中也体现了招抚远人的思想，至元十五年（1278）元世祖在诏书中说“诸蕃国列居东南岛屿者，皆有慕义之心”，所以“诚能来朝者，朕将宠礼之”[③]，并且任其往来贸易，进而通过中外商人的合作共赢而实现中国和各国的友好关系。

（2）保证国防安全

严格规范的市舶管理制度有利于保证国防安全。海上贸易活动免不了中外商人之间的频繁交往，可能会存在威胁国家安全的隐患，朝廷通过市舶机构对海商及贸易活动进行管理、监督和控制，可以遏制国家安全隐患，保证国家稳定。如元祐五年（1090）规定，商人由海道到外国贸易，要如实上报货物种类和贸易地点，“毋得参带兵器，或违禁及可造兵器物”，“若擅乘船由海入界河，及住高丽、新罗、登州境者”要严重惩处[④]。这是官府通过市舶则法规定，防止乱民携带兵器等违禁物品私通敌国，威胁国家安全。再如吴潜乞奏蠲免抽博倭金时也提到，日本和高丽相邻，两国已经臣服于鞑靼（蒙古），“万一贼谋奸狡谋我者，无所不至，风声扇诱转而至于倭，则中国之忧实未可量”[⑤]，所以对倭人适当进行市舶征税的减免，可以缓和中国与日本的关系，缓解日本与蒙古结盟而对南宋政府造成的威胁。

6.3.2 成本

1. 经济成本

宋代市舶制度中有博买的规定，博买需要官府付出一定的资金，这是市舶制度的经济成本。宣和七年（1125）朝廷降诏，给予广南路、福建路各

① （宋）马端临．文献通考·市籴考一·均输市易和买［M］．卷20．北京：中华书局，2011：590.

② （宋）梅应发，刘锡．开庆四明续志·蠲免抽博倭金［M］．卷8．宋元方志丛刊第6册．北京：中华书局，1990：6010.

③ （明）宋濂等．元史·世祖七［M］．卷10．北京：中华书局，1976：199.

④ （宋）马端临．文献通考·市籴考一·均输市易和买［M］．卷20．北京：中华书局，2011：578.

⑤ （宋）梅应发，刘锡．开庆四明续志·蠲免抽博倭金［M］．卷8．宋元方志丛刊第6册．北京：中华书局，1990：6011.

五百道空名度牒，给予两浙路三百道空名度牒，“付逐路市舶司充折博本钱”。建炎二年（1128）诏“给度牒师号一十万贯付福建路、十万贯付两浙路，专充市舶本钱”，此处“度牒”也是用来充任市舶博买的本钱。绍兴元年（1131）大食人使蒲亚里贩卖象牙到中国，广南路市舶官员上奏时说：“依市舶条例（象牙）每斤价钱二贯六百文九十四，（官府博买象牙总共）陌约用本钱五万馀贯文。”这就是博买象牙的成本。绍兴二年（1132）提举广南路市舶上奏，说虽然近年来朝廷给予博买本钱，转运司也拨付广南路市舶司见钱五万贯文，但还是不够，所以诏令“礼部给降广南东路空名度牒三百道、紫衣两字师号各一百道拨还本司充博买本钱支用”。绍兴三年（1133）“户部言，诸路收买市舶博易物色本钱，欲依旧用坊场钱应副”①。

宋代博买本钱常不用现钱充任，除了用空名度牒、师号充当博买本钱外，官府还用“军券”支付市舶本钱。军券是在军队内小范围流动的代金券，宋太祖时已经有所使用，“秘阁中有太祖御札禁军券钱，至亲笔裁减一二百者”②。军券在宋代较为流通，《开庆四明续志》中记载：庆元府每年将绢绵通过纲运送至京城时，用“军券支遣”。市舶事务中常常缺乏现钱，在开庆时期以前多是用军券支付。后朝廷规定市舶务对高丽、日本、蕃南舶船抽解时，“拘到一半五分见钱内，许本司将十八界会子对兑见钱五分之二，系用一贯新会兑一贯见钱。”③ 即抽解时用宋代官府发行的会子汇兑蕃商的现钱，政府可以增加铜钱的供给，也可以从中获利。这些用于博买的本钱都是宋代市舶制度的经济成本。此外，南宋官府也加强了对博买本钱的管理，如建炎四年（1130）朝廷要求通判和监管要核对市舶博买支出的资金和买到的物货，不合规的资金要被追回并“拨还入官，添助博买钱本”。绍兴三年（1133）朝廷要求市舶司将实际买到的物货名目、资金支出、博买本钱及利息等信息都要“夹细帐状保明申”，要求做好政府会计记录工作④。

---

① 空名度牒是登记出家人姓名的凭证，宋代官府经常把“空名度牒”当成财政与货币工具，比如官府印制空名度牒直接鬻卖，借以弥补财政赤字；或者中央政府向地方政府拨付空名度牒，作为转移支付的资金；官府还会用空名度牒回笼超发的纸币；在政府购买中将空名度牒作为本金支付。

② （宋）李心传著，徐规点校．建炎以来朝野杂记·乾道郊赐［M］．甲集卷5．北京：中华书局，2000：127．载：“参知政事梁文靖公奏曰：今秘阁中有太祖御札禁军券钱，至亲笔裁减一二百者。上曰：虽一麻鞋之微，亦经区处。”

③ （宋）梅应发．开庆四明续志·经总制司［M］．卷4．宋元方志丛刊第6册．北京：中华书局，1990：5963．

④ （清）徐松．宋会要辑稿·职官四四·市舶司［M］．上海：上海古籍出版社，2014：4215．

元代取消了博买制度，其海外贸易的典型代表就是“官本船”制度。官本船，就是由政府出资，建造或购置海舶，再招募商人承办官府的船舶出海贸易，回帆之时由官府和私人海商进行利润分成，并且接受市舶机构的抽分。在官本船制度中，官府付出的资金成本就是市舶制度的经济成本。海外贸易是大宗的商业活动，所需资金量非常大，所谓“造船置货，动辄万计”。元世祖时卢世荣主持政府的经济工作，于至元二十二年（1285）提出“于泉、杭二州立市舶都转运司，造船给本，令人商贩，官有其利七，商有其三”[①]，此处可见泉、杭市舶司的职责之一就是置办海舶，再提供本钱助其贸易，以此增加官府的收益。该年三月，朝廷拨出大笔款项用于官本船贸易，“卢市舶司的勾当，系官钱里一十万锭要了，他著海船里交做买卖行”[②]。至元二十四年（1287）官府又发行新钞十一万六百锭、银千五百九十三锭、金百两给予“江南各省与民互市”，由于这些钱是给江南各省，江南濒临大海，所以这些钱基本就是用于海外贸易的本金。元代市舶司多有废立，这种官本船的贸易也断断续续地持续始终。如延祐元年（1314）“复立诸提举市舶司，仍禁人下番，官自发船贸易”[③]，官本船回帆的时候要接受市舶机构的抽解，形成国家的财政收入。元代官府为了推行官本船贸易，常常给予海商低息贷款，资助其发展。元世祖于至元二十年（1283）立“斡脱总管府”，专门管理那些为国家经商贸易的斡脱商人，也就是官商。而斡脱总管府的一个职责就是“持为国假贷权”，用财政的资金给海商放贷，“岁出入数十万挺，月取子金八厘”，虽然国家以此获利，但比起民间的高利贷来说已经减轻海商很多负担，“实轻民间缗取三分者几四分三，与海舶市诸蕃者”[④]。

2. 行政成本

市舶的行政成本包括兴建市舶机构的办公场所、为维持市舶机构正常运转而划拨的职田、为市舶机构相关人员发放的俸禄、为市舶官员提供的住宅园舍等支出。这些成本是维持市舶制度运转和保证市舶收益的必要支出。

---

① （明）宋濂等．元史·列传第九十二·卢世荣［M］．卷250．北京：中华书局，1976：4565.

② 陈高华，张帆，刘晓，党宝海点校．元典章·户部·市舶［M］．卷22．天津：天津古籍出版社；北京：中华书局，2011：873.

③ （明）宋濂等．元史·食货二·市舶［M］．卷94．北京：中华书局，1976：2401.

④ （元）姚燧．牧庵集·皇元高昌忠惠王神道碑铭并序［M］．卷13．北京：中华书局，1985：149.

(1) 办公场所

市舶机构需要营建办公场所，以为海商办理市舶事务和提供市舶服务。建炎二年（1128）六月，两浙路提举市舶官员上奏，杭州市舶司的旧廨宇已经烧毁，申请修建新的办公场所，“以本司头子钱修葺，安着一行官吏”，“诏依，仍不得过四十间”。可见当时两浙路市舶司办公场所大概有四十间房子，用头子钱作为修缮的经费。很多史籍中都记载海外贸易繁盛之处有“市舶亭”，用以海商休息和官府抽解；有市舶库，用以储存抽解的舶货。如建炎三年（1129）六月，朝廷决定将转运司属官提举官廨宇“充市舶务库安顿官物”。乾道二年（1166）六月，管理两浙市舶事务的姜诜上奏，申请将转运司的廨宇“充市舶务库，安顿官物”[①]《大德南海志》载：“市舶库在子城直街内，有来远楼；市舶亭在朝宗门外，至元十九年创建。”[②]《弘治八闽通志》载：泉州府江县有胡寺丞祠，该祠“在市舶亭侧”，用以祭祀宋市舶提举胡长卿。[③]《道光广东通志》载，广州南海县“城外西南一里即宋市舶亭海山楼故址”[④]。修建这些市舶办公机构和舶货存储场所都需要花费财政资金，属于市舶制度的行政成本。

(2) 人员俸禄

在宋代，市舶机构的主要工作人员有：①市舶使和市舶提举。宋初以知州兼领市舶使，如开宝四年（971）“命同知广州潘美、尹崇珂并充市舶使”[⑤]。后又有市舶提举，如元丰三年（1080）朝廷委任孙迥、陈倩、周直孺、王子京为广东、广西、两浙、福建的市舶提举，以推行“广州市舶条”。市舶使和市舶提举都是市舶司的最高长官，市舶使会由两名官员担任，市舶提举是一名官员，“提举市舶官在提举常平茶盐官之下，仍各在知州、朝请大夫、武功大夫之上”[⑥]。朝请大夫和武功大夫都是六品官，可知提举市舶官是由六品或六品以上官员任职的。②市舶判官。市舶判官是市舶司中

① （清）徐松．宋会要辑稿·职官四四·市舶司［M］．上海：上海古籍出版社，2014：4217.

② （元）陈大震．大德南海志·市舶［M］．卷10．宋元方志丛刊第8册．北京：中华书局，1990：8449.

③ （明）陈道．弘治八闽通志·泉州府［M］．卷59．福州：福建人民出版社，1991：388.

④ （清）阮元修，陈昌齐等纂．道光广东通志·古迹略［M］．卷218．续修四库全书第673册．上海：上海古籍出版社，2002：571.

⑤ （清）徐松．宋会要辑稿·职官四四·市舶司［M］．上海：上海古籍出版社，2014：4209.

⑥ （宋）谢深甫．唐明律合编·宋刑统·庆元条法事类［M］．事类4．北京：中国书店，1990：21.

地位仅次于市舶提举的第二号人物，一般由所在州的通判兼任，后市舶判官又改称为勾当市舶司、管勾市舶司等。如大观三年（1109）七月，朝廷下诏罢黜两浙路提举市舶官，“令提举常平官兼专切提举，通判管勾”。③干办公事。这是市舶司中地位稍高的办事员，但不是市舶司的领导层级，简称“舶司干官”“提干”“舶干”等。④小吏。这是市舶司中最基层的办事员，具体负责市舶机构中烦琐的日常工作，有专管文字、专秤、孔目、手分、专库、贴司、书表、前后行、都吏、客司等。如建炎四年（1130）提举两浙路市舶刘无极申请在华亭县市舶务“轮差专秤一名”，另外申请对市舶司原有“都吏、前后行、贴司、书表、客司共十一名”进行人员调整，从之[①]。

宋代在元丰改制之前，诸司使有粟禄，分“四十千”和“三十千”二等。另，“自诸司使至殿直，春、冬各罗一匹，绫一匹，绢各五匹，冬绵各四十两”。元丰改制后，朝请大夫粟禄是三十五千，另有“春、冬绢各十三匹，春罗一匹，冬绵三十两”；武功大夫粟禄是二十五千，另有“春、冬绢各十匹，绵二十两”[②]。由于提举市舶官的俸禄在朝请大夫和武功大夫之上，所以从朝请大夫和武功大夫的俸禄情况可对市舶官的俸禄略见一斑。另有记载，熙宁四年（1071）后“诸司使、副，阁门通事舍人，承制，崇班，二十千至五千，凡九等”。自诸司使以下、武功大夫至承信郎以上，还有茶、酒、厨料之给“十五千至五千，凡六等”，“武功大夫以下至进义校尉，诸司使以下至三班使臣，自十千至三千，同七等”。此外，“朝官充陕西及江、浙、荆湖、福建、广南提举、提点铸钱等公事，自二十千至十五千，凡二等”。“京官充催促辇运、催装斛斗纲船，并诸州监物务等，自七千至五千，凡二等”。南宋时期，武功大夫的俸禄是“料钱二十五贯，厨料米一石、面二石，春绢七匹，冬绢十匹，绵三十两”，另有公用钱和给券[③]。从武功大夫俸禄的情况可大致推测市舶官的俸禄。

在宋代，舶货会充当官俸，《欧阳文忠公集》载“岭南旧以市舶司物代转运使俸钱，其利三倍”，“利岂吾欲邪，使直以钱为俸”[④]，官员将舶货售卖获利颇丰。市舶机构会被授以职田，如《淳熙三山志》载，淳熙五年

① （清）徐松. 宋会要辑稿·职官四四·市舶司［M］. 上海：上海古籍出版社，2014：4208.

② （元）脱脱等. 宋史·职官十一·俸禄匹帛［M］. 卷 171. 北京：中华书局，1977：4107.

③ （元）脱脱等. 宋史·职官十二·俸禄制下［M］. 卷 172. 北京：中华书局，1977：4133.

④ （宋）欧阳修. 欧阳文忠公集·尚书工部郎中欧阳公墓志铭［M］. 卷 29. 上海：上海商务印书馆，1936：233.

(1178)福州“提举市舶衙田三顷一十九亩一角一十九步”[①]，职田可以收租米和租课钱，以供市舶机构日常政务活动开支。另外市舶官吏也需要有居住地，《绍熙云间志》载“市舶务监官，舍在县西南二百九十步”[②]，为市舶官提供住所的开支也是行政成本。

在元代，延祐元年(1314)“立泉州、广东、庆元三市舶提举司，每司提举二员，从五品；同提举二员，从六品；副提举二员，从七品；知事一员”[③]。元代官制多仿效宋代，从文献中可见，市舶提举大都是五六品的官，市舶机构中其他的官吏都在六品以下了。元代官吏大致可以分为内任官、外任官和内外任之间的官员，其俸禄大致由俸钞、职田和俸米组成，各类官员俸禄的具体情况不同。结合元代市舶机构多由行省管理，并且多年由“转运使榷市舶”，或设置“市舶都转运司”“都转运盐使司”“盐课市舶提举司”的情况，将元代盐运司、宣慰司（行省与州县之承转机构）和路府州县正五品及以下官吏俸禄情况辑录在表6-6中，这些官吏和市舶机构官员的品级相当，可以从他们的俸禄职田情况推测市舶机构官员的俸禄，以估计元代市舶制度的行政成本[④]。

表6-6　元代部分官员俸禄和职田情况

	俸钞（贯）		职田（顷）
时间	至元二十二年（1285）	至大三年（1310）	至元三年（1266）
	盐运司	宣慰司	路府州县
正五品			上路治中6；下路同知7；中州知州4
从五品			散府同知6；下州知州3
正六品	判官30		上路府判5；上州同知5
从六品		经历40	下路府判5；散府府判4；中州同知4
正七品			上州州判4

① (宋)梁克家．淳熙三山志·职田［M］．卷12．宋元方志丛刊第8册．北京：中华书局，1990：7886.

② (宋)杨潜．绍熙云间志·廨舍［M］．卷上．宋元方志丛刊第1册．北京：中华书局，1990：10.

③ (明)宋濂等．元史·百官七·市舶提举司［M］．卷91．北京：中华书局，1976：2315.

④ 至大二年(1309)，元代官员俸禄又进行改革：内任官“减了加五，改换与至元钞”（至元二十二年时“以十分为率，添支五分”，发放中统钞）。外任有职田官员“俸钱改支至元钞，将职田拘收入官”，并支给俸米。外任无职田官员俸钱“十分中减去三分，余上七分改支至元钞两”。且此时至元钞价值约为中统钞的5倍。

续表

	俸钞（贯）		职田（顷）
从七品	经历 20	都事 35	中州州判 3；县尹 3
正八品			下州州判 3；上县县丞 3
从八品	知事 15		县主簿 2
正九品	照磨 13	照磨 25	

资料来源：

（明）宋濂等．元史·食货志四·俸秩［M］．卷 96．北京：中华书局，1976：2451．

（明）宋濂等．元史·百官七·市舶提举司［M］．卷 91．北京：中华书局，1976：2314．

3. 社会成本

由于市舶收入对于宋元政府来说意义颇为重要，所以官府每年会花费一定的资金用于犒劳和迎送蕃商，以促进海外贸易的发展。此外，市舶机构也有一些支出用于抚恤和救济遇难的蕃商，以显示朝廷招徕远人之意。如建炎二年（1128）两浙市舶司报告“每年宴犒诸州所费不下三千余贯”，所费颇多，但朝廷基于招徕远人的考虑仍然准许市舶司保留犒劳蕃商的做法。不过朝廷还是尽量减少两浙市舶司犒劳蕃商的费用，又有诏曰：“两浙路市舶司以降指挥减省冗费，每遇海商住舶，依旧例支送酒食，罢每年燕犒。”经过朝廷的控制措施，绍兴二年（1132）广南路市舶司犒劳蕃商的花费“不满二百余贯，费用不多，所悦者众”，很好地达到了“招徕外夷以致柔远之意”的效果，可见这些支出是有效的支出。所以绍兴十四年（1144）提举福建路市舶楼钥上奏，说他在广南市舶司任职时“每年于十月内依例支破官钱三百贯文排办筵宴”，用以“犒设诸国蕃商等”，现在楼钥请求朝廷批准福建市舶司仿照广南市舶司的体例“每年于遣发蕃舶之际宴设诸国蕃商，以示朝廷招徕远人之意。从之”①。

蕃商在来华贸易时可能会遭遇海难陷入困境，市舶机构会对遇难船只的货物进行保护，并抚恤遇难蕃商。《宋史·外国七·日本国》记载，淳熙三年（1176）“风泊日本舟至明州，众皆不得食，行乞至临安府者复百余人，诏人日给钱五十文、米二升，俟其国舟至遣归”②。《开庆四明续志》自宝祐六年（1258）开始，庆元府市舶司对于蒙难流离于海上的倭人，每人“日

① （清）徐松．宋会要辑稿·职官四四·市舶司［M］．上海：上海古籍出版社，2014：4214．

② （元）脱脱等．宋史·外国七·日本国［M］．卷 491．北京：中华书局，1977：14131．

给米二升，舶司日支钱一贯五百文，次年归国日止”。到这些蕃商归国时，“则又给回程钱六百贯，米一十二硕”。宝祐六年（1258）还有“丽人六名飘流海岸”，当地市舶机构也是对其进行救济[①]。宋代广州还修有“安乐庐”，以安置“旅人无归者”。总之这些犒劳和抚恤的支出有利于招徕外商来华贸易，有利于营造良好的外交关系，有利于维护沿海社会的稳定，所以属于市舶制度必需的社会成本。

6.3.3 成本—收益分析的结果

由上可知，市舶制度的收益由有形收益和无形收益构成。官府通过市舶制度抽解或博买了大量舶货，这些舶货包括珍贵的珠玉、香药，也包括木材、纺织品、金属等，这些舶货都是以实物形式被官府征收，但它们各有不同的市场价值，一方面这些舶货被皇室贵族所消费，满足他们奢侈享乐的需求，另一方面这些舶货被再加工再出售，增加了其附加值，可以进一步形成金钱的收益，成为国家的财政收入。这些都是市舶的有形收益。此外，市舶管理软硬兼施，一方面通过实现中外商人的贸易双赢，维护大家共同的利益，而达到怀远蕃人、笼络各国的效果；另一方面通过严格打击威胁国家安全的行为，实现国防的稳定和社会的稳定。这是无法用金钱来衡量的无形收益。市舶制度的成本主要是经济成本、行政成本和社会成本。从经济成本来看，宋代博买需要投入本钱，元代官本船贸易也需要投入本金，但官府基本上都是低价收购舶货，再高价将其卖出，从中可以赚取高额的利润，所以这种成本最终是被巨大的收益所弥补。从行政成本看，这是维护国家运转和维护皇权统治必需的支出，不仅是市舶机构，所有的官府常设机构都需要有这样的支出，这是国家财政所必须负担的项目，所以这个成本也是创造无形收益的必然支出。从社会成本看，官府犒劳、迎送、抚恤蕃商，一方面可以招徕更多的蕃商前来中国贸易，为国家挖掘更多的税源；另一方面可以安抚远人，减少国家的敌对势力，维护国家间和谐安定的局面，这种成本的投入可以创造更大的有形和无形收益，所以也是值得的。总之，市舶制度的收益大于成本，所以这个制度具有积极的财政效应，会被鼓励和执行。

---

① （宋）梅应发．开庆四明续志·收养丽人［M］．卷8．宋元方志丛刊第6册．北京：中华书局，1990．6012.

第 7 章

宋代榷场贸易与海外贸易的关系

宋人除了和沿海诸国通过海上交通进行贸易之外，还和陆地接壤的辽、西夏、金、蒙古（元）、西蕃等国进行贸易。海外贸易被称为“市舶”，陆路贸易被称为“互市”。互市收入中的大部分内容都属于商税的范畴。基于国境安全的考虑，也为了维持榷盐、榷茶等垄断利润，宋代官府严格控制百姓与辽、西夏、金、蒙古、西蕃这些陆路接壤的国家进行贸易，只在宋境与辽、西夏、金等边界交通要道处设置榷场或博易场，令百姓在官府的专设机构中进行交易。同样，辽、金等国也是在其与宋毗邻的边境之地设置榷场，允许两国商人贸易。榷场就是指宋、辽、西夏、金各国在疆土接界之处设置的互市市场。在公元十世纪末到公元十三世纪后期这段时间内，由于宋、辽、西夏、金多个政权并存，所以榷场贸易成为各个政权间贸易交往的重要形式。从两宋政权的角度来看，榷场贸易和海外贸易一样，都是朝廷获取财政收入较为重要的形式。而榷场贸易中管理方式是否合理也直接影响到中原民族与少数民族的关系。

7.1　宋代榷场贸易发展情况

榷场贸易的出现有两个前提条件，一是各政权之间的政治关系较为稳定，没有大规模的战争；二是各地区的经济发展特点不同，各具比较优势，所以需要进行沟通和交流。两宋时期农业、手工业、商业的水平大大提高，是中国古代经济发展的又一个高峰。但是宋王朝又是中国历史上统治区域较小的中原王朝，其始终与辽、金、西夏等政权并存，并和这些少数民族政权有漫长的国界线。对于宋朝方面来说，其有着对马匹、草药等物资的需求，也有着对边贸利润的需求；而辽、金、西夏等政权更加希望获得中原地区的丝绸、茶叶、陶瓷等生活必需的物资，这使得榷场贸易成为各国统治者和人民都需求的经济活动。所以只要政治环境平和，榷场贸易就大为发展起来。《金史》载："榷场，与敌国互市之所也，皆设场官，严厉禁，广屋宇，以通二国之货。岁之所获亦大有助于经用焉。"①

7.1.1 宋辽榷场的发展过程

宋太祖赵匡胤称帝之后，制定了"先南后北"的统一策略，为了安定北方，以全力统一江南，开宝七年（974）宋太祖遣使至契丹②，以表达和平的善意③。太祖时期，虽然陆路边境有互市的场所，但没有严加管理，直到宋太宗时期才由官府指定固定的地点对互市贸易进行规范的管理。"契丹在太祖时虽听缘边市易，而未有官署。太平兴国二年始令镇、易、雄、霸、沧州各置榷务，辇香药、犀象及茶与交易。"④ 另，太平兴国二年（977）朝廷置威胜军（今山西沁县），允许辽人和宋边境居民互市⑤。由此看来，在宋太祖时期，宋辽之间就已经设置榷场进行贸易。宋太宗太平兴国年间，宋辽之间的榷场至少有镇州（今蒙古国鄂尔浑河上流哈达桑东北古回鹘城）、易州（今河北易县）、雄州（今河北雄县）、霸州（今河北霸县）、沧州（今河北沧州）和威胜军六处。辽景宗去世后，宋太宗想趁辽国幼主即位、太后临朝的虚弱之际，举兵讨伐，意图收复幽云地区，宋辽之间爆发了多场战争。国家间政治环境恶化，就大大影响了边贸的开展，所以范阳之战后宋

① 王雷鸣. 历代食货志注释［M］. 第三册. 北京：农业出版社，1989：171.

② 辽国的国号几番更迭。907年，辽太祖耶律阿保机成为契丹可汗，916年建国号为"契丹"，定都上京临潢府（今内蒙古赤峰市巴林左旗）。947年，辽太宗耶律德光率军攻占汴京（今河南开封），在汴京登基称帝，改国号为"大辽"。983年辽国复更名为"大契丹"。1007年辽圣宗耶律隆绪迁都中京大定府（今内蒙古赤峰市宁城县）。1066年辽道宗耶律洪基恢复国号"大辽"。

③ 《辽史》中记载："开宝七年（974）契丹涿州刺史耶律琮以书遗雄州孙全兴，愿讲好于朝廷。开宝八年（975）契丹遣克实克舒苏来聘，自是乃通使矣。"由此可见，宋辽在赵匡胤立国初年有一段和平修好的局面，此时边境的榷场贸易也较为繁荣。

④ （元）脱脱等. 宋史·食货下八·互市舶法［M］. 卷186. 北京：中华书局，1977：4564.

⑤ 《宋史·太宗本纪》载：太平兴国二年（977）"己丑幸开宝寺，置威胜军，禁江南诸州铜，许契丹互市"。

辽之间罢互市，贸易形势紧张起来[①]。但宋辽之间实力相当，在当时的国情背景下双方只能陷入相持阶段，而无法吞并对方。“时累年兴师，千里馈粮，居民疲乏，太宗亦颇有厌兵之意”，于是端拱元年（988）宋太宗诏令：“朕受命上穹，居尊中土，惟思禁暴，岂欲穷兵？至于幽蓟之民，皆吾赤子，宜许边疆互相市易。自今缘边戍兵，不得辄恣侵略。”[②] 但榷场往往受政治的影响很大，随着宋辽之间关系又出现紧张，“未几复禁，违者抵死，北界商旅辄入内地贩易，所在捕斩之。”[③] 淳化二年（991）宋廷又恢复榷场，在雄州、霸州、静戎军、代州、雁门置榷场，令边民交易，交易的物资又增加了苏木，但不久又罢榷场。咸平五年（1002）宋廷应辽国之请恢复互市，于雄州再设榷场。但咸平六年（1003）又罢。景德初年，宋辽又重新通好，允许商贾在新城贸易，允许辽国商人携带物货到宋境交易。

澶渊之盟后，宋辽之间的榷场再度增加，在宋境主要是雄州、霸州、安肃军（今河北徐水）和广信军（今河北徐水西）的榷场，在辽境主要是新城（今河北新城东南）、振武军（今青海省湟源县西南）和朔州（今山西朔县）。北宋朝廷派官员专管互市贸易之事，当地的通判也协助管理，可见官府对互市的重视。景德三年（1006）“诏民以书籍赴沿边榷场博易者，非《九经》书疏悉禁之。凡官鬻物如旧，而增缯帛、漆器、秔糯，所入者有银钱、布、羊马、橐驼，岁获四十余万”[④]。宋仁宗和宋英宗时期，宋辽之间固守盟约，互市不绝。从治平四年（1067）开始，河北四榷场的货物掌握于三司之催辖司中[⑤]，由度支部的赏给案建立账簿对其进行审计和监督。宋神宗时期，国家诸项改革都是以富国为目的，而榷场贸易可以获取巨大的利润，所以朝廷对互市持鼓励的态度。熙宁八年（1075）市易司奏请朝廷将奉宸库中的象牙、犀角、珍珠等奢侈品运送到榷场进行贸易，一年后偿还本金，得到允许。所以北宋初期，宋辽之间的贸易活动是时兴时废、持续不断地进行，到北宋中后期，互市就较为稳定和繁荣，管理也比较规范。

---

① 范阳之战指宋太宗平北汉后进取幽燕之役。宋太祖开宝八年（975）宋和契丹之间相约和好，后来宋太宗讨伐北汉，辽国派兵增援北汉，所以宋太宗发兵北上攻辽，一度包围辽之南京（今北京）。高梁河之役后宋军大败。

② （元）脱脱等．宋史·食货下八·互市舶法［M］．卷186．北京：中华书局，1977：4565.

③ （元）脱脱等．宋史·食货下八·互市舶法［M］．卷186．北京：中华书局，1977：4567.

④ （元）脱脱等．宋史·食货下八·互市舶法［M］．卷186．北京：中华书局，1977：4568.

⑤ 催辖司负责管理和督察京城各司库务、京畿仓场库务账目等事项。

7.1.2　宋夏榷场的发展情况

唐代后期党项人迁居陕甘宁地区，以畜牧业为主。党项族地区与中原地区的经济联系很紧密，“西夏所居，氐羌旧壤，所产者不过羊马毡毯。其国中用之不尽，其势必推其余与他国贸易。其三面皆敌人，鬻之不售。惟中国者，羊马、毡毯之所输，而茶彩百货之所自来也。故其人如婴儿，而中国乳哺之”[①]。由此可以看出西夏人对中原经济的依赖，从而榷场贸易也会一定程度上影响宋夏两国的政治关系。党项族首领李德明采取“依辽和宋”的策略，同时修好于辽和宋，接受两国的封号。辽圣宗封李德明为西平王，宋真宗册封其为定难军节度使，景德四年（1007），宋廷在保安军（今陕西志丹县）设置榷场，允许两国商人互市贸易。在保安军的榷场中，宋境提供的多是缯帛、罗绮、香药、瓷器、漆器、姜桂等物资，西夏用来交易的多是驼、马、羊、牛、玉、毡毯、甘草、蜜腊、麝脐、毛褐、羱羚角、硇砂、柴胡、苁蓉、红花、翎毛等物资。并规定“非官市者听与民交易，入贡至京者纵其为市”[②]，宋夏双方贸易往来十分频繁。后榷场又扩大到镇戎军（今宁夏固原）等地。宋仁宗时期，朝廷又在宋夏边界增设三处榷场，榷场之外的民间贸易也非常兴旺，商贩如织，两国这样友好的局面维持了近 30 年。

李德明去世后，李元昊继位，他积极称帝，持续向西用兵，先后攻占瓜州、沙州、肃州等地，使党项领土“东尽黄河，西界玉门，南接萧关，北控大漠，地方万余里，倚贺兰山以为固”[③]。宋仁宗宝元元年（1038）元昊称帝，建立了西夏王国。北宋政府拒绝承认西夏国的地位，也随即诏令陕西、河东地区关闭互市，废保安军榷场。后又禁止陕西并边主兵官与属羌交易，禁止西夏周边的互市和民间贸易，对西夏进行经济封锁。从康定元年（1040）开始，宋夏之间战争频发，宋朝多是失败，但是西夏国力也日益窘困。“黄鼠食稼，天旱，赐遗、互市久不通，饮无茶，衣帛贵，国内疲困，思纳款。”[④] 西夏国内物价飞涨，“一绢之直为钱二千五百”[⑤]。并且辽夏、吐蕃和夏之间的关系也日趋紧张，所以元昊不得不向宋求和。“久之，元昊请

---

① （宋）李焘．续资治通鉴长编［M］．卷 365．北京：中华书局，1992：8759.

② （元）脱脱等．宋史・食货下八・互市舶法［M］．卷 186．北京：中华书局，1977：4565.

③ （民国）戴锡章．西夏纪［M］．卷 6．民国京华印书局本。

④ （宋）李焘．续资治通鉴长编［M］．卷 138．北京：中华书局，1992：3329.

⑤ （宋）李焘．续资治通鉴长编［M］．卷 138．北京：中华书局，1992：3331.

臣，数遣使求复互市。庆历六年复为置场于保安、镇戎二军。继言驱马羊至，无放牧之地，为徙保安军榷场于顺宁砦。”[①] 庆历二年（1042）到治平元年（1064）之间，西夏曾几次攻打庆州大顺城，因此朝廷下诏罢岁赐，严禁边民互市贸易。治平四年（1067）西夏迫于国内外各种压力，又向宋廷上章谢罪，请求恢复互市，得到宋廷的准许。熙宁二年（1069）宋廷诏令泾原路的熟户[②]，以及河东、陕西边民不能与西夏贸易。不管官方态度如何，民间的私贩始终不能禁止，宋廷一再诏令打击民间走私，但是效果不佳。后河东转运司奏请罢黜吴堡的榷场，于宁星设置榷场进行贸易。此外，麟州也应西夏人之请，被准许用铜、锡来交易马匹，但诸如一些麻丝绵和纺织品等生活急需之物仍属禁止行列，宋廷这样做仍是为了遏制西夏的经济命脉。总之，和宋辽榷场一样，宋夏之间的榷场也受两国政治关系的影响很大。宋夏榷场的关闭与否，主要取决于宋夏之间战和的形势。

7.1.3　宋金榷场的发展情况

金太祖完颜阿骨打（完颜旻）统一女真诸部后，于1115年在上京会宁府（今黑龙江省哈尔滨市阿城区）立国，国号为金。金1125年灭辽，1127年发动靖康之变灭北宋。南宋偏安江南一隅，和金国接壤，也有一些优势的贸易物资，所以和金国的榷场贸易也较为频繁。宋金榷场贸易有三个繁荣期：一是从“绍兴和议”签订到海陵王南侵期间；二是从“隆兴和议”签订到开禧北伐期间；三是从“嘉定和议”订立到金朝灭亡期间。这三个繁荣期之间的时间就是宋金两国的战争紧张期，互市因战事而中断。

北宋建国之初，女真人就经常和北宋进行马匹交易，“国初时，女真常奉贡，而太宗皇帝屡市马女真，其后始绝。”[③] 后来女真人逐渐依附于地理位置更为接近、军事实力更为强大的辽国，从而断绝了与北宋的联系，所以北宋时期，宋对女真人的关注不多。后来阿骨打起兵反辽，并取得了诸多军事胜利，女真人才引起北宋的关注。当时北宋是徽宗时期，一方面徽宗梦想收复燕云之地，另一方面辽国叛臣赵良嗣献“联金复燕之策”，加之朝内蔡京、童贯等权臣的支持，更坚定了徽宗的信心。为了这样的政治目的，北宋朝廷决议通过榷场贸易强化同女真人的沟通与联系，便诏令登州守臣王师

① （宋）李焘．续资治通鉴长编［M］．卷138．北京：中华书局，1992：3332．

② 熟户，即熟蕃，指聚居在西北边界而归附宋朝结寨相保的羌族人民。

③ （宋）徐梦莘．三朝北盟会编［Z］．卷1．书同文古籍库．

中："募人持诏，以市马为名，伺其实。"① 宣和二年（1120）"遣赵良嗣使金，先是呼庆自金还，具道金主言，并持其书来请，别遣使通好时，童贯密受旨图燕，因建议遣右文殿修撰赵良嗣往，仍以市马为名，其实约攻辽以取燕云之地"②。同样也是在宣和二年（1120），北宋和金国双方商议建立榷场，"两国方以义理通好，将来本朝取了燕京却要系官钱物，此无义理，可便除去五也。事定之后，当于榆关之东置榷场六也。"③ 由此可见榷场贸易还蕴含了政治、军事的意义。但随着北宋政权的覆灭，金与北宋的互市随之中断。

南宋初期，宋金的战争持续到绍兴十一年（1141）（即皇统元年）。此间，宋金榷场贸易受战争及外交关系影响一直处于中断状态。绍兴十一年（1141）金国与南宋签订了"绍兴和议"，并在两国边境之地开展榷场贸易。此时两国实力相当，两国统治阶级满足于和平共存，两国人民也厌恶战争，所以"绍兴和议"开启了宋金两国较长一段时间和平相处的道路。在双方持续长时间的稳定关系下，榷场贸易逐步繁荣。《宋会要辑稿》载，此时盱眙榷场颇为繁盛，盱眙位于淮安西南部，是南宋和金国边境交界处，在此贸易较为便利，朝廷置榷场就是要保证官府独占其利，"盱眙榷场将南客贩到草末茶止许与本场官折博，不得令南、北客相见博易茶货。"④ 南宋和金国的商人不能相见，只能把各自的货物都卖于榷场中的官员，由其垄断利润。绍兴十四年（1144）宋廷重申这一规定："诏：北使所过州军如要收买物色，令接引送伴所应副，即不得纵令百姓与北使私相交易，可立法禁止。"⑤ 如果金国使者想到宋境中购买物货，要与官方交涉，严禁大宋百姓和金人私相交易。与此同时，金国也是这样的做法。《金史·食货五》记载："熙宗皇统二年五月，许宋人之请，遂各置于两界。九月，命寿州、邓州、凤翔府等处皆置。"⑥ 金国的榷场有泗州场、寿州场、颖州场、蔡州场、唐州场、邓州场、息州场、凤翔府场、秦州西子城场、巩州场、洮州场和密州胶西场，金国与南宋之间的榷场贸易进入稳定发展期。一直到海陵王于正隆初年

① （宋）李心传．建炎以来系年要录［M］．卷1．上海：上海古籍出版社，1992：4.
② （明）陈邦瞻．宋史纪事本末［Z］．卷12．书同文古籍库．
③ （宋）徐梦莘．三朝北盟会编［Z］．卷2．书同文古籍库．
④ （清）徐松．宋会要辑稿·食货三八［M］．上海：上海古籍出版社，2014：6846.
⑤ （清）徐松．宋会要辑稿·食货三八［M］．上海：上海古籍出版社，2014：6846.
⑥ 王雷鸣．历代食货志注释［M］．第三册．北京：农业出版社，1989：175.

攻打南宋，宋金榷场贸易便因双方的战争而罢置。

《金史·食货五》载："海陵正隆四年正月，罢凤翔府、唐、邓、颍、蔡、巩、洮等州并胶西县所置者，而专置于泗州。寻伐宋，亦罢之。"[①]《续宋编年资治通鉴》亦记载：绍兴二十九年（1160）二月，"诏沿边榷场惟存泗州、盱眙两处，余悉罢之"[②]。《宋会要辑稿》载："盱眙军言，据北界移文、唐、蔡、邓、秦、巩、洮州、凤翔府等处榷场，只存留泗州榷一处，每五日一次开场。诏盱眙军榷场存留，馀并罢。"[③] 可见此时宋、金两国留存的榷场仅为盱眙和泗州两处。当海陵王完颜亮攻打南宋时，东京辽阳府留守完颜雍发动政变，被拥立为帝，即为金世宗。金世宗即位后，平息北部契丹起义，击退了南宋隆兴北伐[④]，并签署《隆兴和议》，开启了双方四十余年的和平局面。"隆兴和议"之后，金国便恢复了榷场贸易，"（皇统）四年，以尚书省奏，复置泗、寿、蔡、唐、邓、颍、密、凤翔、秦、巩、洮诸场。（皇统）七年禁秦州场，不得卖米面及羊豕之腊并可作军器之物入外界"[⑤]。《宋会要辑稿》中也有类似记载，乾道元年（1165）二月"诏寿春府花靥镇建置榷场。于是知寿春府吴超条具所行事件，并乞依盱眙军榷场体例施行。从之"，乾道元年（1165）九月，"诏光州光山县界中渡市建置榷场"[⑥]。此间，宋金两国为了争夺榷场贸易的利润，就榷场设置地点进行调整和争夺，如乾道二年（1166）四月"京西路转运司申：近闻北界于唐州城南别置榷场一所，曾有板榜至枣阳军界首招诱客旅，多有不经襄阳税务并邓城榷场，径自枣阳军界往唐州博易买卖，乞支拨本钱，就枣阳军添置榷场一所。"[⑦] 金国于唐州城南设置榷场，并招揽客旅，致使南宋官府损失税收，所以京西路转运司奏请在枣阳军增设榷场。这又一次反映了榷场贸易收益颇丰，对宋金两国来讲都是不可小觑的一笔财政收入。

南宋于开禧二年（1206）发动"开禧北伐"，从此宋金之间又陷入战争状态，而榷场贸易再一次受到冲击。后南宋"开禧北伐"失败，金宋双方

---

① 王雷鸣．历代食货志注释［M］．第三册．北京：农业出版社，1989：174.

② （宋）刘时举．续宋编年资治通鉴［Z］．卷6．书同文古籍库．

③ （清）徐松．宋会要辑稿·食货三八［M］．上海：上海古籍出版社，2014：6846.

④ 隆兴北伐，是在隆兴元年（1163年）宋孝宗为恢复北方失地和提高南宋在宋金关系中的地位而进行的军事行动，隆兴北伐的结束在隆兴二年（1164）十一月，以"隆兴和议"的签订为结束标志。

⑤ 王雷鸣．历代食货志注释［M］．第三册．北京：农业出版社，1989：174.

⑥ （清）徐松．宋会要辑稿·食货三八［M］．上海：上海古籍出版社，2014：6848.

⑦ （清）徐松．宋会要辑稿·食货三八［M］．上海：上海古籍出版社，2014：6849.

签订“嘉定和议”，边境的榷场贸易重新恢复。《金史》记载：“泰和八年八月，以与宋和，宋人请如旧置之，遂复置于唐、邓、寿、泗、息州及秦、凤之地。”[①] 由于此后宋金之间时常用兵，两国关系较为紧张，所以两国间的榷场贸易已然没有了之前的繁荣，时断时续，颇为黯淡。此次议和后，金国很多榷场并没有恢复，如蔡州场、密州胶西场、巩州场、洮州场仍处于关闭状态，“（大定）十七年二月，上谓宰臣曰：宋人喜生事背盟，或与大石交通，恐枉害生灵，不可不备。其陕西沿边榷场可止留一处，余悉罢之。令所司严察奸细，前此以防奸细，罢西界、兰州、保安、绥德三榷场”[②]。“嘉定和议”签订之后金章宗去世，卫绍王即位后金蒙关系急剧恶化，一方面成吉思汗领导的蒙古日益强大，另一方面金国内部矛盾重重，金国已经没有往日强悍的气势，南宋也不再像以前那样唯金国马首是瞻。“宣宗贞祐元年，秦州榷场为宋人所焚。二年，陕西安抚副使乌库哩扬珠复开设之。”此时金国的财政日趋紧张，榷场贸易是其获取财富的一个重要途径，而南宋一方竟然焚毁了榷场，可以看出此时南宋和金国的实力对比发生了微妙的变化。且一年后金国又重开榷场，可见榷场贸易对金国的重要性，也可见金国在榷场贸易中失去了主动性。金宣宗于兴定元年（1217）进攻南宋，此间两国榷场贸易更是雪上加霜。兴定元年（1217）集贤院咨议官吕鉴曾奏言：“南边屯兵数十万，自唐、邓至寿、泗，沿边居民逃亡殆尽，兵士亦多亡者，亦以人烟绝少故也。臣尝比监息州榷场，每场所获布帛数千匹、银数百两，大计布帛数万匹，银数千两，兵兴以来俱失之矣。夫军民有逃亡之病，而国家失日获之利，非计也。”[③] 由此可见宋金榷场已经陷入停滞状态，并且造成金国巨额的经济损失。直到金哀宗自缢而亡，金国退出历史舞台，宋金榷场贸易也就彻底宣告结束。

7.2 榷场贸易和海外贸易的对比分析

榷场贸易和海外贸易一样，都可以为国家带来较为丰厚的财政收入，两者的经济意义是一致的。榷场中交易的物资是各国具有比较优势的商品，以

① 王雷鸣．历代食货志注释［M］．第二册．北京：农业出版社，1989：175.

② 王雷鸣．历代食货志注释［M］．第三册．北京：农业出版社，1989：173.

③ （元）脱脱等．金史［M］．卷106．北京：中华书局，2020：2483.

及各国百姓普遍需求的产品。辽、西夏、金等国百姓对香药、犀象等物品有极大的需求，而这些物品多产自东亚、东南亚国家，往往通过海外贸易的通道进入宋境，于是这些物资会从沿海地区贩运到榷场进行交易，榷场贸易的商品也会运输到沿海地区进行售卖，这样一来榷场贸易和海外贸易就形成了商品运输和交易的循环圈。朝廷对榷场贸易的管理和海外贸易较为相似，有较为规范的管理机构，也征收相应的税收。但是榷场贸易更多的受国家间政治和军事环境的影响，互市政策也多体现政治军事意味，而海外贸易的目的会更纯粹，就是追求经济利润。

7.2.1 榷场贸易和海外贸易都对各国的财政意义非凡

榷场贸易和海外贸易都是宋廷财政收入的来源，榷场贸易对于辽国、金国、西夏等政权的财政意义也不容小觑。

如前文所述，海外贸易给宋廷带来了较为丰厚的财政收入。如太平兴国二年（977）岁入为三十万。淳化二年（991），市舶抽解收入为“岁约获五十余万斤条株颗”[①]。咸平时期香药榷易院“岁课增八十余万”。天禧五年（1021）天下总获“香药、真珠、犀象七十余万斤条片颗”[②]。“皇祐中，总岁入象犀、珠玉、香药之类，其数五十三万有余。至治平中，又增十万。”[③]熙宁九年（1076）“杭、明、广三司市舶收钱、粮、银、香药等五十四万一百七十三缗、匹、斤、两、段、条、个、颗、脐、只、粒”。绍兴七年（1137）朝廷诏令中言市舶之利“所得动以百万计”，“市舶之利最厚”[④]。绍兴十年（1140）言市舶收入“动得百十万缗”[⑤]。南宋时期，有一些地方政府的财政收入大部分是靠海外贸易，如庆元府“照得本府僻处海滨，全靠海舶住泊，有司资回税之利，居民有贸易之饶”[⑥]，该地主要靠海外贸易和市舶征税维持地方政府运转和百姓生活。

---

① （元）脱脱等．宋史・食货下八・互市舶法［M］．卷186．北京：中华书局，1977：4563．

② （宋）李焘．续资治通鉴长编・起真宗天禧五年正月尽是年十二月［M］．卷97．北京：中华书局，2004：2252．

③ （元）脱脱等．宋史・食货下八・互市舶法［M］．卷186．北京：中华书局，1977：4559．

④ （清）徐松．宋会要辑稿・职官四四・市舶司［M］．上海：上海古籍出版社，2014：4214．

⑤ （宋）李心传．建炎以来系年要录・绍兴十年四月—五月［M］．卷135．上海：上海古籍出版社，1992：808．

⑥ （宋）罗濬等．宝庆四明志・市舶［M］．卷6．宋元方志丛刊第5册．北京：中华书局，1990：5061．

宋廷在榷场贸易中也颇有获利，北宋景德三年（1006）宋辽边境榷场“所入者有银钱、布、羊马、橐驼，岁获四十余万”[①]。此处主要指河北榷场贸易收入的数额。景德元年（1004）宋辽签订的“澶渊之盟”规定，宋每年给辽银十万两、绢二十万匹。再者南宋高宗时期，曾开在讨论宋金关系时提到：“且岁币乃邦赋之余，则可以供之。昔章圣不欲竭我力而付之敌，富弼乃议榷场之货，年有五十万，所收乃其地所入，章圣故出圣断。”[②] 而宋金之间于绍兴十一年（1141）签订的“绍兴和议”中规定，宋每年向金纳贡银、绢各25万两、匹。从这两则史料中可见，两宋时期通过与辽和金的榷场贸易可以获得大约每年四五十万的收益，并且这笔收入和岁币的数额相当，也就是说宋廷对辽国和金国每年的榷场收入大致可抵消对他们输纳岁币的损失。岁币对宋廷来讲虽然带有屈辱性质，但是岁币可以换来两国人民多年的和平，推动两国经济社会的稳定发展，并且从对榷场贸易和岁币的数额比较来看，两者基本能够达到财政平衡，所以岁币和榷场贸易仍有一定的积极意义。

榷场贸易对于辽国、金国、西夏等政权来说，其财政意义更为重大。如《金史》中记载：“泗州场，大定间岁获五万三千四百六十七贯，承安元年增为十万七千八百九十三贯六百五十三文。”[③] “秦州西子城场，大定间岁三万三千六百五十六贯，承安元年岁获十二万二千九十九贯。”[④] 正因为榷场贸易给金国带来较为丰厚的收益，财政意义较大，所以《金史》中说：“榷场，与敌国互市之所也，皆设场官，严厉禁，广屋宇，以通二国之货。岁之所获亦大有助于经用焉。”[⑤] 此外，榷场交易中会使用现钱，而宋代铜钱外流又会引发其他的财政金融问题，所以榷场贸易也是间接影响财政安全的重要环节。如乾道三年（1167）闰七月，“尚书度支郎中唐瑑言：襄阳府榷场，每客人一名入北界交易，其北界先收钱一贯三伯，方听入榷场，所将货物又有税钱，及宿食之用并须见钱。大约一人往彼交易，非将见钱三贯不可。岁月计之，走失见钱何可纪极。而北界商人未有一人过襄阳榷场者，闻于光州、枣阳私相交易，每将货来，多欲见钱，仍短其陌，意在招诱，嗜利

---

① （元）脱脱等．宋史·食货下八·互市舶法［M］．卷186．北京：中华书局，1977：4562.

② （宋）徐梦莘．三朝北盟会编［M］．卷185．上海：上海古籍出版社，2019：874.

③ 王雷鸣．历代食货志注释［M］．第三册．北京：农业出版社，1989：175.

④ 王雷鸣．历代食货志注释［M］．第三册．北京：农业出版社，1989：176.

⑤ 王雷鸣．历代食货志注释［M］．第三册．北京：农业出版社，1989：171.

犇凑者众。今钱荒之甚，岂容阑出如此！乞委京西帅、漕司同共措置。从之。"[①] 由此可见，南宋商人要到金国境内交易，除了要用现钱交准入费，榷场收税和住宿吃饭都要用现钱。再加上金国商人常在光州、枣阳和南宋商人私相交易，基本也都是用现钱。这些都加重了南宋的钱荒问题。南宋钱荒的现象是个复杂的经济问题，但无论如何，钱荒会进一步加重经济危机，危害百姓生活，是需要及时治理的顽疾，对榷场贸易妥善管理有利于疏通这个顽疾。

7.2.2 海外贸易进口的部分商品会转运到榷场交易

两宋时期，海外贸易中进口的物资以东亚、东南亚和南亚各国所产珠宝、药品、纺织品、香料、金属矿产、木材、食品、杂物为主。具体有白番布、花番布、胡椒、槟榔等百姓生活中的常用品，有沉香、丁香、檀香等主要在统治阶层和官宦贵族中消费的香料，有金子、银子、水银、硫黄等珍贵的矿产品，还有诸如龙涎香、象牙、珊瑚、珍珠等奢侈品。宋境出口的物资以丝绸、瓷器、茶叶为主。

宋与辽、西夏、金等政权榷场贸易中进口的物资以西亚和东北地区所产马匹、羊驼、钱、布等为主。出口的物资除了两宋所辖地区一贯擅长的纺织品、瓷器和茶叶之外，还会有官府和商人通过地理优势而在海外贸易中获取的蕃货。北宋时期，"熙宁八年市易司请假奉宸库象犀珠直总二十万缗，于榷场贸易，明年终偿之，诏许"[②]。奉宸库"掌供内庭，凡金玉珠宝良货贿藏焉"，奉宸库中有很多市舶司征收的珍奇宝货，此则史料说奉宸库中的宝货运送到榷场贸易，售卖的钱财可以在一年后偿还奉宸库本金，这说明市易司将海外贸易的蕃货转手贩卖到榷场销售而赚取利润。

再如《宋史·食货志》记载，景德四年（1007）北宋政府在保安军置榷场，以缯帛、罗绮、香药、瓷器、漆器、姜桂等物资和西夏进行交易[③]。《宋会要辑稿》记载，"于是知光州郭均申请：乞从朝廷支降本钱，或用虔布、木绵、象牙、玳瑁等物折计降下。内合置官吏及应幹合行事件，乞下户

---

① （清）徐松．宋会要辑稿·食货三八［M］．上海：上海古籍出版社，2014：6849.

② （元）脱脱等．宋史·食货下八·互市舶法［M］．卷186．北京：中华书局，1977：4563.

③ 《宋史·食货志》载："景德四年于保安军置榷场，以缯帛、罗绮易驰马、牛羊、玉、毡毯、甘草，以香药、瓷漆器、姜桂等物易蜜蜡、麝脐、毛褐、羱羚角、硇砂、柴胡、苁蓉、红花、翎毛。非官市者听与民交易，入贡至京者纵其为市。"

部捡照盱眙军榷场申请到指挥全文行下，以凭遵守。从之”[①]。《金史·食货志》记载：“所须杂物，泗州场岁供进新茶千胯、荔支五百斤、圆眼五百斤、金橘六千斤、橄榄五百斤、芭蕉乾三百个、苏木千斤、温柑七千个、橘子八千个、沙糖三百斤、生姜六百斤、栀子九十称、犀象丹砂之类不与焉。”[②] 从两宋时期榷场交易的物资来看，有香药、苏木和犀象之类。

首先是香药。香药包括香料和药物，两宋时期香药收入占市舶司抽解收入的大宗，《宋史·食货志》载：“皇祐中（市舶）总岁入象犀、珠玉、香药之类，其数五十三万有余”，熙宁九年（1076）“杭、明、广三司市舶收钱粮、银、香药等五十四万一百七十三缗匹、斤、两、段、条、个、颗、脐、只、粒、支”[③]。还有《宋史·列传·张逊》载：“阇婆、三佛齐、渤泥、占城诸国亦岁至朝贡，由是犀象、香药、珍异充溢府库。”[④] 由上可知香药是东南亚诸国的特产，宋廷通过海外贸易或者纳贡的方式获得大量的香药。香药是宋朝统治者、官僚贵族乃至普通百姓须臾不可少的生活物资，而辽、西夏等国好香药的风气也逐渐浓厚，榷场贸易中香药是重要的交易物资，这些香药来自宋廷对海外贸易的征收。

其次是苏木和犀象。除了香药之外，榷场贸易中还常见苏木和犀象的身影。苏木具有活血化瘀、消肿止痛的功效，主要产于东南亚地区，在我国广东、广西、云南、海南、福建、四川、贵州等地也有分布。犀象是指犀角和象牙，二者都可以做精美的装饰品，属于奢侈品行列，而犀牛和大象都是生活在南亚、东南亚的热带、亚热带地区的动物。位于中国北部的金国区域肯定没有生产苏木和犀象的环境，所以苏木和犀象是榷场交易中的主要物资。从两宋时期海外贸易交易的情况看，《宋史·外国五》中载：宋太祖开宝四年（971）起先后在广州、杭州、明州设置市舶司，“凡大食、古逻、阇婆、占城、勃泥、麻逸、三佛齐，诸蕃并通货易以金银、缗钱、铅锡、杂色帛、瓷器，市香药、犀象、珊瑚、琥珀、珠琲、镔铁、鼊皮、玳瑁、玛瑙、车渠、水精、蕃布、乌樠、苏木等物”[⑤]。《宋史》中亦记载阇婆国盛产“金银、犀牙、笺沉檀香、茴香、胡椒、槟榔、硫黄、红花、苏木”。丹眉流国

---

① （清）徐松．宋会要辑稿·食货三八［M］．上海：上海古籍出版社，2014：6849.

② 王雷鸣．历代食货志注释［M］．第三册．北京：农业出版社，1989：175.

③ （元）脱脱等．宋史·食货下八·互市舶法［M］．卷186．北京：中华书局，1977：4564.

④ （元）脱脱等．宋史·列传第二十七［M］．卷268．北京：中华书局，1977：9224.

⑤ （元）脱脱等．宋史·列传第二百四十八［M］．卷489．北京：中华书局，1977：14095.

盛产“犀象、输石、紫草、苏木诸药”。渤泥国盛产“龙脑、玳瑁、苏木、槟榔、丁香、乌樠木”[①]。所以从当时海外贸易商品的品目看，犀象和苏木都是常见的蕃货，可以推测这些蕃货通过官府及民间商人的贩运，成为榷场贸易的交易物资。

综上所述，一方面两宋官府从海外贸易中抽解的蕃货会运送到榷场进行售卖，这些蕃货作为本钱，可以为官府赢得超额的利润。另一方面民间的商人也会贩运蕃货到榷场交易，官府会对其进行征税，以此也可以赢得收益。虽然榷场贸易和海外贸易进行交易的地域不同，但通过商品的贩运和交易，二者形成了经济循环圈，共同为宋廷谋取了财政收入。

7.2.3 榷场贸易和海外贸易都满足了民间的贸易需求

如前文所述，海外贸易中交易的大宗商品，如香药、木材、珠玉、犀象等，不但满足了统治阶层享乐的需求，也满足了民间各种层次的需求。而榷场贸易也有这样的特点，和平时期的榷场贸易可以满足两国百姓的日常生活需要，实现两国经济合作和互补互利。在榷场交易的物资中最典型的是茶叶，《金史》中记载：“茶，自宋人岁供之外，皆贸易于宋界之榷场。”[②] 金国贞元元年（1153）尚书省上奏：“茶，饮食之余，非必用之物，比岁上下竞啜，农民尤甚，市井茶肆相属。商旅多以丝绢易茶，岁费不下百万，是以有用之物而易无用之物也。若不禁，恐耗财弥甚。”[③] 由此来看，金人喝茶之风尤甚，茶叶是从皇帝大臣到普通百姓必需的生活用品。然而北方寒冷干燥的气候不适宜种茶，所以茶叶是榷场贸易中的重要商品，这反映了民间贸易的需求。当然，金人为了在榷场换购茶叶，也耗费了大量资财，甚至造成金国难以承受的负担，所以后来金国官府为了应对榷场贸易中逆差的地位，禁止榷场中以盐及杂物向宋易茶，更不能以金帛易之。又有限制茶叶消费的政令，官府规定官员达到一定品级才可以食茶（开始限七品以上官可以食茶，后限五品以上官才能食茶）。再如榷场上交易的犀象、珠玉等奢侈品，也是受两国百姓欢迎的商品，即使是国家对于奇珍异宝交易有明确的禁令，当地官员也会网开一面。雍熙年间，“初禁榷场通异物，而逻者得所易珉玉

---

① （元）脱脱等．宋史·列传第二百四十八［M］．卷489．北京：中华书局，1977：14099.

② 王雷鸣．历代食货志注释［M］．第三册．北京：农业出版社，1989：173.

③ 王雷鸣．历代食货志注释［M］．第三册．北京：农业出版社，1989：166.

带，(李)允则曰‘此以我无用易彼有用也’，纵不治。”①

榷场也是各族商人贸易的枢纽和中转站，辽国和西夏的商人将其从更远处贩运的商品运输至榷场售卖，从中获利。如西夏地处北宋与中亚地区往来的要道，西夏商人就将从回鹘或中亚商人那里收购的商品运送到榷场转卖，从中获取厚利。榷场贸易不仅满足了双方边民的日常生活需要，还是各地各族商人交易物资和获利的重要途径，促进了民族间商贸的往来。现代考古人员在辽宁等地发现的辽金遗址中，有大量窖藏宋钱及陶器残片等，这说明宋辽、宋金之间人民的交往非常密切。

海外贸易和榷场贸易中都有民间走私的现象，从一个侧面反映了各国人民对贸易交流的意愿。如前文所述，在海外贸易中存在民间走私的情况，官府对此施以严厉的管控和惩罚。榷场贸易中也有这个问题。由于官府所辖榷场的贸易种类和贸易吞吐量不能满足双方百姓的贸易需求，税负又偏高，所以榷场外的走私行为非常频繁。各国官府都对走私犯罪进行惩治。如大中祥符八年（1015）十月朝廷诏令：“今后如有私过北界偷盗及和同收买鞍马、孳畜、物色等，如是已过关寨，捉获即于法决，讫刺面配淮南界。”② 天圣七年（1030）“诏河北州军，自今厢禁军兵士与北客偷递违禁物色并见钱及与勾当买卖捉获者，内禁军从违制定，厢军从违制失断遣，并刺面配广南牢城收管”③。熙宁九年（1076）北宋官府向河北四榷场发布诏令，颁布《与化外人私贸易罪赏法》，“河北四榷场自治平四年其货物专掌于三司之催辖司，而度支赏给案判官置簿督计之，至是以私贩者众，故有是命”④。元丰元年（1078）朝廷又复申《卖书北界告捕之法》。元丰六年（1083），朝廷还严肃惩罚了多名官员对走私监管不力的行为。“内西头供奉官冯世伦追两官，张应之、罗安、李庆长，及内东头供奉官谭文握，内侍高品卢世永，右班殿直、寄班袛候朱伯瑜各追一官，坐编栏国信使，不觉察车营兵与北人私交易也。”⑤ 这反映了北宋朝廷惩治走私的决心。但是走私的现象屡禁不止，走私行为甚至受到地方官员的庇护，大观四年（1110）“河北诸路帅司人吏与沿边廵检捕盗官司兵员管营等，上下计会，受贿作弊，容纵客旅公然贩运

① （元）脱脱等．宋史·列传第八十三［M］．卷489．北京：中华书局，1977：10480.

② （清）徐松．宋会要辑稿·兵二七［M］．上海：上海古籍出版社，2014：9192.

③ （清）徐松．宋会要辑稿·食货三六［M］．上海：上海古籍出版社，2014：6798.

④ （元）脱脱等．宋史·食货下八［M］．卷186．北京：中华书局，1977：4551.

⑤ （宋）李焘．续资治通鉴长编［M］．卷340．北京：中华书局，1992：8189.

违禁物色。透漏盗贩过界，帅臣安抚通知其弊，莫肯按劾，弥缝胶固，牢不可破，虽设禁制，仅成虚文”①。

南宋时期，榷场之外的走私现象仍然严重。宋高宗绍兴十二年(1142)，左朝散大夫、直秘阁、知盱眙军、措置榷场沈该上奏，曰：“窃惟朝廷创置榷场，以通南北之货，严津渡之禁，不许私相贸易。然沿淮上下东自扬楚，西际光、寿，无虑千馀里，其间穷僻无人之处，则私得以渡，水落石出之时，则浅可以涉，不惟有害榷场课利，亦恐浸起弊端。欲望严赐戒饬沿淮一带州县，重立罪赏觉察禁止，庶几内足以专课息之源，外足以固邻国之好。”② 虽然朝廷设置榷场，管控贸易物资，严查津渡运输，但是仍有走私者寻无人之处，在江河水浅之际，贩运货物出境，谋求高额利润。这样不但影响了国家在榷场的利益，也会危害国家安全，于是朝廷诏令“陈兖、吴序实、胡纺严切禁止觉察”③。乾道九年（1173）三月，“知扬州王之奇言：准朝旨，令措置禁止北界博易银、绢。闻泗州榷场广将北绢低价易银，客人以厚利，多于江浙州军贩银，从建康府界东阳过渡，至真州取小路径至盱眙军，过河博易，致镇江府街市铺户、茶盐客人阙银请纳盐钞、茶引等。除已行下淮南沿江州军将应幹私渡取会依条禁止外，有江东、西、浙西、湖北州军沿江私渡，亦乞严赐禁止。若并行官渡，则私贩自绝。所有官渡乞更不令民间承买，仍选有心力使臣监渡，重立赏罚。诏逐路沿江州军将应幹官私渡见官监买扑去处，逐一开具，申尚书省。”“盱眙知军带专一措置沿淮公事，务禁绝楚州北神镇及濠州接界等处私渡之弊。”④

榷场贸易中的其他国家也有走私现象，官府也颁布了打击走私的禁令。如《金史》中记载官府打击茶叶走私行为：“世宗大定十六年以多私贩，乃更定香茶罪赏格。”⑤ 走私是由两国边贸丰厚的利润所致，也从一个侧面反映了两国百姓具有贸易交流的客观需求，正常的榷场途径在一定程度上满足了民间的贸易需求，但是远远不够，所以就有了走私的非法行为，并且走私的现象愈演愈烈，让官府难以管控。

① （清）徐松．宋会要辑稿·刑法二［M］．上海：上海古籍出版社，2014：8386.
② （清）徐松．宋会要辑稿·食货三八［M］．上海：上海古籍出版社，2014：6844.
③ （清）徐松．宋会要辑稿·食货三八［M］．上海：上海古籍出版社，2014：6845.
④ （清）徐松．宋会要辑稿·食货三八［M］．上海：上海古籍出版社，2014：6849.
⑤ 王雷鸣．历代食货志注释［M］．第三册．北京：农业出版社，1989：165.

7.2.4 榷场贸易和海外贸易的目的有所不同

榷场贸易和海外贸易都有寻求经济利益的目的。对于海外贸易，宋高宗曾说："市舶之利最厚，若措置合宜，所得动以万计，岂不胜取之于民。朕以留意于此，庶几可以少宽民力耳。"① 宋高宗肯定了海外贸易利润丰厚，认为其可以作为国家收入的重要补充。榷场贸易也可以使贸易双方获取巨大的利润，一方面宋廷在其中获益匪浅，先后通过与辽国和金国的榷场贸易，可以获得约和岁币数额相当的贸易收入，这是一笔不容小觑的财富；另一方面，辽国、金国和西夏等政权从互市中也大有收益，《金史》中所阐述的"岁之所获亦大有助于经用焉"就能够说明问题。

但是对于榷场贸易来讲，更多的会体现贸易双方的政治利益，榷场兴废的原因也多和两国政治军事关系有密切联系。天圣时期，知雄州张昭远上奏"请岁会入中金钱，仁宗曰先朝置互市以通有无，非以计利，不许"②。仁宗皇帝的答复表明，朝廷设置互市不以计利，不以经济利益为主要目的。宋神宗曾表达这样的忧患，"代北之地，素有定封，而辄造衅端，妄来理辨，比勅官吏，同加案行，虽图籍甚明，而诡辞不服，今横使复至，意在必得。朕以祖宗盟好之重，固将优容，敌情无厌，势恐未已，万一不测，何以待之"③。由于宋辽两国国土接壤，两国关系时好时坏，矛盾很深，所以宋的统治者对辽国事务的态度首先是考虑政治问题，对待榷场贸易也会这样，一切以国家的安定稳定为首要目标，再考虑经济利益的问题。如宋仁宗天圣五年（1027）中书门下谏言朝廷，"北戎和好以来，发遣人使不绝，及雄州榷场商旅互市往来，因兹将带皇朝以来臣寮著撰文集印本传布往彼，其中多有论说廷边鄙机宜事，望行止绝"。即雄州榷场中交易的书籍文稿中会涉及国家机密，建议朝廷加以管理。所以朝廷下诏"自今并不得辄行雕印，如有合雕文集，仰於逐处投纳一本附递闻奏。候到，差官看详，别无妨碍，降下许令刊板，方得雕印。如敢违犯，必行朝典，仍毁印板。及今沿边州军严切禁止，不得更令将带上件文字出界"④。与此同时，辽国一方也是这样的态度，景德二年（1005）雄州李允则谈宋辽贸易，说："契丹禁国中谷食，不令出

① （宋）李心传．建炎以来系年要录［M］．卷116．上海：上海古籍出版社，1992：2158．

② （元）脱脱等．宋史·食货下八［M］．卷186．北京：中华书局，1977：4552．

③ （宋）李焘．续资治通鉴长编［M］．卷262．北京：中华书局，1992：6368．

④ （清）徐松．宋会要辑稿·食货三八［M］．上海：上海古籍出版社，2014：6842．

境，而彼民有冒禁赍至榷场求售者，转运司以茶博易，所得至微，恐亦非便。”[①] 可见，辽国对于可能会成为宋朝战备物资的商品也管控得非常严格，辽国对榷场的态度不是以获取经济利益为主要目的。宋辽双方在榷场贸易中的管理方式和交易商品的种类，都和两国的政治、外交战略部署息息相关。

南宋时期对榷场交易货物仍然规定严格，乾道元年（1165）淮南东路盱眙军榷场报告，有一名叫薛太的商人在榷场贩卖二百二十五个沙鱼皮，沙鱼皮可以用来装饰刀剑的柄或者制成刀剑的鞘，“系堪造军器之物，理宜禁止。诏今后客人贩沙鱼皮过界，依贩犬马皮等断罪，仍申明行下”[②]。此处沙鱼皮被看作军用物资，所以属于违禁之列，再有贩运沙鱼皮的商人就要接受严肃的处罚了。同样，与南宋并存的金国也是这样的策略，金国在榷场中不断加强对军备必需品的限制，以确保国家政治军事安全，金世宗大定七年（1167）“禁秦州场不得卖米面，及羊豕之腊，并可作军器之物入外界”[③]。“有以甲叶贸易诸物，天德榷场及界外岁采铜矿，或因私挟兵铁与之市易，皆一切禁绝之”[④]。除了米、面、铜等军需品受到严格管控，马匹作为重要的战略物资，也是禁易品的行列，“诏禁卖马入外境，但至界欲卖而为所捕即论死”[⑤]。所以各国都很注重在榷场贸易中维护自身政治、经济和军事的安全。

榷场所处两国交界处的特殊地理位置，使得榷场中不仅有正常的贸易，还充斥着频繁的间谍活动。雄州是北宋最北的边疆重镇，处于军事前沿位置，所以雄州榷场成为谍战的先锋，“雄州开东南便门，多纳燕京左右奸细等人”[⑥]。咸平六年（1003）朝廷罢废雄州榷场，主要因为“时敌数入寇，或言谍者以互市为名，公行侦伺，故罢之”[⑦]。其实，宋辽两国对榷场中的谍报工作都很重视，希望通过榷场获取对方的机密信息。张方平曾言：“今来边机，雄州、广信军实为耳目，若非谍人往来探报，敌中动静何从闻知?”[⑧] 北宋朝廷也的确对榷场中的谍报人员十分重视，鼓励他们传递情报，

---

① （宋）李焘．续资治通鉴长编［M］．卷59．北京：中华书局，1992：1309.
② （清）徐松．宋会要辑稿·食货三八［M］．上海：上海古籍出版社，2014：6848.
③ 王雷鸣．历代食货志注释［M］．第三册．北京：农业出版社，1989：174.
④ （元）脱脱等．金史［M］．卷91．北京：中华书局，2020：2149.
⑤ （元）脱脱等．金史［M］．卷12．北京：中华书局，2020：307.
⑥ （宋）包拯．包孝肃奏议［Z］．卷9．书同文古籍库．
⑦ （宋）李焘．续资治通鉴长编［M］．卷54．北京：中华书局，1992：1193.
⑧ （宋）张方平．乐全先生文集［Z］．卷21．书同文古籍库．

作为对辽战争的有力支持。皇祐二年（1050），宋仁宗诏令“河北转运司，沿边四榷场，有能察捕得北界刺事者，当重赏之”[①]。同样，辽国也注重通过榷场来打探和传输军事情报，对抗宋朝。元丰元年（1078）韩绛曾言：“北人郝景过南界榷场暗画地图，已密遣人收捕。”[②] 可见，榷场成为宋辽两国情报人员活动的重要场所，榷场在这个意义上看来，也充满了浓厚的政治味道。同样，宋金榷场中也有这样活动频繁的间谍，金世宗大定十七年（1177）“上谓宰臣曰，宋人喜生事背盟，或与大石交通，恐枉害生灵，不可不备，其陕西沿边榷场可止留一处，余悉罢之，令所司严察奸细。前此以防奸细罢西界兰州、保安、绥德三榷场”[③]。

客观来讲，榷场的设置有利于中原地区和边境各少数民族之间的经济文化交流，维护各国间的和平友好关系。两宋时期，在宋和辽国、金国相互通好的时间里，中原地区的经济文化得到了更广泛、更深入的传播，促进了民族大融合。宋神宗曾说：“朝廷通好北朝几八十年。”此时辽国处于辽道宗时期，辽道宗“年颜见今六十，然举止轻健，饮啖不衰，在位既久，颇知利害”，“与朝廷（指宋）和好年深，蕃汉人户休养生息，人人安居，不乐战斗。”[④] 辽国原本统治的是大片的草原地带，经过各族人民的辛勤开发，以及中原地区先进经济文化的传入，出现了“城郭相望，田野益辟”的景象。尤其是燕云十六州地区，由过去的主要战场变成了经济发达的地区。榷场贸易在促进辽国这些经济社会的变化上起到积极的效果，而这些社会经济变化也促进了榷场贸易的繁荣。西夏李德明成为党项族首领后，采取与宋修好的策略，这期间宋夏榷场商贩如织，民间商业往来也很频繁。北宋把雕印的经书、史书、医书和佛经传送给西夏，影响了西夏文化。西夏用特产的马匹换取内地的茶叶，这种茶马贸易满足了双方的政治和经济的需求。通过榷场贸易，中原地区先进的农业和手工业生产技术传到北方，改善了北方农业生产条件，提高了生产效率。由于榷场贸易需要物资的传送和运输，所以榷场贸易不仅促进了市场的繁荣，而且也影响了交通运输业、手工业等各相关行业的发展。

综上所述，海外贸易更多的是追求经济利润，而榷场贸易则更像是两国

---

① （宋）李焘. 续资治通鉴长编［M］. 卷168. 北京：中华书局，1992：4037.

② （宋）李焘. 续资治通鉴长编［M］. 卷294. 北京：中华书局，1992：7164.

③ 王雷鸣. 历代食货志注释［M］. 第三册. 北京：农业出版社，1989：176.

④ （宋）苏辙. 乐城集［M］. 卷41. 上海：上海古籍出版社，2009：874.

政治关系的风向标，榷场的兴废和繁荣程度反映了两国关系的融洽与否，两国关系也直接影响着榷场的命运。在榷场商贸活动的同时，夹杂着国家间刺探情报、文化交流、技术传播等复杂的内容，所以榷场贸易更体现出浓厚的政治味道。

7.2.5 榷场贸易和海外贸易的管理方式各有异同

前文已述，两宋时期海外贸易征税的税制体系大致是：其一，对海外各国进入中国的商品征进口税，如宋太宗雍熙年间的措施是“大抵海舶至，十先征其一”[①]。其二，宋代市舶征税的基本标准是粗色和细色，对实物进行抽分。如《宝庆四明志》记载：“契勘舶务旧法，应商舶贩到物货，内细色五分抽一分，粗色物货七分半抽一分。”[②] 一般来说，细色是名贵香料、宝石等奢侈品，粗色是纺织品、木材、药材、食品等价格较为低廉的日用品，这样的分类较为粗放，不利于实现税收公平。其三，以数量和重量为征收依据。如宋太宗雍熙年间市舶征税的标准是“十先征其一”，“岁约获五十余万斤条株颗”[③]。从这里的计税依据“斤条株颗”可看出当时是从量征税。两宋时期海外贸易征税的税收管理方式大致是：其一，用颁发许可证的方式督缴税款。如宋神宗熙宁七年（1074）诏令：福建沿海港口如有商舶到达，市舶司要对其进行查验，如果拥有抽买之后的“回引”，即完税凭证，就可通行。国内商人若想交易政府抽解的舶货，也要向市舶司申请公凭引目。宋代市舶条例中也规定，“商人出海外蕃国贩易者，令诣市舶司请给官券，违者没入其宝货”[④]。其二，有第三方专业经纪人参与税收管理工作，并能够很好地疏通官府和舶商的关系。宋代文献中时常可见牙人的身影，如明州往来的商船在交易时“官吏之虐取，牙侩之控扼，卒使之干没焉”[⑤]，使舶商深受盘剥，利润微薄，此中可见“牙侩”在贸易港口的行为十分活跃。

榷场的管理和海外贸易管理相似，也有不同。和海外贸易一样，为了保护本国经济利益和加强贸易管理，各国在榷场中都会征税。《宋会要辑稿》

---

① （元）脱脱等．宋史·食货下八［M］．卷186，北京：中华书局，1977：4559.

② （宋）罗濬等．宝庆四明志［M］．卷6．宋元方志丛刊第5册．北京：中华书局，1990：5054.

③ （元）脱脱等．宋史·食货下八［M］．卷186．北京：中华书局，1977：4563.

④ （清）徐松．宋会要辑稿［M］．上海：上海古籍出版社，2014：4207.

⑤ （宋）梅应发，刘锡．开庆四明续志［M］．宋元方志丛刊第6册．北京：中华书局，1990：6010.

中记载绍兴末年榷场征税的情况："其客人贩到物货，令主管官斟量，依市直估价，通放过淮。每贯收息钱二百，牙钱二十，脚钱四文，牙钱以十分为率，九分官收，一分均给牙人。其脚钱尽数支散脚户。""客人自泗州易到回货，令尽数于场安顿，本军选差监官一员看验收税……"①

在征税过程中，重要的管理方法就是发放"关子""关引"等凭证，用税务凭证的方式来监督纳税人的行为。南宋商人从金国境内贸易回来的货物要查验收税，由榷场付给客人关引。商旅在南宋境内销售货物时，沿途税场会核对其关引，如无差异可免税一半。如无关引或所持关引与所带实物不符就要被治罪。《宋会要辑稿》记载，"客人贩物货到本军，赴税务投纳税钱讫，给标子会客人收执，赍所贩物货上场博易。其南客所贩物货，到本军先经税务投税。给关子收执，前去泗州榷场博易。每甲不得过十人，物货不得过三百贯。"② 商旅在盱眙榷场博买到北货，榷场会发放"关子"，持该关子再去其他地方售卖货物，则可以享受半税。"其经由税务既收税后，更不契勘有无本场关引，及关引内同与不同，即便放行。"③ 盱眙榷场的关引由提领司印刷，排立字号，关引上清晰记录支破数目、客人姓名、物货名件，由提领司照会点检。若"经由州县税务点检得有客旅将带北货无本场关引，及关引内数目不同，不即根究，容纵放行，致有透漏，其税务官吏并乞依透漏私茶盐法科罪，仍却许本场觉察，庶几有以关防"④。如果税务部门发现商旅在榷场交易中没有领取关引，或者关引有篡改不实的情况，则由税务官员按照偷漏茶盐税收的罪行进行惩罚。宋孝宗时期臣僚回顾绍兴末期榷场征税方式的时候，也是这样描述的，"旧制：客人自泗州易到回货，令尽数于场安顿，本军选差监官一员看验收税，关报榷场出给关引付客人，赍执沿路税场照验，与免一半税钱。如官司奉行违戾，许客旅陈诉，具申朝廷。"⑤

南宋时期，榷场贸易的管理机构十分健全。绍兴十二年（1142）朝廷规定，其一，"淮西、京西令逐路总领钱粮官司、本路漕司，陕西令川陕宣抚司、都转运司，同共相度，议定置场去处，合用折博物货，从本部量度申朝廷给降。"其二，"南客难与北客私相博易，南客物货并于逐路榷场令监

---

① （清）徐松．宋会要辑稿·食货三八［M］．上海：上海古籍出版社，2014：6846.
② （清）徐松．宋会要辑稿·食货三八［M］．上海：上海古籍出版社，2014：6848.
③ （清）徐松．宋会要辑稿·食货三八［M］．上海：上海古籍出版社，2014：6848.
④ （清）徐松．宋会要辑稿·食货三八［M］．上海：上海古籍出版社，2014：6846.
⑤ （清）徐松．宋会要辑稿·食货三八［M］．上海：上海古籍出版社，2014：6849.

官临时酌度价直，每贯搭息不得过二分，尽数兑卖入官。监官别行搭息，与北官博易施行。”其三，“每场置主管官二员，乞从朝廷选差，内陕西一场主管官。令宣抚司就近选差，仍令置场去处知、通兼提点，或知县、县丞兼行主管，监司每季检察。”① 由此可见，对于榷场的选址和宏观筹划，是由诸路总领所、漕司、宣抚司、转运司等机构裁决，榷场所需本钱由中央政府提供。榷场的具体管理官员是由朝廷任命，大致是由知州、通判、知县、县丞、监司这些官员担任。户部也会根据实际情况任命合适的官员管理榷场事务，如绍兴十二年（1142）“诏：盱眙军见措置榷场令户部辟差一次”②。以后南宋各朝基本都是遵照高宗时期榷场运作和管理的方式进行。如宋孝宗时期，臣僚言“旧制：总领兼提领官，知军兼措置官，通判兼提点官，榷场置主管官二员，押发官二员，主管官係朝廷差注，押发官从措置官辟差”③。“诏随州枣阳县榷场移置于襄阳府邓城镇，其合置榷场官属及给降物货于本钱等，照应旧例施行。于是权兵部尚书、湖北京西路制置使沈介言：今于邓城镇修置榷场，欲依旧令总领官司漕臣提领措置，依例支降本钱五万贯，于湖南总领所支拨，令用博易物色匹帛香药之类，从朝廷支降，付场博易。其余合行事件，并依盱眙军体例施行。从之。”④

榷场贸易中的主体是大小商人，南宋官府对不同的客商有不同的管理方式。在对本国客商的管理上，依照商人贩货规模的大小，将其分为大商和小客进行管理。如绍兴十二年（1142）盱眙榷场规定，“将小客每十人互相委保，抄上姓名，据逐人所有物货留一半在场，先给一半前去，止许过淮到泗州榷场博易。候博买到北货回来，赴本场寄留，却给放留一半，再押过博易了当。计往来南北货物钱数，各重搭息钱入官，所有大客并依旧拘留在场，准备北客到来博易。”⑤ 此时金国控制了本国商人在榷场贸易的规模，泗州榷场中北客数量减少，于是南宋商人担心没有生意可做也不愿到榷场贸易。这对于国家财政不利，所以南宋官府调整对商人的管理方式，允许实力较弱的小商人每十人相互担保，官府扣留其一半物资，然后允许其到金国的榷场交易。当这一半的物资交易完毕，榷场可以代为其管理物货，允许其携带另

① （清）徐松．宋会要辑稿·食货三八［M］．上海：上海古籍出版社，2014：6845.
② （清）徐松．宋会要辑稿·食货三八［M］．上海：上海古籍出版社，2014：6845.
③ （清）徐松．宋会要辑稿·食货三八［M］．上海：上海古籍出版社，2014：6849.
④ （清）徐松．宋会要辑稿·食货三八［M］．上海：上海古籍出版社，2014：6849.
⑤ （清）徐松．宋会要辑稿·食货三八［M］．上海：上海古籍出版社，2014：6845.

一半货物再去金国榷场交易，最后将两次交易的物货统一计算，算出最终缴税的数额。在宋金双方动辄刀兵相见的紧张形势下，南宋一方允许商人越过淮河主动到金国榷场进行贸易，已经是政策上极大的宽容。但是这只是针对实力较弱的小商人的宽容，“本部今措置，欲将实系一百贯以下物货之人为小客，如大商辄敢诡名分作小客过淮卖买，许保内及诸色告首，以随行物货给付充赏，犯人依越渡黄河法断罪。”① 对于大商人来讲，其更容易造成政治军事的威胁，所以南宋官府严禁大商人诡名分作小商人过淮河贸易，如有违反，许人告发，接受严厉的处罚。此外，南宋在对金国客商的管理上，“其北客渡淮，依已降指挥，令渡口官司抄上姓名，押赴本场博易物货，庶几北岸亦肯放过北客，日后博易增羡”②。淮河作为南宋的军事重地，金国商人过淮河更多的是军事的隐患，所以南宋官府要求金国商人登记姓名，并直接到榷场贸易，在保证边防安全的前提下尽量增加其贸易利润。南宋官府通过这样对本国和金国商人较为宽松的贸易政策来刺激榷场交易，也是为了保证国家的财政收入。

南宋时期，榷场管理中有明确的激励机制。绍兴十二年（1142）户部谏言，每年岁终应该以榷场本钱和息钱（即营利的情况）来裁定官员的赏罚。如果本钱是一万贯，收息钱一千贯，则为获利“一分”。由此而规定：“六分以上，减磨勘半年。七分以上，减磨勘一年。八分以上，减磨勘一年半。九分以上，减磨勘二年。一倍以上，减磨勘二年半。”③ 这是对榷场官员营利的奖赏，即缩短官员提拔的时间。此外，主管官员还有额外奖赏，“主管官（兼主管同）除依格赏外。如增及七分以上，支钱一百贯，每一分加五十贯，至二百贯止，并于息钱内支，仍共给”④。但与此相对，如果榷场官员亏损了本钱，则要受到惩罚。“（本钱剩下原来的）五分，展半年磨勘；四分，展一年磨勘。三分，展一年半磨勘。二分，展二年磨勘。一分，展二年半磨勘。”⑤ 这是根据损失本钱的程度而延长官员提拔的时间。此外，“如亏息，令总领钱粮官具因依申取朝廷指挥责罚施行”，官员还要接受其他的处罚。每年岁终，总领钱粮官及提领监司“令本司开具息钱增亏数目，

① （清）徐松．宋会要辑稿·食货三八［M］．上海：上海古籍出版社，2014：6845.
② （清）徐松．宋会要辑稿·食货三八［M］．上海：上海古籍出版社，2014：6845.
③ （清）徐松．宋会要辑稿·食货三八［M］．上海：上海古籍出版社，2014：6847.
④ （清）徐松．宋会要辑稿·食货三八［M］．上海：上海古籍出版社，2014：6847.
⑤ （清）徐松．宋会要辑稿·食货三八［M］．上海：上海古籍出版社，2014：6848.

从户部点对比较，取旨赏罚”，即年底统一决算，统一进行赏罚。

综上所述，榷场贸易和海外贸易一样，都用征税作为管理的手段，都有针对贸易特点而制定的适当的税收制度，并且都用凭证管理的方式来监督征纳双方的行为。不同的是，在管理机构上，海外贸易是由专门的市舶机构进行管理，榷场贸易往往自上而下都由总领所、漕司、宣抚司、转运司、知州、通判、知县、县丞等官员兼管，即便是户部有专门任命，也只是任命官员，而不是单独成立机构。在地点选择上，海外贸易的贸易口岸较多，广州、明州、杭州、密州、泉州、秀州、温州、江阴军、澉浦都曾设置过市舶司，而榷场贸易的地点较少，一些边境市镇虽说设置了榷场，但往往没多久就因为两国关系紧张而罢废。在激励机制上，由于海外贸易更显繁华，所以朝廷没有设计太多的对官员的激励手段。而榷场贸易的发展过程较为坎坷，繁荣程度不如海外贸易，尤其在南宋和金国的贸易中，更需要官府制定对官员和商人的激励措施，才能保证国家能够获取这个领域的利润。

第 8 章 明清市舶制度变迁与终结

明代市舶制度发生变迁，其突出表现就是征税体系的变化。从政治原因上看，明中期以后朝贡贸易颓败，海禁政策松动，职能自相矛盾的市舶司需要机构变革，国家的政治形势和基本国策发生了变化，相应的税制改革就会产生。从经济原因上看，明中后期商品货币经济飞速发展，私人经济行为要求通过缴纳税收而被承认，货币征税和从价计征成为可能。从社会原因上看，政府需要制定适宜的海外贸易管理制度和财政制度以实现沿海地区的社会稳定。种种因素叠加，不同利益集团的博弈，使得隆庆开海和饷税征收最终实现。在市舶征税制度向海关税过渡的过程中，不管是税制体系、税收征收形式，还是税收管理制度，都有沿承和发展之处。

8.1 明清市舶制度变迁的原因

8.1.1 政治原因

1. 朝贡贸易颓败与海禁松动

国家征税的依据是政治权力，税收是国家为了实现其职能而参与社会产品分配所体现出的关系，所以税收受一个国家政治秩序的巨大影响。明初实行朝贡贸易，朝贡贸易是统治者以“赏赉”的方式向朝贡国家购买商品，基本原则是“厚往薄来”，中国以数倍于朝贡国家进献商品的额度给予回赐，以维持天朝上国的政治形象，其政治意义大于经济意义，完全无视公平和对等交易的价值规律存在。所以明初的海外贸易没有税收的存在。洪武三年（1370）中书省请示，高丽使者入贡经常夹带私货进行售卖，朝廷应对其征税，朱元璋则认为远夷跋涉万里而来，只是暂时寻求利润，不用对其征税。洪武四年（1371）九月户部申请，高丽的蕃商常在太仓登陆，三佛齐的海舶常在泉州和海口进行交易，“请征其税”，但结果是“诏勿征”[①]。在对海外诸国不征税的同时，朝廷还给予他们丰厚的赏赐，如洪武九年（1376）“赐满剌加国王拜里迷苏剌金镶玉带一，仪仗一副，鞍马二匹，黄金百两，白金五百两，钞四十万贯，铜钱二百六十万，锦绮纱罗三百匹，绢千匹，浑金文绮二，织金通袖膝襕二，王妃冠服一副，白金二百两，钞五千贯，锦绮纱罗绢六十匹，织金文绮纱罗衣四袭，王子侄及陪臣白金钞钱彩币有差”[②]。中国皇帝不但对蕃国国王给予赏赐，对王妃、王子、诸陪臣都要赏赐，而享受这样赏赐的国家还有很多，朝贡贸易不但不创造财政收入，反而造成极大的财政支出，这种贸易形式最终导致国家极大的财政压力，不可能被长久地维持，所以朝贡贸易在明中后期开始颓败。与朝贡贸易相联系的是“海禁”，海禁目的是防止海外反抗势力相互勾结威胁皇朝统治，也为了严厉打击倭寇在沿海的势力。从朱元璋立国之时就确定海禁的基本国策，后期几任帝王都以此为祖训，严守海防。但是基于民间私人海外贸易蓬勃发展、海商倭寇与官府的矛盾极度激化、东南沿海地区生产力发展严重滞后等原因，隆庆年间明代官府调整了海外贸易政策，放弃朝贡贸易，允许私人经济主体进行海外通商，并在海澄月港进行海外贸易管理方式的改革，为中国海外贸易的发展打开了新的局面。为了加强对私人海外贸易商船的管理，也为了增加财政收入以造船养兵维护王朝统治，官府改“海防馆”为“督饷馆”，开征饷税。饷税在税制体系的设计上与市舶征税有很多不同，是市舶征税向近代海关税的过渡阶段，是市舶制度的重大变革。由此可见，国家政治形势和基本国策的变化会影响和推进税制改革。

① （明）王圻．续文献通考·市舶互市［M］．卷31．续修四库全书第762册．上海：上海古籍出版社，2002：332.

② （明）王世贞．弇山堂别集·四夷来朝之赏［M］．卷77．北京：中华书局，1985：1486.

2. 市舶司的衰落

明初为了管理朝贡贸易，朝廷在明州、广州、泉州设置市舶司[①]，“以待海外诸番之进贡者，盖用以怀柔远人，实无所利其入也”[②]。此时市舶司并不是为国家谋取财政收入的机构，而是实行国家与番邦睦邻友好的外交机构。洪武七年（1374）朝廷又罢闽、浙、广三地的市舶司，可见此时市舶机构并不是国家的常设官制，其设置和罢废具有随意性。永乐元年（1403）复置三地市舶司，“设官如洪武初制，寻命内臣提督之”[③]。永乐三年（1405）朝廷又在福建设来远驿、浙江设安远驿、广东设怀远驿，以适应不断扩大的贡舶贸易。永乐六年（1408）明成祖在云南和交趾分别设立市舶司，置提举、副提举各一员，以处理西南诸国贡舶贸易事宜。同年又设新平、顺化两市舶司，专管贡舶贸易。

明代市舶司是朝贡贸易的具体执行机构，其职责是“掌海外诸蕃朝贡、市易之事，辨其使人表文勘合之真伪，禁通番，征私货，平交易，闲其出入而慎馆瀫之”，所以获取财政收入不是市舶司的主要职责。明代市舶司的日常工作是：贡舶到来时协同督察院、承宣布政使司、提刑按察使司、都指挥使司等机构对贡舶进行勘合，查验无误后将贡物封印打包，以备后期将其运送入京。然后妥善安排贡使，一方面对其款待逢迎，另一方面监视其私自交易。如果贡使进贡的舶货大大超过了官府的需求，市舶司会允许“贫民承令博买”[④]，但这只是临时性的，绝不是官府的常规政策。

明初市舶司也对蕃商舶货“抽分”，但内涵却与宋元时期大不相同。洪武二年（1369）官府规定，朝贡使臣携带的蕃货“欲与中国贸易者，官抽六分，给价偿之，仍免其税”[⑤]。官府不是无偿抽分舶货，而是要按照市场价给予补偿，且“免其税”，所以此时的“抽分”只是商品交易的一种形

① 明代官府最早是在吴元年（1364）于太仓黄渡设置了市舶司，但随后于洪武三年（1370）“罢太仓黄渡市舶司，凡蕃舶至太仓者，令军卫有司同封籍其数，送赴京师”，此时罢废太仓市舶司有两个原因，其一是太仓离南京较近，舶货在这里经市舶司转手颇显烦琐，不如令军卫有司将舶货直接运送京师更为方便；其二是明代立国之初就是实行贡舶贸易和不征税的基本国策，取消市舶司也是顺应了当时统治者对海外贸易的指导思想。

② （明）丘濬．大学衍义补·制国用［M］．卷 25．北京：京华出版社，1999：242．

③ （清）张廷玉．明史·职官四［M］．卷 75．北京：中华书局，1974：1848．

④ （明）严从简．殊域周咨录·佛郎机［Z］．卷 9．明万历刻本。

⑤ 明太祖实录［M］．卷 45．台北：中央研究院历史语言研究所，1983：903．

式，不是税收。弘治年间规定蕃国进贡时，“国王、王妃及使臣人等附至货物以十分为率，五分抽分入官，五分给还价值，必以钱钞相兼”，但是如果“奉旨特免抽分者不为例”，“凡番国进贡船内搜出私货，照例入官，俱不给价，其奉旨给与者不为例”[①]。虽然弘治年间的“五分抽分入官”是对舶货征税，但是“奉旨特免抽分者”可以不接受征税。虽然规定蕃舶不能夹带私货，但结果被发现的话是不再“给价”，且“奉旨给与者”可以无视此规定，自行交易舶货，从这些规定中可见弘治年间对舶货征税仍然很随意，没有明确规范的海外贸易税收体系。直到正德四年（1509）都御史陈金等提议，对“暹罗、满剌加国并吉阐国夷船货物俱以十分抽三”，并将“贵细解京，粗重变卖”以充军饷，但朝廷只许十分抽二。正德十二年（1517）及嘉靖五年（1526）朝廷下发谕旨中对进贡事例的抽分仍是十分抽二[②]，所以明代正德年间开始尝试对海外贸易征税，税率为20%。

综上所述，明代市舶司是中央集权统治者对海外贸易实行垄断和控制的工具，其主要职责是接待贡使和转运贡物，为朝贡贸易和海禁而服务。就如丘濬所说：“本朝市舶司之名虽沿其旧，而无抽分之法，惟于浙、闽、广三处置司以待海外诸蕃之进贡者，盖用以怀柔远人，实无所利其入也。”[③] 市舶司的存在限制了海外贸易的发展，无力疏导明王朝北部边防和海防的危机，也无法具备足够的汲取能力来获取财政收入，所以当明后期海禁部分开放，私人海外贸易行为被逐渐肯定之后，市舶司的职能被分离，市舶司逐渐衰落，督饷馆成为新的重要征税机构。

8.1.2 经济原因

1. 海外贸易相关产业的新变化

明代海外贸易中重要的出口商品是生丝和丝织品。福建泉州多数人家都从事纺织业，丝织品是商贾海航互市的主要商品。在广东“牛郎绸、五丝、

---

① （明）申时行．大明会典·给赐番夷通例［M］．卷113．续修四库全书第791册．上海：上海古籍出版社，2002：144.

② （明）郭棐．（万历）广东通志［M］．卷69．四库存目丛书·史部198．济南：齐鲁书社，1996：700.

③ （明）丘濬．大学衍义补·制国用［M］．卷25．北京：京华出版社，1999：242.

八丝、云缎、光缎皆为岭外、京华、东西二洋所贵”[①]。同时明代丝织业的经营模式和生产方式也有飞速的发展，所以二者互为因果，互相促进，丝织业成为明代商品化最为明显的一个产业。明太祖时期就鼓励江南人民种植桑树，官府规定桑树种植四年后才需要缴税。南方多地桑树种植面积远远超过了粮食作物的种植面积，桑蚕给予百姓的利润也远远大于种植稻米。张瀚在《松窗梦语》中说：“余尝总览市利，大都东南之利，莫大于罗、绮、绢、纻，而三吴为最。……而今三吴之以机杼致富者尤众。”[②] 江南地区遍地可见丝织业的身影，在吴江县盛泽镇“俱以蚕桑为业”，“络纬机杼之声，通宵彻夜”[③]。当时的纺织技术较前代有很大进步，“凡纺工能者，一手握三管，纺于铤上，……纺苎纱，能者用脚车，一女工并敌三工。”[④] “（纺纱）有纺双缕者，有一手勾三缕者，省用天车者，松江、徽、池、合州、九江皆能之。”[⑤] 纺织技术的进步提高了劳动生产率，一个女工就抵得上以前三个工人的产量，所以明代丝织业的产量大大提高，也保证了海外贸易中能以物美价廉的优势出口生丝和丝织品。明代丝织业的经营方式也有很大变化，民间的丝织作坊众多，遍布城市与乡村，有一些商人扮演中间包揽人的角色，专门组织机户“加工订货”，然后统一批发给海商用于海外贸易。有一些丝织作坊拥有众多织机，宽大的厂房，雇工以织，技术高的佣工也可以自由选择作坊主人来服务，这些丝织作坊的主人和雇工之间没有人身依附关系，只是雇佣的关系。

瓷器也是海外贸易出口的重要商品。明代中国的陶瓷业又发展到了新的高峰，景德镇“万杵之声殷，其火光烛天，令人不能寝，戏目之曰：四时雷电镇”[⑥]，可见景德镇生产规模之大和生产之活跃。景德镇不但继承和发展了元代流传下来的青花瓷，更是由于掌握了铜、铁、钴、锰等金属氧化物的性能，创新生产了彩瓷，彩瓷流光溢彩，深受海外各国消费者的喜爱。除景

---

① （清）屈大均．广东新语·货语［M］．卷15．中国风土志丛刊第59册．扬州：广陵书社，2003：908.

② （明）张瀚．松窗梦语·商贾纪［M］．卷4．上海：上海古籍出版社，1986：85.

③ （明）冯梦龙．醒世恒言·施润泽滩阙遇友［Z］．卷18．明天启叶敬池刊本。

④ （明）宋应星．天工开物·乃服［Z］．卷上．文渊阁四库全书本。

⑤ （明）方以智．物理小识·纺车［M］．卷6．景印文渊阁四库全书第867册．台北：台湾商务印书馆，2008：879.

⑥ （清）姚之骃．元明事类钞·雷电［M］．卷1．景印文渊阁四库全书第884册．台北：台湾商务印书馆，2008：12.

德镇之外，福建、广东的陶瓷业也有较快发展。福建德化的白瓷釉色温润洁白，被欧洲人称为象牙白釉，销路非常好。广东石湾的瓷器“遍两广，旁及海外之国”[①]。陶瓷所造器物，如笔、砚、棋、杯、碗等，覆盖了人们生活的方方面面，其应用的广泛性也大大促进了其销量。明代陶瓷业中也存在雇工的现象，工人和作坊主之间没有人身依附关系，如景德镇上的工人“皆聚四方无籍游徒，每日不下数万人”[②]，这些“无籍”之人是脱离了农业生产和户籍管理的闲散劳动力，他们成为纯粹的雇佣工人。

从宋元以来，糖便成了海外贸易中又一重要的出口物资。在明代嘉靖时期以前，福建所产的糖都是黑糖，“一糖局偶值屋瓦堕泥于漏斗中”，发现漏斗中的糖分层迥异，上层为白糖，中层为黄糖，下层是黑糖，白糖白如霜雪，品相纯洁，“白糖自此始见于世”并销量大增[③]。沿海地区百姓大量种植甘蔗，在福建由于甘蔗利厚，所以“往往有改稻田种蔗者”，并将甘蔗“磨以煮糖，泛海售焉”[④]。在广东“糖之利甚溥，粤人开糖坊者多以是致富，盖番禺、东莞、增城糖居十之四，阳春糖居十之六，而蔗田几与禾田等矣”[⑤]。这种白糖被称为“洋糖”，广泛销售于东西二洋。据16世纪末葡萄牙人的报告，他们在中国购买白糖100斤需要耗费白银1.5两，但运到日本可卖3—4两。购买红糖100斤需要耗费白银0.5两，运到日本可卖将近5两，获利颇丰[⑥]。也正是如此，中国的蔗糖成为海外贸易的重要出口品。

总之，这些中国商品在国际市场上具有强大的价格优势和质量保证，国际贸易的需求量非常大，仅靠朝贡贸易满足不了世界各国对这些商品的需求，所以就产生了活跃的私人海外贸易。

2. 商品经济发展与国际化浪潮

税收体现了国家的经济职能，市舶征税向海关税的转变是明清时期商品经济发展的结果，是中国商品经济发展的大趋势迫使海外贸易征税制度发生

---

① （清）屈大均．广东新语·器语［M］．卷16．中国风土志丛刊第59册．扬州：广陵书社，2003：974.

② （清）白潢．西江志·参内监疏［Z］．卷146．清康熙刻本。

③ （明）刘献廷．广阳杂记［M］．卷2．北京：中华书局，1957：104.

④ （明）陈懋仁．泉南杂志［M］．卷上．丛书集成初编第3161册．北京：商务印书馆，1936：7.

⑤ （清）屈大均．广东新语·草语·蔗［M］．卷27．中国风土志丛刊第60册．扬州：广陵书社，2003：1455.

⑥ 李金明．明代海外贸易史［M］．北京：中国社会科学出版社，1990：133.

了变革。明清两个朝代交替之时的中国承受了来自外部和内部双重的冲击，社会、政治、经济、文化各领域都有巨大的变化，虽然后期鸦片战争之后中国社会的近代化进程更为明显，但是中国的确在 16 世纪已经开始为后期的近代化表现做出了铺垫，所以 16 世纪可以被视为中国近代化的起点。

从当时的国际环境看，葡萄牙、西班牙、荷兰的探险者已经通过海洋新航路的开辟在中国站稳脚跟，开始进行对中国或者以中国为根据地的东亚贸易。随后西方传教士也接踵而至，在天文学、地理学、数学、建筑学等方面对中国统治阶层的士大夫产生强烈的影响。在北方，俄罗斯人在 17 世纪中叶跨越西伯利亚到达满洲边境，这也是一股强大的外部力量。明清交替的时期是西方国家工业化革命和资本主义制度兴起的关键时期，西方国家和社会形态发生天翻地覆的变化，世界范围新航路广泛开辟，西方国家海外贸易大发展，西方传教士将先进的科技文化知识传播入中国，这些都对中国的社会经济产生冲击。

从国内环境看，东南地区社会的经济形态已经出现了从自给半自给的产品经济社会向商品经济社会转型、从农业社会向工业社会转型、从乡村社会向城镇社会转型、从封闭半封闭社会向开放性社会转型的大趋势[①]。海外贸易通过市场机制和东南地区各行业密切联合，并有力地拉动国内产能扩张和经济增长，商品经济已经渗透到社会经济的各个领域，成为国家经济发展的一种常态。此时，世界海洋贸易的发展和早期全球化的浪潮已经席卷了中国东南沿海，国内市场通过广州、澳门、月港的海洋网络伸展到亚太地区、美洲新大陆和欧洲。长期的对外贸易顺差也给明王朝带来大量的白银，从而银本位制度在明代中后期确立。所以明代官府也不得不顺应经济形势的大潮，将海外贸易管理的政治意义转变为经济意义，开始进行饷税的改革，饷税的开征使中国海外贸易征税从实物税向货币税、单一税制向复杂税制、从量计征向从价计征转变，体现了经济格局变化对税制体系的重大影响。同样，随着海洋经济的兴起与私人海外贸易的发展，以满足统治阶级享乐需求为目的的奢侈品贸易渐趋黯淡，海外贸易的民间性、商业性进一步增强，越来越多的产品进入国际市场流通，清初设置四海关及相应的海关税体系，也是为了更好地适应和调控当时的经济贸易形势。

---

① 谢松．近代中国海关史研究涉及若干基本问题略考——以粤海关的发端、发展脉络及其研究价值为视角［J］．海关与经贸研究，2017（1）：1—30．

3. 官营手工业的衰落

明初实行的是官营手工业，工匠在官府设立的手工作坊内劳作，将官府供给的原材料加工成官府指定的产品，主要是武器等军用品和供皇室贵族消费的生活用品。在官办的手工作坊中劳作的工匠分为“轮班匠”和“住坐匠”，工匠有专门的户籍，他们替官府劳作就是在服劳役，是强制性的义务劳动。如洪武二年（1369）明太祖在景德镇设立御器厂，设立青窑、色窑、烽火窑等20座宫窑，专门生产御用的瓷器。再如丝织业，官府在全国设置织染局，驱使在籍官匠进行生产，所用原材料就是各地缴纳的税丝，生产出来的丝织品用于皇室和官府所需的衣物、装饰和赏赐。官营手工业发展的初期，官府可以征调数量众多的优秀工匠进行有计划的生产，产品也可以有计划地投放到适合的领域中，所以官营手工业对明初手工业的恢复和发展起到了积极的推动作用。但随着社会状况的变化，官营手工业开始漏洞百出。如明代官府织造的额定任务为每年三万多匹绢缎，但随着明中期统治者奢靡享乐的加重，统治阶层对丝织品的需求量越来越大，远远超过官府织造能够生产的数量。另外，官府织造中官吏腐败，肆意压榨工匠，工匠也因为没有利益的激励而消极怠工，所以织造局中拖欠织品的问题越来越严重。在产量有限和需求量巨大的矛盾下，官府不得不向日渐活跃的民间手工业求助，在丝织业领域便出现了“民机领织”的方式，或者由机户到官府领取丝料，代为加工成品，同时机户每月可以领取一定粮米作为报酬；或者机户向官府领取银钱，而后以丝织品抵价，并且自己可以从中获益。由此可见，官营手工业是一种生产由官府统一安排、产品由官府统一分配的经济方式，这种经济方式脱离实际、难以保证供需平衡、效率低下、缺乏活力，所以逐步被民间活跃的私人经济形式取代，这也反映了明后期商品经济发展的基本趋势。

8.1.3 社会原因

1. 活跃的私人海外贸易导致社会动荡

明代在洪熙至弘治年间，虽然朝贡贸易已经显示颓势，官府仍严令禁止私人海外贸易，不过这不能阻止私人海外贸易发展的步伐。私人海外贸易和朝贡贸易相反，是以经济利益为至高无上的准则，而不受政治因素的影响。私人双方的交易只要能够成功，售卖者就可以获取十几倍甚至几十倍的利润。再者，随着官方朝贡贸易的衰落，外国的舶货和中国的出口商品都遭遇了供给和需求的极大不平衡，这种不平衡就会反映在外贸商品的价格上，以致形成私人海外贸易的极大利润。总之，是高额的外贸利润吸引着海商前赴后继地从事违禁交易。明初，私人海外贸易的规模并不是很大，正统九年（1444）二月广东潮州有55人私自下海到爪哇进行贸易，其中有22人未归，其他人回来后受利益所驱再次出海时被官府发现。再如成化八年（1472）福建龙溪县有29人下海贸易，后被官府捕获[①]。

但是随着国家形势变化和追逐利润的欲望加强，私人海商的势力越来越强大。海商集团的规模众大，组成人员也十分复杂，有商人、贫民、水手、渔民、罢吏、落魄书生等。他们是一股不容小觑的与王朝统治相抗衡的力量。私人海商的海船质量上乘，航海技术高超，船舶在海浪中“循习既久如走平原”，“舟大者广可三丈五六尺，长十余丈，小者广二丈，长约七八丈，弓矢刀楯战具都备”，“造舶费可千余金，每还往岁一修辑，亦不下五六百金，或谓水军战舰其坚致不及贾客船。”[②] 私人海商的海船具备足够支撑其远洋贸易的能力。这些海商有自己的武装以对抗官军的追捕和围剿，如王直拥有巨舶数十艘，船上装载佛郎机火炮，杀伤力很大，他的队伍里有中国人也有倭人，不时在沿海一带抢掠，并贩运违禁物资，成为明代官府在沿海地区的心腹大患，所以这些私人海商也被称为“海寇”。不同的海商势力之间也有相互斗争与吞并，如盘踞横港的海商头目陈思盼吞并了另一个集团头目王舟的商船，实力大增，又开始抢掠王直集团的商船，于是王直联络王舟的余党转而对陈思盼进行攻击，最终获胜。不难想象，在海商集团进行火并的过程中免不了进行武力对峙和生灵涂炭，这严重影响了沿海百姓生活和社会稳定。一些实力雄厚的海商集团甚至在海上设立关卡收税，如王直在南澳对当地的外国商船征收贸易税，这会威胁国家的税法尊严，挑衅明王朝的统治。

2. 海外殖民者介入使沿海局势更为复杂

欧洲从15世纪开始，一方面要筹集商品经济发展和资本主义原始积累所需的货币，另一方面要突破奥斯曼帝国对欧亚陆上通道的封锁，于是欧洲

---

① 李金明．明代海外贸易史［M］．北京：中国社会科学出版社，1990：76.

② （明）张燮．东西洋考・舟师考［M］．卷9．丛书集成初编第3260册．北京：商务印书馆，1936：117.

新兴资产阶级开始积极寻找通往东方的新航路。在16世纪的中国，葡萄牙人最先来到中国沿海，西班牙人紧随其后。西班牙人主要的殖民地是吕宋（今菲律宾），吕宋成为西班牙人同中国进行贸易的基地。荷兰较葡、西两国进入东方的时间较晚，荷兰殖民者于16世纪末侵入爪哇，并获得摩鹿加岛（今印度尼西亚的马鲁古群岛）的统治权，随后以巴达维亚（今雅加达）为首府在爪哇建立起殖民统治。总之，在“隆庆开海”之前，葡萄牙人与中国官府之间的矛盾冲突最为激烈，也对“隆庆开海”起到了推动的作用。

1497年达·伽马从葡萄牙的里斯本出发，绕过好望角，到达印度西海岸，开辟了到达东方的航路。两年后达·伽马的船只满载着香料、丝绸等货物返回葡萄牙，并获得了60倍以上的利润。葡萄牙人后来占领了印度的果亚，侵占了被称为“香料岛”的摩鹿加岛，攻占了满剌加，几乎垄断了东西方的香料贸易。葡萄牙国王还任命了“东方总督”，其船队达到南洋群岛一带，也和中国开始了贸易。1511年葡萄牙人佐治·阿尔伐立斯（Gorge Alvares）受总督派遣来到广州东莞县的屯门岛，开始使屯门岛成为葡萄牙人在中国贸易的屯驻地。后来又有安特拉德（Fernão Perez de Andrade）、皮莱资（Thomas Pirez）先后来到中国，以寻求与中国乃至东亚其他国家贸易的契机。中国一贯的朝贡贸易和海禁的政策使葡萄牙人在广州及周边地区获取生丝及丝织品的交易受到遏制，所以他们在广州及沿海地区频繁骚扰，“正德末，惩佛郎机频岁侵扰，绝不与通”[①]。另有正德十六年（1521），朝廷令海道官军将葡萄牙人驱逐出境，“诛其首恶火者亚三等，余党闻风摄遁”，于是“有司自是将安南、满剌加诸蕃舶尽行阻绝”，广东“市井萧然矣”[②]。至此，中国沿海执行更加严格的海禁政策，中国与葡萄牙的关系更为恶劣。后葡萄牙人转移到福建沿海的浯屿（今金门）和月港，和那里的中国海商勾结从事走私贸易，并且抢掠沿海百姓。葡萄牙人又于1535年混入香山县澳门港，1553年向海道副使汪柏行贿，在澳门暂避风浪，使澳门成为他们的据点。葡萄牙人通常在每年的四五月份以印度果亚为起点，先航行到马六甲停靠，将部分船货置换成当地的特产再航行到中国的澳门，他们在澳门常常停留10—12个月，收集中国的生丝和丝织品，再以澳门为基地与日本进行贸易。在日本停留3—5个月后，葡萄牙人还会回到澳门进行贸易，最后

① （清）张汝霖，印光任．澳门纪略·官守篇［M］．卷上．中国方志丛书·广东省．台北：成文出版社，1969：109.

② （明）万表．皇明经济文录·广东·兴利除害事［Z］．卷28．明嘉靖刻本。

再回到印度果亚。葡萄牙人来到中国最初的目的是要发展和中国的海外贸易，但是由于中国朝贡贸易和海禁政策的执行，以及中国仍是自给自足的自然经济的国情，所以中国同葡萄牙人的冲突越来越激化。葡萄牙人介入中国海外贸易之后，与中国海商纠缠在一起，形成势力庞大的利益集团，并且侵扰沿海百姓，是沿海地区社会不稳定的重要原因。

3. 税收可以使私人海外贸易合法化

税法是国家立法机关制定颁布，或由国家立法机关授权国家机关制定公布的法律。所以纳税凭证就是商品自由流通的许可证，私人主体纳税后就拥有了可以广泛流通的合法依据，私人经济行为就受到国家法律的保护。由于私人海外贸易的发展会推动商品经济和国际化的发展，所以封建王朝的统治者会极力维护朝贡贸易，遏制私人海外贸易的发展。但是历史的趋势难以避免，在明中期和清初都出现过势头强劲的私人海上贸易现象，虽然遭到官府一再禁止，但这种私人海上贸易行为却愈演愈烈，“片板不许下海，艨艟巨舰反蔽江而来；寸货不许入番，子女玉帛恒满载而去”。这些海寇商人与沿海百姓关系很密切，百姓可以通过帮助这些海寇商人运送货物维系生活，于是“三尺童子，亦视海贼如衣食父母，视军门如世代仇雠”①。可见私人经济活动如果是顺应经济发展潮流和有助于百姓生活的，就应该被允许，一味对其遏制便适得其反。当时一些有识之士也看出了问题的本质，“寇与商同是人也，市通则寇转而为商，市禁则商转而为寇，始之禁禁商，后之禁禁寇”。明统治者只好在海澄月港开放海禁，“因其势而利导之，弛其禁而重其税”②，允许私人海商请引并缴纳饷税便可以自由贸易。在这里，私人海商缴纳税收就得到了官府的承认，其经济行为就可以合法化，海商可以维持自己的外贸利润，同时官府也可以保证社会稳定和获取财政收入，所以税收成为官府和私人海商之间的纽带和润滑剂，使二者达到互利共赢的良好局面。

---

① （明）陈子龙．明经世文编·海洋贼船出没事［M］．卷 205．北京：中华书局，1962：2161．

② （明）王在晋．海防纂要·海禁［Z］．卷 1．明万历刻本。

8.2 明代市舶征税制度变迁的过程

8.2.1 明中后期开海的博弈过程

1. 利益集团

虽然朝贡贸易在洪武、永乐、宣德时期成为主导，维护了明王朝“天朝上国”的颜面，并建立了以大明帝国为中心、以海外诸国为藩属的国际政治经济秩序，但是随着国内形势的变化，朝贡贸易弊端凸显。贡品主要是香药、漆器、珠玉、珍禽异兽、金银器具和军用品，其中多是供皇室和贵族享乐的奢侈品，这些物品对百姓生活没有太大用途，对国内各产业的发展也没有太大价值。但这些贡品都是遵循“厚往薄来”的基本国策进行交易，为了获得这些贡品，明代官府需要给予贡使更大的回赐，并且这些舶货的储藏费、运输费，以及贡使的生活费也需要中国承担，所以朝贡贸易毫无财政意义。朝贡贸易没有持续发展的动力，只是依靠明王朝的强劲统治作为支撑，随着明王朝统治的颓势渐显，朝贡贸易逐步走向衰亡。伴随朝贡贸易的衰落，是否开海的争论便甚嚣尘上，“开海”和“禁海”两种观点背后是不同利益集团的较量。

(1) 开海方利益集团

开海方的势力包括私人海商集团、外商集团和一些开明官僚和民间有识之士。明中期崛起的私人海商势力其实并无太多的政治企图，其最根本的要求就是开放海禁，请求官府允许私人出海，以实现经济利益。如王直以斩杀陈思盼而向官府“叩关献捷，求通互市，官司弗许”①。后浙江巡抚胡宗宪对王直进行招诱，王直也托其向朝廷表达通商意愿，“如皇上慈仁恩宥，赦臣之罪，得效犬马微劳驱驰，浙江定海外长涂等港仍如广中事例，通关纳税，又使不失贡期”②。还表示“我辈昔坐通番禁严，以穷自绝”，他请求朝

① （明）胡宗宪．筹海图编・浙江倭变纪［M］．卷5．景印文渊阁四库全书第584册．台北：台湾商务印书馆，2008：129．

② （明）采九德．倭变事略・附录［M］．卷4．丛书集成初编第3975册．北京：商务印书馆，1936：100．

廷赦免他的罪行，“得通贡互市，愿杀贼自效”①。基于王直本意并不是要颠覆明王朝的统治，所以胡宗宪才有了招安他的可能。

除了海商集团具有开海的意愿，外商集团也希望能开海通商。早在洪武时期就有蕃商与沿海居民私下交易，洪武二十七年（1394）朝廷认为“海外诸夷多诈，绝其往来”，但“缘海之人往往私下诸番贸易香货，因诱蛮夷为盗，命礼部严禁绝之”②。再以葡萄牙人为例，正德八年（1513）葡萄牙人阿尔瓦雷斯率船队来到珠江口沿岸，其要求是登陆贸易，但明代官府仍然秉承海禁的政策，于是葡萄牙人在水面上与中国商人交易，便受到中国官府的驱逐。后葡萄牙人占领屯门岛，开始暴露出他们的殖民行径，正德十六年（1521）时任广东海道副使汪鋐在屯门岛抗击葡萄牙殖民者，大获全胜。嘉靖元年（1522），又一葡萄牙人哥丁霍来到广东，请求广东地方长官许其和平贸易，但海禁严苛，其请求被拒，所以中葡又发生冲突，爆发了西草湾战役。这两场冲突具有中国官民抗击殖民者侵略的意义，但也反映了海禁政策对国家间外交关系的影响，不管是外商集团的真实意愿，还是表面上的幌子，都有希望中国政府开海的因素。

其实，一些官员和民间有识之士也有开海的意愿，总的来说他们认为开海有两个好处，一是缓解海患，二是谋取地方利益。在缓解海患方面，嘉靖三十五年（1556）礼部批奏中说，东南倭患的一个原因是“悉航海好商王直、毛海峰等，以近年海禁太严，谋利不遂，故勾引岛夷为寇者”③。从事抗倭许久的茅坤认为：“诸海贾特以射厚利而出而，非欲长子孙海岛也，今久而不反，盖必有故。”④ 一些官员认为，“商”和“寇”是相互转换的，海禁过于苛责就会使“商”转为“寇”，适得其反。如王圻说：“盖惟商道不通而利之所在，人必趋之，不免巧生计较，商转而为寇。商道既通则寇复转而为商。”⑤ 徐光启用泄水来比喻海禁，要想排泄积水，就应该疏通其河道，

---

① （明）徐复祚．花当阁丛谈·胡宗宪［M］．卷8．续修四库全书第1175册．上海：上海古籍出版社，2002：158．

② （明）俞汝楫．礼部志稿·禁用蕃香货［M］．卷99．景印文渊阁四库全书第598册．台湾商务印书馆，2008：779．

③ （明）王士骐．皇明驭倭录［M］．卷7．续修四库全书第428册．上海：上海古籍出版社，2002：394．

④ （明）陈子龙．明经世文编·条上李汲泉中丞海寇事宜海寇［M］．卷256．北京：中华书局，1962：2700．

⑤ （明）王圻．续文献通考·市舶互市［M］．卷31．续修四库全书第762册．上海：上海古籍出版社，2002：332．

如果堵塞河道，积水必定漫溢到旁道而出，海禁太严，也必定致使沿海民众从旁门左道逐利，朱纨之死纵有冤屈，也由于他“当时处置，果未尽合事宜也”[①]。明代的布衣军事家郑若曾认为：“利重之处，人自趣之，岂能禁民之交通乎？故官法愈严，小民宁杀其身而通番之念愈炽也。”海禁严酷，并没有使人畏惧，反而使百姓冒杀身之祸而试法，这就是海禁得不偿失之处。在谋取地方利益方面，正德四年（1509）朝廷允许都御史陈金在广东对部分蕃商进行抽分，并将粗重舶货变卖以充军饷。正德九年（1514）广东右布政使吴廷举在处理葡萄牙人求贡一事时，力主与之贸易以免战火，所以吴廷举请求朝廷“立蕃舶进贡交易之法，平传役”[②]，以开放广东海禁的方式与蕃商平等互利，给沿海百姓以安宁。后来明代官府严禁葡萄牙人涉足广东贸易后，东南亚各国贸易都受到影响，嘉靖八年（1529）两广巡抚林富上疏认为“今以除害为名，并一切之利禁绝之，使军国无所资，忘祖宗成宪且失远人之心”[③]，请求改革市舶制度，对于来到广州的蕃舶一律接受，对其征税，增加财政收入，并得到明世宗的允许。隆庆元年（1567）福建巡抚徐泽民基于沿海商民纷纷呼吁开海的背景，请求朝廷“用鉴前辙，为因势利导之举，请开市舶，易私贩而为公”[④]。朝廷后在漳州月港开海，设立督饷馆，征收饷税。

（2）禁海方利益集团

反观禁海一方，主要就是恪守祖训的保守官员，他们认为开海会使蕃夷涌入而扰乱海防，威胁国家安全。如果明王朝的统治出现了问题，一方面与他们脑中固守的“忠君爱国”观念相左，另一方面也损失了他们作为大明官员的既得利益。在吴廷举于广东立蕃舶进贡交易之法时，就有很多大臣反对，如正德九年（1514）广东布政司参议陈伯献上奏朝廷，正是因为官府通过抽分允许私人贸易，才使得沿海乱民和蕃商勾结一起扰乱社会秩序，所以应该禁止官府抽分和私人贸易。给事中王希文认为前有海道副使汪鋐的驱逐，“民间稽颡称庆，以为蕃舶之害可永绝，而疆圉之防可永固也”，现在

① （明）陈子龙．明经世文编·徐文定公集·海防迂说制倭［M］．卷491．北京：中华书局，1962：5437.

② （明）焦竑．熙朝名臣实录·尚书吴公［M］．卷18．四库存目丛书·史部107．济南：齐鲁书社，1996：307.

③ （明）严从简．殊域周咨录·弗朗机［Z］．卷9．明万历刻本。

④ （明）陈子龙．明经世文编·疏通海禁疏［M］．卷400．北京：中华书局，1962：4333.

广州开海禁无疑是重蹈覆辙，所以“仍乞明祖宗旧制”，厉行海禁[①]。御史何鳌上奏说，蕃夷多狡诈，“今听其往来贸易势必争斗杀伤”，祖宗所定的朝贡贸易有“定期”有“常制”，所以蕃夷来者不多，但吴廷举“不问何年，来即取货，致番舶不绝于海澨，蛮人杂遝于州城”[②]，导致沿海地区社会的动荡。嘉靖二十六年（1547）朝廷派朱纨为浙江巡抚，兼提督闽浙两省军务，厉行海禁。为打击葡萄牙人与中国海商之间勾结走私的行为，朱纨领导的官军与他们之间爆发了双屿港之战和走马溪之战，使沿海私人海外贸易受到沉重打击。但严苛的政策又引起当地百姓和部分官吏的反对，以致最后导致朱纨“仰药自尽”的结局，可见明中期开海势力和禁海势力之间的斗争十分复杂。嘉靖四十四年（1565）浙江巡抚刘畿说，浙江沿海港口多而兵船少，最难关防，如果开海禁则“岛夷哨聚祸不可测”[③]。当年朝廷还罢废了宁波市舶司。总的来说，禁海一方的势力也较为雄厚，所以嘉靖时期的海禁更为严格。

（3）统治者和决策中枢

在明代，皇帝是王朝的最高统治者，内阁是皇帝的最高幕僚和决策中枢，皇帝和内阁可以被看作中间派，他们具有一致的利益，就是全力维护王朝的安定与稳固，所以他们没有明确的“开海”或者“禁海”的政治主张，而是哪一方对他们有利，他们就会选择支持哪一方的策略。皇帝和内阁会被开海方利益集团和禁海方利益集团的偏好所影响，且中间派支持哪一方，哪一方的实力就会上升，这一方的制度主张就会实现，所以开海方利益集团和禁海方利益集团都会尽力争取这个中间派的支持，以增强己方的话语权。此时的国家可以被视为一个提供保护和管理服务并收取税金的组织，统治者也在寻求自身的利益最大化——尽量稳固和延长其统治。国家的决策会受利益集团势力的影响，会被一些利益集团掌控而对另一些利益集团进行压制，但最终是在利益集团之间进行平衡以实现其利益最大化。从实践中看，明王朝统治者在“开海”和“禁海”问题上的态度不断摇摆。在洪武、永乐时期，明王朝实行朝贡贸易和海禁，宣宗、英宗时期，朝贡贸易开始收缩，但禁海

① （清）印光任，张汝霖．澳门纪略·官守篇［M］．卷上．中国方志丛书·广东省．台北：成文出版社，1969：110.

② （清）张廷玉．明史·列传第二百十三·外国六［M］．卷325．北京：中华书局，1974：8430.

③ （明）王圻．续文献通考·市舶互市［M］．卷31．续修四库全书第762册．上海：上海古籍出版社，2002：334.

的国策不变。景泰年间在漳州实行严厉的牌甲法，遏制私人海外贸易活动，后期的明孝宗也是历次重申海禁。正德年间明王朝的海禁开始松动，广州开始通过抽分承认私人海外贸易的正当地位。但是嘉靖时期再申海禁，倭寇蕃夷同中国的军事冲突和海禁互为因果，更加剧了王朝对海外贸易的管控。终究，国内外政治经济发展大势所趋，隆庆开海成为明王朝海外贸易发展的重要转折点。开海方利益集团在和禁海方利益集团的博弈中胜出，统治者在权衡和摇摆之后成为开海方的利益代表，维护了他们要求开海的利益。

制度一旦生产出来可以被每个人享用，每多一个人享用也不会产生额外的成本，所以制度也是一种公共产品。制度的供给是有限的、稀缺的，并被不断改善的。随着外界环境的变化及社会成员自身理性程度的提高，人们会对制度提出新的需求以实现收益的增加。当既有的制度不能满足人们的需求时，旧的制度就会被迫发生改变，这就是制度的变迁。利益集团在制度变迁中发挥着重要作用，利益集团都在追求自身利益的最大化，希望新的制度能够给自己提供有利的机会。在利益集团尽力左右制度变迁的方向时，由于他们的利益构成、偏好状况和权力结构存在差异，所以利益集团之间难以避免会发生冲突和斗争，制度变迁的方向便在利益集团的较量和权衡中被决定。在明代开海与禁海的选择上，海商集团、外商集团、开明官僚、民间知识分子、保守官僚之间分为两派，各执己见，进行了激烈的争吵与辩论，甚至引发恶性武力斗争。开海一方希望获取私人经济利益，获取国家财政收益；禁海一方希望维护祖宗规矩，维护王朝的常规统治，也是保障自身既有利益不受损失。每一个利益集团都认为自己的提议是能够带来最大化收益的方案。

2. 寻租

寻租是利益集团运用各种手段以获得垄断地位和维护垄断利润的非生产性活动。由于政府拥有合法的暴力手段，而政府又将这种权力委托给了官员，所以在海禁政策的推行过程中，官员具有管理、实施和监督的权力，这会影响海商集团和外商集团的经济利益，为了获取经济利益，这些利益集团就会对官员寻租。如宣德九年（1428）漳州卫指挥覃庸贿赂了巡海都指挥张翥、都司都指挥金瑛、署都指挥佥事陶旺、左布政使周光敬等人，私自贩运货物出海贸易①。再如嘉靖三十五年（1556）葡萄牙人借口遇暴风雨“水

① 李金明．明代海外贸易史［M］．北京：中国社会科学出版社，1990：87.

渍贡物”，并贿赂海道副使汪柏请求上岸歇息，于是“居香山濠镜澳者，筑城置守具，遂久留不去”[①]，开始获取了在澳门的居住权[②]。寻租的结果是垄断，而垄断则会导致低效率和资源的浪费。例如，葡萄牙人占据澳门后就垄断了对日本和马尼拉的贸易。由于明王朝实行对日本的严厉海禁，所以葡萄牙人把低价从广州买到的货物高价卖到日本，再把从日本获得的银条从澳门转运到印度，获取高额的利润。葡萄牙人将中国的生丝和丝织物大量运输到马尼拉，他们为了达到垄断的目的，威胁甚至抢劫中国海船，尽力阻止中国人与马尼拉直接贸易。葡萄牙人也常偷漏舶税，他们利用作为战船的西班牙大帆船进行货物运输，或者在澳门港口利用小艇来掩护走私船只进入澳门。所以万历四十一年（1613）海道俞安性上疏建议“凡蕃船到澳，许即进港，听候丈抽，如有抛泊大调环、马骝洲等处外洋，即系奸刁，定将本船人货焚戮”[③]，要求对澳门葡萄牙人严加管理。

3. 完全信息静态博弈的过程

国内私人海商集团、外商集团、民间开明人士有共同的诉求，他们通过朝廷中的开明官僚向统治者传达开海意愿，寻求海外贸易的制度变迁。朝廷中的保守官僚希望遵循祖制，严守海防，维护王朝稳定同时也在保护自身利益，所以他们强烈反对开海，主张海禁。开海方和禁海方两个利益集团都符合理性人假设，他们都按照自身利益最大化进行决策。明王朝的统治者和决策中枢也是一个利益主体，也会以保证自身利益最大化为决策的依据，他们不参与利益集团的博弈，但会受到利益集团的影响。

在明前期，朝贡贸易占据主要地位，王朝的统治者可以在朝贡贸易中获得天朝上国和远夷咸服的满足感，蕃商带来的舶货也能满足皇室、贵族和百姓尚不旺盛的需求，沿海地区尚无倭患海寇的侵扰，尚能够保持稳定的海防局面。对于保守官僚和统治者来说，禁海给他们都带来了收益，所以禁海方

---

① （清）刘斯枢．程赋统会・澳门［M］．卷 18．续修四库全书第 834 册．上海：上海古籍出版社，2002：200.

② 在明代提到汪柏的书中，如《倭变事略》《筹海图编》《皇明驭倭录》《海防纂要》《国朝典彙》《本兵疏议》等，只是记载汪柏在沿海对蕃夷和私人海商进行的军事斗争，都没有记载其允许葡萄牙人滞留澳门一事。但是在清人编纂的《天下郡国利病书》《程赋统会》《广东通志》《广州府志》《盾墨》《粤海关志》《澳门纪略》中都记载葡萄牙人占据澳门是自汗柏始。此处还需进一步考证。

③ （清）印光任，张汝霖．澳门纪略・官守篇［M］．上卷．中国方志丛书・广东省．台北：成文出版社，1969：118.

利益集团选择的“禁海”策略是使其获得巨大收益的策略。对于开海方利益集团来说，他们迫于统治者的压力、自身规模的局限和当时的政治经济状况，也被迫支持禁海的策略，维持原有的海外贸易制度。所以此时开海方利益集团和禁海方利益集团达成了一致，完全信息静态博弈实现均衡。

在明中后期，开海方利益集团中各种势力的实力和规模都有所增强，他们不断努力实现明王朝的海外贸易制度变迁，实现自由开放的对外贸易，这样他们可以获取更多的利润和更安全的生活方式，所以他们的最优策略是支持开海。对于统治者和决策中枢来说，当下的政治经济社会状况也使他们认识到开海的利益，所以这个中间派也开始支持开海方利益集团。而对于禁海方利益集团来说，迫于此时统治者态度的转变和海外贸易、海防及财政的形势，不得不选择支持开海的策略，所以此时开海方利益集团和禁海方利益集团也会达成一致，实现完全信息静态博弈的均衡。现实中，明王朝在隆庆元年开海。

4. 隆庆开海

基于国内外政治经济社会形势的变化和开海方利益集团的努力，明王朝于隆庆元年（1567）开放海禁，并且设计了与前代市舶征税制度不同的征税制度，“隆庆改元，福建巡抚都御史涂泽民请开海禁，准贩东西二洋。盖东洋若吕宋、苏禄诸国，西洋若交阯、占城、暹罗诸国，皆我羁縻外臣，无侵叛。而特严禁贩倭奴者，比于通番接济之例。”[①] 隆庆开海是开海方利益集团与禁海方利益集团博弈的结果，统治者暂时代表了开海方的利益，但其开海也有诸多的局限。首先，隆庆开海只开放了福建漳州的月港，月港是一个面积很小的港口，而嘉靖年间的“倭寇”中混杂的很多中国海商就是漳州人，所以开放月港这一个小地方很容易达到“息祸”的目的。其次，对月港的交易有诸多限制。如限制中国海商出海通商的国家，不能任其随意到想去的国家贸易；限制海商交易的物品，诸如铜、铁、硝黄等物品都是严禁交易的物资；限制海商出海的数量，海商请引的数量是有限的，官府通过放引而控制商船的数量，并且海商回帆时要凭引到督饷馆缴税。但不管怎样，隆庆开海使私人海外贸易合法化，开启了明代海外贸易新的发展时期。

---

① （明）张燮．东西洋考·饷税考［M］．卷7．丛书集成初编第3260册．北京：商务印书馆，1936：89.

8.2.2　海外贸易税制变革

1. 月港饷税的征收与税制设计

（1）新的税收管理机构——督饷馆

督饷馆是明中后期官府为征收饷税而在海澄月港设立的税收管理机构，是由明代前期官府打击走私和敌对势力的海防机构演变而来。由于“漳州海沧之人悍谲尤甚，素号难驯，嘉靖年间始置安边馆，轮委通判一员”[①]。俞大猷也建议在福建沿海百姓中施行保甲法，既可使其相互接济，也可令其相互监督，并建议“巡海道长驻漳州，方能令出遂行，否则缓不济事矣”[②]，将巡海道迁至漳州，设置安边馆维护海防。此时漳州海防机构的设置已经初具规模。嘉靖三十年（1551）巡海道柯乔于月港设置靖海馆，嘉靖四十二年（1563）福建巡抚谭纶又将靖海馆改为海防馆。此海防馆就是督饷馆的前身。隆庆开海时，月港准许私人海外贸易，需要用税收的手段对其进行规范的管理，海防馆就改为督饷馆而成为征税机构。督饷馆的主要职责是对海商发放商引并据此征税，以及对商船进行税务稽查，通过检查和监督商船的交易行为，防止出现隐匿货物而偷漏税收的情况。

（2）饷税的税制设计

①引税。商船出海前要到督饷馆请引，商引上要填写货物种类、货物数量、船只大小、人员身份、贸易国家等信息，督饷馆对商引征税若干，即为“引税”。“东西洋每引税银三两，鸡笼、淡水税银一两，其后加增东西洋税银六两，鸡笼、淡水二两”[③]。起初商引只限定出海船只数量，不限制目的地国家。万历十七年（1589）中丞周寀将前往东西洋贸易的贾舶总数定为每年88艘，颁发商引进行管理。但是出海贸易的海商越来越多，远远超过商引的数量，所以引数又增至110引。万历二十五年（1597）引数又增加到137引，商引供不应求，价格自然水涨船高，利用商引投机钻营之事也是数

---

① （明）胡宗宪．筹海图编·小埕水寨［M］．卷4．景印文渊阁四库全书第584册．台湾商务印书馆，2008：109.

② （明）俞大猷．正气堂集·呈福建军门秋厓朱公揭·条议汀漳山海事宜［Z］．卷2．清道光二十一年刻本。

③ （明）张燮．东西洋考·饷税考［M］．卷7．丛书集成初编第3260册．北京：商务印书馆，1936：90.

不胜数。此外，凭引管理和征收引税的同时仍然强调海防，抵制海外敌对力量。如过洋之船多乘东北风去，乘西南风回，就算行驶缓慢也都会在夏天之前回帆，只有去日本的商船会在九月或十月间才能够乘风汛返航，并且从日本回来的商船多是只携带金银，没有货物，所以如果有海船是在九月十月登岸，并且没有装载太多货物，就必定是从日本回帆，即使有商引也要以“通倭罪”惩处。

②水饷。“水饷者以船之广狭为准，其饷出于船商”，即是按照船只大小来征税。其具体规定是，“西洋船面阔一丈六尺以上者，征饷五两。每多一尺加银五钱。东洋船颇小，量减西洋十分之三”；“鸡笼、淡水地近船小，每船面阔一尺，征水饷五钱”[①]。“面阔”就是船宽，即出海商船以宽度一丈六尺为起征点，西洋船宽度达到一丈六尺者，每尺征饷5两，宽度每多一尺加银5钱。东洋船较西洋船的体积稍小，税额按西洋船的十分之七征收，即东洋船宽度达到一丈六尺者，每尺征税银3.5两，宽度每多一尺加征税银5×0.7=3.5钱。表8-1中列示了万历三年（1575）时东西洋船的水饷税率。鸡笼、淡水的船只因航行距离近、体积小，每船宽度达到一尺即征水饷五钱。明代测量船宽的方式是“梁内阔，则止丈走风梁上面，两旁除去栏河，方为实数”[②]。面阔并不是船只的最大宽度，比面阔更宽的部位是官舱梁头，如果将商船两侧的排水沟也算上，则船只宽度的数值将更大，征税也会更多。明代转漕于海的遮洋船可以装米四五百石，是海运中的主要船只，其“底阔一丈一尺”。明中后期的海船，“舟大者，广可三丈五六尺，长十余丈。小者，广二丈，长约七八丈”[③]。但是国家出使外邦的海船都颇为巨大，如永乐年间郑和下西洋乘坐的宝船大者“阔一十八丈”，中者“阔一十五丈”，嘉靖年间陈侃出使琉球乘坐的船只“阔二丈六尺”。可以看出水饷确定的征税标准不管从船只宽度的计量单位上考虑，还是从当时社会中运营船只的普遍大小来考虑，都考虑到适度征税的问题。

---

① （明）张燮．东西洋考·饷税考［M］．卷7．丛书集成初编第3260册．北京：商务印书馆，1936：90.

② （明）汤日昭．万历温州府志·战船［M］．卷6．四库存目丛书·史部210．济南：齐鲁书社，1996：588.

③ （明）张燮．东西洋考·舟师考［Z］．卷9．丛书集成初编第3260册．北京：商务印书馆，1936：117.

表 8-1　　万历三年（1575）东西洋船水饷税率表

船阔	每尺抽税银（两）		一船该银（两）	
	西洋船	东洋船	西洋船	东洋船
一丈六尺	5	3.5	80	56
一丈七尺	5.5	3.85	93.5	65.45
一丈八尺	6	4.2	108	75.6
一丈九尺	6.5	4.55	123.5	86.45
二丈	7	4.9	140	98
二丈一尺	7.5	5.25	157.5	110.25
二丈二尺	8	5.6	176	123.2
二丈三尺	8.5	5.95	195.5	136.85
二丈四尺	9	6.3	216	151.2
二丈五尺	9.5	6.65	237.5	166.25
二丈六尺	10	7	260	182

资料来源：（明）张燮．东西洋考·饷税考［M］．卷 7．丛书集成初编第 3260 册．北京：商务印书馆，1936：90.

从隆庆时期到万历时期，水饷数额呈急速上升又急剧下降的趋势。隆庆六年（1572）水饷征收额约为 3000 两，万历三年（1575）约为 6000 两，万历四年（1576）约为 10000 两，万历十一年（1583）为两万多两，万历二十二年（1543）约为 29000 两，万历二十七年（1599）约为 27000 两，万历四十三年（1615）约为 23400 两，此后由于荷兰殖民者的劫掠，出海商船受到强烈的影响，水饷数额也迅速下降，直到明末也未再有大幅增加①。

③陆饷。陆饷是对进口商品征收的进口税，以货物的价值为计税依据。"陆饷者以货多寡计值征输，其饷出于铺商"，为了防止海商隐匿货物，官府规定商船到岸后不能擅自卸货，要有专门的铺商接买货物，"应税之数给号票，令就船完饷，而后听其转运"②。

从表 8-2 中可以看出，万历时期进口商品类别丰富，有珍稀宝物，如象牙、犀角、玳瑁等；有香药，如冰片、燕窝、荜拨、阿魏等；有纺织品，如锁服、暹罗红纱、土丝布等；有矿产原材料，如红铜、烂铜等；有日常用

---

① 李金明．明代海外贸易史［M］．北京：中国社会科学出版社，1990：155.

② （明）张燮．东西洋考·饷税考［M］．卷 7．丛书集成初编第 3260 册．北京：商务印书馆，1936：90.

品，如笔筒、草席、番纸、番镜等；有鸟兽皮毛，如孔雀尾、沙鱼皮、蛇皮等。明代进口商品的结构和宋元时期相比也有一些变化，用于百姓生活的普通消费品相对增加，用于统治者消费的奢侈品相对减少。在征税原则上，对珍贵香料、珠宝等奢侈品征税的比例较高，如万历十七年（1589）对象牙（成器者）每100斤征税银1两，对冰片（上者）每10斤征税银3.2两，对燕窝（白者）每100斤征税银1两，对檀香（成器者）每100斤征税银0.5两，这些商品征税的比例远远大于其他生活用品、矿产原材料和普通香药的征收，对奢侈品征收较高的税收主要是为了增加王朝的财政收入，也有调节人们消费和促进税收公平的作用。从表8－3中也可见万历四十三年（1615）陆饷抽税比例与万历十七年（1589）的比较情况。万历四十三年（1615）海外贸易征税的确有大幅的减免，“漳州府议东西二洋税额（即陆饷数额）贰万柒千捌拾柒两陆钱叁分叁厘（27087.633两），今应减银叁千陆百捌拾柒两陆钱叁分叁厘（3687.633两），尚应征银贰万叁千肆百两（23400两）”[①]，减税的比例达到13.6%。

表8－2　万历时期陆饷抽税则例

货物名称	征税单位	税银（两）	
		万历十七年（1589）	万历四十三年（1615）
胡椒	100斤	0.25	0.216
象牙（成器者）	100斤	1	0.864
象牙（不成器者）	100斤	0.5	0.432
苏木（东洋大小）	100斤	0.02	0.021
苏木（西洋大小）	100斤	0.05	0.043
檀香（成器者）	100斤	0.5	0.432
檀香（不成器者）	100斤	0.24	0.207
奇楠香	1斤	0.28	0.242
犀角（花白成器者）	10斤	0.34	0.294
犀角（乌黑不成器者）	10斤	0.1	0.104
沈香	10斤	0.16	0.138
没药	100斤	0.32	0.276
玳瑁	100斤	0.6	0.518
肉豆蔻	100斤	0.05	0.043

① （明）张燮．东西洋考·饷税考［M］．卷7．丛书集成初编第3260册．北京：商务印书馆，1936：97.

续表

货物名称	征税单位	税银（两）	
		万历十七年（1589）	万历四十三年（1615）
冰片（上者）	10 斤	3.2	2.765
冰片（中者）	10 斤	1.6	1.382
冰片（下者）	10 斤	0.8	0.691
燕窝（白者）	100 斤	1	0.864
燕窝（中者）	100 斤	0.7	0.605
燕窝（下者）	100 斤	0.2	0.173
鹤顶（上者）	10 斤	0.5	0.432
鹤顶（次者）	10 斤	0.4	0.346
荜拨	100 斤	0.06	0.052
黄蜡	100 斤	0.18	0.155
鹿皮	100 张	0.08	0.069
子绵	100 斤	0.04	0.034
番被	1 床	0.012	0.01
孔雀尾	1000 支	0.03	0.027
竹布	1 匹	0.008	0.007
嘉文席	1 床	0.05	0.043
番藤席	1 床	0.01	0.012
大风子	100 斤	0.02	0.017
阿片	10 斤	0.2	0.173
交趾绢	1 匹	0.01	0.014
槟榔	100 斤	0.024	0.021
水藤	100 斤	0.01	0.009
白藤	100 斤	0.016	0.014
牛角	100 斤	0.02	0.018
牛皮	10 张	0.04	0.035
藤黄	100 斤	0.16	0.138
黑铅	100 斤	0.05	0.043
番锡	100 斤	0.16	0.138
番藤	100 斤	0.026	0.022
乌木	100 斤	0.018	0.015
紫檀	100 斤	0.06	0.052
珠木壳	100 斤	0.05	0.043
番米	1 石	0.014	0.01
降真	100 斤	0.04	0.034

续表

货物名称	征税单位	税银（两）	
		万历十七年（1589）	万历四十三年（1615）
白豆蔻	100 斤	0.14	0.121
孩儿茶	100 斤	0.18	0.155
束香	100 斤	0.21	0.181
乳香	100 斤	0.2	0.173
木香	100 斤	0.18	0.155
番金	1 两	0.05	0.043
丁香	100 斤	0.18	0.155
紫檩	100 斤	0.1	0.086
血碣	100 斤	0.4	0.346
鹦鹉螺	100 个	0.014	0.012
毕布	1 匹	0.04	0.034
锁服（红者）	1 匹	0.16	0.138
锁服（余色）	1 匹	0.1	0.086
阿魏	100 斤	0.2	0.173
芦荟	100 斤	0.2	0.173
马钱	100 斤	0.016	0.014
椰子	100 个	0.02	0.017
海菜	100 斤	0.03	0.026
没石子	100 斤	0.2	0.173
虎豹皮	10 张	0.04	0.035
龟筒	100 斤	0.2	0.173
苏合油	10 斤	0.1	0.086
安息香	100 斤	0.12	0.014
鹿角	100 斤	0.014	0.012
番纸	10 张	0.06	0.005
暹罗红纱	100 斤	0.5	0.414
棕竹	100 枝	0.06	0.052
沙鱼皮	100 斤	0.068	0.059
螺蚆	1 石	0.02	0.017
獐皮	100 张	0.06	0.052
獭皮	10 张	0.06	0.052
尖尾螺	100 个	0.016	0.014
番泥瓶	100 个	0.04	0.034
丁香枝	100 斤	0.02	0.017

续表

货物名称	征税单位	税银（两）	
		万历十七年（1589）	万历四十三年（1615）
明角	100 斤	0.04	0.034
马尾	100 斤	0.1	0.09
鹿脯	100 斤	0.04	0.034
磺土	100 斤	0.01	0.009
花草	100 斤	0.2	0.173
油麻	1 石	0.012	0.01
黄丝	100 斤	0.4	0.346
锦魴鱼皮	100 张	0.04	0.034
甘蔗乌	1 个	0.01	0.009
排草	100 斤	0.2	0.173
钱铜	100 斤	0.05	0.043

资料来源：（明）张燮．东西洋考・饷税考［M］．卷 7．丛书集成初编第 3260 册．北京：商务印书馆，1936：92.

表 8－3　　万历后期陆饷新增货物抽税则例

货物名称	征税单位	税银（两）	货物名称	征税单位	税银（两）
哆罗嗹（红色）	1 匹	0.519	粗丝布	1 匹	0.008
哆罗嗹（余色）	1 匹	0.346	西洋布	1 匹	0.017
番镜	1 面	0.017	东京乌布	1 匹	0.02
番铜鼓	1 面	0.087	八丁荠	100 斤	0.1
红铜	100 斤	0.155	正青花笔筒	1 个	0.004
烂铜	100 斤	0.087	青玻璃笔筒	1 个	0.0045
土丝布	1 匹	0.016	白玻璃盏	1 个	0.004
琉璃瓶	1 个	0.01	莺哥	1 个	0.03
草席	1 床	0.009	漆	100 斤	0.2
红花米	100 斤	0.2	犀牛皮	100 斤	0.1
马皮	100 张	0.346	蛇皮	100 张	0.2
猿皮	100 张	0.1	沙鱼翅	100 斤	0.068
翠鸟皮	40 张	0.05	樟脑	100 斤	0.1
蝦米	100 斤	0.1	火炬	1000 枝	0.1
棕竹枯	100 枝	0.03	绿豆	1 石	0.01
黍仔	1 石	0.01	胖大子	100 斤	0.03
石花	100 斤	0.026			

资料来源：（明）张燮．东西洋考・饷税考［M］　卷 7．丛书集成初编第 3260 册．北京：商务印书馆，1936：94.

④加增饷。加增饷是对开往东洋吕宋贸易的商船加征的税收，“加增饷者，东洋吕宋，地无他产，夷人悉用银易货，故归船自银钱外无他携来”[①]，由于当时占据菲律宾群岛的西班牙殖民者开辟了由吕宋到墨西哥的“大帆船航线”，把墨西哥银元运到吕宋用来购买中国的丝绸与瓷器，所以中国前往吕宋的商船在返航时常常都是只装载银元，别无他物。所以这些商船在被征收陆饷和水饷的同时，还要被征收加增饷。加增饷征收初期，“属吕宋船者，每船另追银百五十两”，“后诸商苦难，万历十八年量减至百二十两”[②]。为了逃避加增饷的征收，一些从吕宋返航的商船常常装载大米，这样就不是空船运输，并且大米还可以使商人营利，所以加增饷在征收中常出现漏税的现象。万历四十五年（1617）督饷馆又做出规定，一艘商船只准载米50石作为食用米，予以免税，超过50石的部分按照番米征收，每石税银1分2厘。

2. 广州、澳门进出口税的征收

饷税只针对海澄月港的私人海商而征收，以税收的形式肯定了私人海外贸易的合法性。但是广州和澳门海外贸易征税和月港略有不同，广州和澳门只准外商进入港口贸易，不准中国私人海商出海贸易，广东和澳门仍由市舶司进行征税，所以明代中后期并没有撤销市舶司。广州在正德年间曾对舶货进行抽分，“明正德年间巡抚周南具奏于桥下设场抽税，胡椒百斤税银五钱，苏木百斤税银二钱五分，杂货百斤税银五厘，土木百斤税银五分。后又增抽铁税，其银汇解梧州府备饷”[③]。此处胡椒、苏木都是常见的进口舶货。隆庆五年（1571）由于外商偷漏税现象时有发生，遂改为丈抽之制，就是按照船只的大小征税。“西洋船定为九等，后因夷人屡请，量减抽三分，东洋船定为四等。”[④] 蕃舶到岸，由海防同知、市舶提举和香山正官一同对船只进行丈量，每艘船长若干、阔若干，出水若干、载货若干、货重若干、该征

① （明）张燮．东西洋考·饷税考［M］．卷7．丛书集成初编第3260册．北京：商务印书馆，1936：90.

② （明）张燮．东西洋考·饷税考［M］．卷7．丛书集成初编第3260册．北京：商务印书馆，1936：90.

③ （清）郝玉麟．（雍正）广东通志·贡赋·海税［M］．卷22．景印文渊阁四库全书第562册．台湾商务印书馆，2008：795.

④ （清）梁廷楠原著，袁钟仁校注．粤海关志·贡舶二［M］．卷22．广州：广东人民出版社，2002：113.

银若干，都要被登记在簿，估税完毕后才能听其贸易。如有漏税者，补税治罪。万历六年（1578）葡萄牙人被允许进入广州采购中国商品进行贩运，但是要缴纳出口税。葡萄牙人在澳门的贸易开始较早，中国政府在嘉靖三十三年（1554）开始对澳门的葡萄牙殖民者征税。朝廷在澳门设置市舶司征收进出口税和停泊税，都是以船只的大小征税。每当船舶到达港口时，澳门地方官便报知香山县布政司和海道，并通知市舶司的官员，各机构派吏员协同对舶船进行丈量和查验，完税之后舶船才可以进一步贸易。万历年间神宗派太监到广东、澳门督监税收，四处搜刮，纵恣为害，引起百姓极大不满。如吉安推官郭尚宾“尤愤中官之横，尝因事论税使李凤、高寀、潘相，颇称敢言”[①]。广东巡按御史林秉汉在奏折中说：“税使李凤而令粤人之被其毒也。”[②] 这也是广东、澳门海外贸易征税上的特别之处。

8.2.3　明末海外贸易征税的重复博弈

虽然开海方利益集团在海外贸易制度变迁中取得暂时性胜利，隆庆开海承认了私人海商贸易的合法性，允许其进行有限度的自由贸易，但是关于开海和禁海的争论并没有结束，明后期一旦国际国内环境发生变化，统治者的态度就会在“开海”与“禁海”之间摇摆，导致海外贸易政策很不稳定。如万历二十一年（1593）日本的丰臣秀吉发大军侵略朝鲜，朝鲜是中国的附属国，所以明王朝也集结军队参加朝鲜战争，中日之间矛盾激化。由于国际环境的变化，明朝官府严申海禁，“凡有贩番诸商，告给文引者，尽行禁绝。敢有故违者，照例处以极刑。官司有擅给文引者，指明参究”。这次禁海导致漳州海商损失惨重，福建巡抚许孚远上疏云，“引船百余只，货物亿万计，生路阻塞，商者倾家荡产，佣者束手断飧。阖地呻嗟，坐以待毙”。许孚远认为，禁令严酷，可能会适得其反，且漳州海防兵士的军饷半数取于月港的饷税，所以“禁绝商路不几于因噎而废食乎，乞念边海民生之重，详请弛禁复旧通商”[③]。内阁首辅李廷机认为海禁甚严之时，倭寇反而猖獗，

---

① （清）阮元修，陈昌齐等纂．道光广东通志·列传十五［M］. 卷 282. 续修四库全书 674 册．上海：上海古籍出版社，2002：767.

② （明）吴亮．万历疏钞·阉官类·乞处粤璫疏［Z］. 卷 20. 续修四库全书第 469 册．上海：上海古籍出版社，2002：17.

③ （明）陈子龙．明经世文编·疏通海禁疏［M］. 卷 400. 北京：中华书局，1962：4333.

"后始弛禁，民得明往，而稍收其税以饷兵，自是波恬。"[①] 开海可以使贫民获得生活的来源，禁海只能使生路断绝的贫民铤而走险。徐光启认为以前的朝贡贸易远远不能满足国内百姓对舶货的需求，"则有私通市舶者。私通者，商也。官市不开，私市不止，自然之势也，又从而严禁之，则商转而为盗，盗而后得为商矣"。朝廷应该对不同国家进入中国的蕃商，以及出海目的地不同的中国海商进行差别而妥善的管理，则"可以为两利之道，可以为久安之策，可以税应税之货，可以禁应禁之物"[②]。万历二十七年（1599）百户张宗仁请复浙江市舶，认为每年可以为朝廷获得税银四万两，是一笔很大的财政收入，朝廷便命太监刘成榷税浙江。但是沈一贯立刻上奏反对："市舶为番货买卖而设，尚谓徒扰于民，无益于国，罢之，今无舶久矣，复何税焉?"他认为"所谓市舶者，但以三年五年之间，倭番一贡有海舶来，设置内臣镇定之防其为乱，而非以为利"[③]，他认为国家允许市舶贸易不是为了求利，不是为获取财政收入，而是为保证沿海地区军事安全，并且当时臣僚中持这样观点的有很多人。由于统治者和朝中很多官员仍是把保证国家海防安全作为首要目标，所以明后期沿海地区仍有多次海禁。如天启二年（1622）为防止荷兰殖民者渗入中国边境，沿海开始海禁，直到天启四年（1624）福建巡抚南居益痛击荷兰人，收复被他们侵占的澎湖列岛后，海禁才稍微放松。崇祯元年（1628）明王朝国势衰微，沿海地区海盗又开始猖獗，朝廷下令禁止舶船出海，直到崇祯四年（1631）才又开始允许私人海外贸易。总之，明代海外贸易征税是为了获取兵饷，明代海外贸易制度仍是为维护王朝统治而服务。

8.3 清初海关税建设与市舶制度的终结

8.3.1 清初海禁与开海

为了防止沿海民众与反清复明势力相结合，防止郑成功势力借助外国力量对清王朝统治产生威胁，清王朝于顺治十二年（1655）严令沿海地区

---

① （明）陈子龙．明经世文编·报徐石楼［M］．卷460．北京：中华书局，1962：5041．

② （明）陈子龙．明经世文编·海防迂说制倭［M］．卷491．北京：中华书局，1962：5443．

③ （明）沈一贯．敬世草·谏遣榷使揭帖［Z］．卷4．明刻本．

"无许片帆入海，违者立置重典"①。顺治十三年（1656）皇帝敕谕中又一次强调，海逆郑成功等势力仍是王朝隐患，必然有奸人暗通线索，资其粮物，所以必须严禁法治，肃清海防。此后，朝廷又多次下达迁海令，规定福建、广东、浙江、江南四省沿海居民往内地迁移三十里到五十里，其间房屋、树木皆毁，形成无人区，对沿海地区的生产力造成极大的破坏。有一些臣僚对海禁提出反对意见，如广东巡抚王来任上疏说，"本省起存地丁、盐课、杂税等项共计一百二十余万，尚需外省协济，一百余万是朝廷空有此疆土，不能有其赋税"，海禁使广东沿海"流离数十万之民，每年抛弃地丁钱粮三十余万两"，"未迁之民，日苦派办，流离之民各无栖址，死丧频闻，欲生民不困苦其可得乎"②。江苏巡抚慕天颜上疏说，"自迁海既严而片帆不许出洋矣，生银之两途并绝"，国家的财政收入受到很大影响，沿海居民生活也受到很大打击，其实"番舶之往来，以吾岁出之货而易其岁入之财，岁有所出，则于我毫无所损，而殖产交易愈足"，只要对海外贸易进行恰当的管理，就可以打破目前沿海地区的困窘状态，"惟一破目前之成例曰开海禁而已矣"③。但是鉴于清王朝立国不久，政权尚未稳固，"三藩"尾大不掉，郑氏集团实力不容小觑，所以此时不可能开海。直到康熙十九年（1680），三藩之乱逐步平定，清军收复厦门和金门，郑成功的势力退居台湾，朝廷于是在山东开了海禁，允许沿海居民捕鱼煮盐，并对其征税。康熙二十二年（1683）郑克塽降清，清廷的心腹大患已经消除，朝廷开始全面开海。"台湾已服，尚禁商舶出洋互市，则施琅、蓝鼎元等屡议而开之"④。康熙二十二年（1683）上谕"前因海寇未靖，故令迁界，今若令民耕种采捕，甚有益于沿海之民，浙闽等省亦宜有之"，并派臣僚前往沿海地区勘察海界。康熙二十三年（1684）朝廷设立闽、粤海关，认为开海贸易对于闽粤沿海居民有益，且出海贸易的都是富商大贾，"薄征其税不致累民，可充闽、粤兵饷"，再者，闽、粤二省若能民用充阜、财货流通，也可以"免腹里省分转

---

①（清）金象豫．国朝大事记·世祖大政纪略［M］．卷4．续修四库全书第390册．上海：上海古籍出版社，2002：349.

②（清）史澄．（光绪）广州府志·前事略六［M］．卷80．中国地方志集成·广东府县志辑．上海：上海书店；成都：巴蜀书社；南京：江苏古籍出版社，2003：386.

③（清）贺长龄．皇朝经世文编·户政一·请开海禁疏［Z］．卷26．清光绪十二年思补楼重校本。

④（清）丁曰健．治台必告录·康熙戡定台湾记［M］．卷1．续修四库全书第882册．上海：上海古籍出版社，2002：214.

输协济之劳”，“故令开海贸易”[①]。康熙二十四年（1685）上谕开海贸易，“今海内一统，寰宇宁谧，无论满汉人民一体，令出洋贸易，以彰富庶之治”[②]。朝廷允许江、浙两省自由海外贸易，禁例同闽、广两省，并设立海关。至此清政府设置了闽海关[③]、江海关、浙海关和粤海关，中国开启了较为规范的海关税时代，市舶制度至此终结。

8.3.2 清初海关税的基本体系

1. 船钞

清代的船钞是明代“水饷”的延续，又称为梁头税或者丈量税，就是丈量船舶梁头的宽度，然后按尺征收税收。康熙时期设立粤海关后，海关监督宜尔格图上奏，往日船只满载珍奇宝货，价值较高，而今日船舶大多装载的都是常规日用品，价值低廉，十船不及往日一船，请求在征收船税的基础上再减二分，东洋船照旧例执行。宜尔格图的建议得到朝廷准允，并且其他海关也按照粤海关例征税。表 8－4、表 8－5、表 8－6 列出了粤海关对于不同等级的东洋、西洋和本国船只的船税征收税率表。

表 8－4　粤海关东洋船只税率表

等级	船长（丈）	船宽（丈）	长宽相乘（丈）	应缴税银（两）	实缴税银（两）
一等	7.5	2.4	18	1400	1120
二等	7.0	2.2	15.4	1100	880
三等	6.0	2.0	12	600	480
四等	5.0	1.6	8	400	320

资料来源：（清）梁廷楠总纂，袁钟仁校注．粤海关志·税则二·船料［M］．卷 9．广州：广东人民出版社，2002：186．

① （清）王先谦．东华录［M］．康熙 34．续修四库全书第 370 册．上海：上海古籍出版社，2002：143．

② （清）官修．皇朝通志·食货略［M］．卷 93．景印文渊阁四库全书第 645 册．台湾商务印书馆，2008：321．

③ 学者关于闽海关的设立地点有诸多争论，日本学者平松量和彭泽益认为闽海关在厦门。另一位日本学者寺田隆信和澳大利亚国立大学的詹妮弗·库什曼博士认为闽海关在漳州。泰国学者萨拉辛·维拉福博士认为闽海关初设在漳州，后迁至厦门。陈希育和邱普艳认为闽海关的总部初设在福州，后于康熙二十四年（1685）在厦门设立海关。

表 8－5　　粤海关西洋船只税率表①

等级	船长（丈）	船宽（丈）	长宽相乘（丈）	应缴税银（两）	实缴税银（两）
一等	7.5	2.4	18	1400	1120
二等	7.2	2.2	15.84	1100	880
三等	6.6	2.0	13.2	600	480

资料来源：（清）梁廷楠总纂，袁钟仁校注．粤海关志·税则二·船料［M］．卷 9．广州：广东人民出版社，2002：186.

表 8－6　　粤海关本国船只税率表

等级	船长（丈）	船宽（丈）	长宽相乘（丈）	每丈征银（两）	一船征银（两）
一等	7.3	2.2	16.06	15	240.9
二等	7.0	2.0	14	13	182
三等	6.0	1.8	10.8	11	118.8
四等	5.0	1.6	8	9	72

资料来源：（清）梁廷楠总纂，袁钟仁校注．粤海关志·税则二·船料［M］．卷 9．广州：广东人民出版社，2002：186.

2. 货税

清代的货税是对明代“陆饷”的延续，是对进出口商品所征的税收。以粤海关税则为例，“凡贡物皆征其税，惟外藩之贡物则不征。凡免税者核其实而验放焉。凡输税者衣物之属以匹计，以身计，以卷计，以筒计，以件计，以个计，以副计，以条计，以斤计，以十双百双十顶百顶计；食物、用物及杂货之属以斤计，以篓计，以包计，以个计，以担计，以块计，以件计，以张计，以坛计，以埕计，以石计，以十套百套十把百把计；牲畜之属以口计，以价计。其货有包者不除包皮，每百斤作九十斤科算”。从征税对象的计量单位上看，清代货税的征收仍是以从量征收为主。“凡杂货如装载砖瓦、石灰、蚬壳、缸坛、稻壳、柴灰、草料、猪牛、杂毛之属，其船俱补半料”。“凡肉果、枳梗、炭、乌木、臭泥、臭莲肉之属免其科税，醃蒜苗

① 西洋船舶税的征收多有变动，据《钦定大清会典事例》记载，西洋一等船只原来征银 3500 两，二等船只原来征银 3000 两，三等船只原来征银 2500 两，至康熙二十七年（1698）改成按照东洋船的征收标准。

瓜菜神元宝之属，亦免科税，不类此者不得牵混援引。”[①] 从文献中可以看出清代海关进出口种类繁多，大致分为衣物、食物、用物、牲畜和杂货几类。这些舶货中也有粗、细之分，虽有珍宝珠玉等奢侈品，但是也有不少价值较为低廉的生活用品和杂物。对那些具有一定价值的舶货征收货税，而价值极为微小的舶货交易仅是沿海百姓糊口所依，所以予以免税，这也体现了税收的量能负担原则，体现了税收在纳税人之间的公平分配。

除此之外，清初海关征税还有杂税，即正常海关税之外的附加。杂税有诸多名目，如规礼、担头、分头、火耗、平余、行用、缴送等，这给国内外海商都带来额外的负担，令他们苦不堪言。其中以“规礼银”为最恶。在粤海关设立之初，海关官吏就在船钞、货税之外向进出口商船勒索规礼银，“不分等次一律完纳”。起初这些钱都被官吏、丁役等人据为己有，雍正四年（1726）经管关巡抚杨文乾等上奏将规礼银“刊入例册，每船额收进口规银一千一百二十五两九钱六分九”[②]。虽然朝廷也有对规礼银的管制，如《国朝先正事略》载雍正六年（1728）六月“阿克敦勒索暹罗船户规礼银，诏革官职”[③]。但是规礼银在征收中还是受到中外海商的强烈反对[④]。

8.4 明清市舶制度变迁中反映的财政规律

8.4.1 体现财政制度发展的一般规律

1. 中国财政的收入来源结构由农业为主体向农、工、商业多支柱转型

传统中国的财政收入一贯以农业税为主体，但宋元时期商品经济的发展使税收结构开始变化，国家对工商业征收的工商税收持续上升，尤其在江南及沿海地区，海外贸易的繁荣刺激当地产业结构调整，来自工商业的财政收

① （清）梁廷楠原著，袁钟仁校注．粤海关志·税则一［M］．卷8．广州：广东人民出版社，2002：155.

② （清）梁廷楠原著，袁钟仁校注．粤海关志·税则一［M］．卷8．广州：广东人民出版社，2002：157.

③ （清）李元度辑．国朝先正事略·杨清端公事略子文乾［M］．卷8．续修四库全书第538册．上海：上海古籍出版社，2002：190.

④ 如雍正十年（1732）驻扎广州的英、荷、法、瑞典等国的海商联名向清政府上奏，要求减免规礼银的征收，但是清政府不予理会。

入愈加重要。前文辑录了地处沿海的庆元府和镇江的土地收入和工商税收的情况，可以看到商品经济对这些区域税收结构的影响作用，也可以看出经济促进税收增长、税收制度反过来影响经济发展的辩证关系。明中期海澄月港征收饷税后，市舶税收的数额增加更快，成为兵饷的支柱。清初确立了规范的海关税体系后，关税收入（包括常关税与海关税）就成了除田赋和盐课之外的重要项目，到了清中后期关税更是国家财政的重要支柱[①]。所以市舶征税到海关税税收数额的变化折射出工商税收地位的凸显，反映出中国以传统农业经济为主体的国民经济构成转向农、工、商多种经济部门共同发展的趋势，财政汲取收入的基础更加稳固。

2. 反映了政府间财政关系构建中集权与分权的博弈

从征收机关的组织与归属管理上看，中央和地方政府间在关于海外贸易税收管理权的博弈中由集权走向分权。宋初市舶管理实行“州郡兼领”，东南沿海市舶之利都是被地方政府控制。元丰时期中央集权进一步强化，《广州市舶条》规定市舶事务由漕臣兼领、由转运使主持[②]，崇宁初到南宋末年官府对市舶事务设置“专置提举”，市舶收入都被中央政府严格控制。元初市舶管理在中央与地方政府间摇摆不定，元代中期市舶事务均由各行省管理，从此市舶事务由地方最高行政机关来管理成为基本的制度。明代永乐皇帝派遣宦官掌管沿海朝贡贸易，架空市舶司权力，市舶管理体现了“国家主导”的特点。明朝中后期逐渐开海贸易，不管是隆庆时期定“丈抽之制”，还是海澄实行“月港税制”，都是地方政府主导的改革，并积极参与其中（如饷税就是各府轮流督饷）[③]，最后得到中央政府的认可，这体现了“地方主导”的特点。清前期的财政收入格局中，中央财政占绝对主导的地位，海关税是属于中央的税收。但是清后期财政格局发生巨大变化，海关税中一些

① 项怀诚主编．中国财政通史（清代卷）[M]．北京：中国财政经济出版社，2006：246.

② 本书认为北宋时期转运司更多的代表中央政府的意志。《宋史·职官志七》中记载：转运司官员的职责是“掌经度一路财赋，而察其登耗有无，以足上供及郡县之费。岁行所部，检察储积，稽考帐籍。凡吏蠹民瘼，悉条以上达，及专举刺官吏之事”。所以转运司的职责有三：一是保证中央政府财政收入。二是对所辖州军间的财赋、及州军与中央政府间的财赋进行调拨调剂，保证各州军的财政支出。类似于今天的纵向转移支付与横向转移支付。三是履行对州军财政监督的职责。所以从转运司的职责来看，其更多的代表中央政府的意志。

③ 万历三十四年（1606），考虑到各府佐轮流到漳州督饷十分不便，所以改由漳州本府的五名府佐轮流督饷，每年由一名府佐负责饷税征收事务。

项目（如洋药税及洋药厘金、土药税和土药厘金）也开始由地方政府掌握。在1900年清廷户部所提出的非正式预算表中“海关税”列入“各省入款”，可见地方财权进一步扩大。从中央和地方政府对海外贸易税权争夺过程中，可以窥见中国古代财政体制演变的规律。总的来说，古代中国的地方政府有比较明晰的事权和支出责任，但没有与事权相匹配的财权。在经济社会的演进中、在一些具体财政事务上，地方政府只能不断地与中央政府较量和抗衡，以争取适当的权力。这也反映出，在中国人口总量增长较快的情况下，地方政府所承担的公共产品提供压力越来越大，而国家的集权式治理模式没有适时做出财权、财力的调整，地方政府对市舶收入的争夺是不断迫使国家调整治理模式的尝试，也是财政体制向近代分级管理模式转型的尝试。

3. 财政逐步凸显对经济发展的宏观调控作用

市舶制度向海关制度转型中体现了国家对商品经济规律逐步重视，利用财政手段宏观调控经济发展的作用进一步加强。中国古代的对外贸易形式一直是朝贡贸易，朝贡贸易是不等价不公平的交易，完全违背价值规律，更多的体现政治意义。随着商品货币经济的发展，这种不等价交换的形式逐步被改变。市舶制度中设计了税收手段以获取财政收入，承认私人经济主体的合法地位，这是财政活动遵循价值规律的表现，是财政宏观调控手段规范化和科学化的表现。各个朝代在海外贸易征税的过程中都注重财税法规的建设，规范的财税法则限制投机、走私和非法交易，确保经济主体依法纳税，有利于促进国内统一市场的形成。在市舶征税和海关税的建设中，国家通过税收法规肯定了商品贸易行为，为商品流通创造良好的社会环境，有利于促进商业公平竞争的条件和氛围，有利于推进商品经济发展和海外贸易相关产业的发展。在市舶征税向海关税转型过程中，货币税和从价计征的方式都有利于彰显价格信号的作用，体现价值规律的作用，使税收从生产环节转向销售环节征税，有利于理顺商品货币关系。总之，市舶征税向海关税的转型加强了财政对经济社会宏观调控的作用，财政政策和制度都表现出更为现代化、开放性和国际化的特点。

8.4.2 体现税收制度演进的基本特点

1. 由单一进口税演进为进口税与出口税相互配合

唐玄宗时期开始派遣市舶使到沿海港口抽解蕃舶，在这种含税的“抽解”中，官府即对进口商品进行征税。例如，宋太宗雍熙年间“大抵海舶至，十先征其一”[①]。宋高宗时期“三路市舶司今后蕃商贩到龙脑、沉香、丁香、白荳蔻四色，并依旧抽解一分……”[②]。元世祖定江南之后规定“凡邻海诸郡与番国往返互易舶货者”，其货进行抽解[③]。宋元时期这些规定都是对蕃商运到中国的货物，或者土商回帆的货物进行征税，也就是只对进入中国口岸的商品征税，对海商贩运中国商品出海贸易的行为没有征税。明中后期的饷税体系中不但有进口税，还有出口税。“陆饷”是进口税，规定舶船到岸后不能擅自卸货，缴纳陆饷后才能转运。“引税”是出口税，规定每艘出海贸易的商船要到督饷馆登记信息，然后领取商引，按引缴税，税后允许自由贸易。“水饷”也是出口税，规定即将出海的船只按大小容积缴税。清代海关税体系中更是明确有“出口税”这一税种。可见市舶征税向海关税的演进，是由单一的进口税演变为了进口税与出口税的相互配合的税制体系。

2. 由简单的抽分演进为复杂的税收结构

宋代市舶征税的基本标准就是把舶货划分为“粗色”和“细色”，然后按不同税率纳税。如“细色五分抽一分，粗色物货七分半抽一分”[④]。“以十分为率，真珠、龙脑凡细色抽一分，玳瑁、苏木凡粗色抽三分”[⑤]。一般来说，细色是名贵香料、宝石等奢侈品，粗色是纺织品、木材、药材、食品等价格较为低廉的日用品。这样的分类较为笼统和粗放，不能实现税收公平和税收精细化管理。到了元代，市舶征税开始实行土货和蕃货区别对待的“单抽”“双抽”制度。“双抽”是指蕃商的蕃货要接受“抽分”和“舶税钱”双重征税，“单抽”是指土商的土货只需要缴纳“舶税钱”，所以元代市舶征税更为细化和合理，税收结构也较宋代更加复杂。明代的饷税体系由引

---

① （元）脱脱等．宋史·食货下八·互市舶法［M］．卷 186．北京：中华书局，1977：4559.

② （清）梁廷楠著，袁钟仁校注．粤海关志·前代事实二［M］．卷 3．广州：广东人民出版社，2002：30.

③ （清）孙承泽．元朝典故编年考·行舶税［M］．卷 4．景印文渊阁四库全书第 645 册．台湾商务印书馆，2008：752.

④ （宋）罗濬等．宝庆四明志·叙赋下·市舶［M］．卷 6．宋元方志丛刊第 5 册．北京：中华书局，1990：5055.

⑤ （宋）朱彧．萍洲可谈［M］．卷 2．景印文渊阁四库全书第 1038 册．台湾商务印书馆，2008：288.

税、水饷、陆饷和加增饷构成，税收结构更为复杂和完备。清初的海关税大致包括船钞、货税和杂税，很大程度上延续了明代饷税体系。清末的海关税明确由进口税、出口税、复进口半税、子口半税、船钞（即吨税）、洋药税及洋药厘金、土药税和土药厘金、机器制造货出厂税、距海关五十里内常关税的复杂税种体系组成[①]，这完全是近代税收的形式。从市舶征税向海关税的演进中可以看到，政府逐步依据国家经济形势和政策目标合理的选择税种，各个税种相互独立又相互配合，逐渐形成整体布局，不但保证了国家的财政收入，也确保了税收的调控作用，这也体现了税收近代化演进的特点。

3. 实物税演变为货币税

唐、宋、元时期都是对舶货进行实物抽分，基本做法是蕃舶到岸，市舶机构清点货物，按税率直接拿走部分舶货，然后将实物就地售卖或纲运至京城处理，这和唐、宋、元时期不发达的商品经济体系及落后的货币制度有关。实物征税容易产生偷漏税的现象，如明正德时期广东海外贸易征税时，有的舶商不如实上报货物数量，有的商船在入港前就被中国商人私下用小船将货物买去，以此偷逃税收，造成国家的财政损失。由于明中期商品经济的发展和银本位制的确立，货币征税成为可能，“隆庆五年（1571）以夷人报货奸欺，难以查验，改定丈抽之例”[②]，海外贸易领域开始进行货币征税。在明代饷税税则中多处有“征银”的规定，如水饷“西洋船面阔一丈六尺以上者征饷五两，每多一尺加银五钱……”，陆饷对货物征税全都是用“税银”来进行计量。再如《东西洋考》中记载万历十七年（1589）每百斤胡椒征银2钱5分，万历四十三年（1615）每百斤胡椒征银2钱1分6厘[③]，此处也是用白银对进口货物征税。清初海关税更是全面征银，货币税成为常规的征税方式。在商品货币经济不发达的时期，实物税能够保证国家直接掌握实物形态的社会产品，保证国家财政收入，方便公共物资调配和使用，具有一定的优势。但是实物税在税收征缴、物资运输和税收管理上存在诸多漏洞，所以货币税是商品货币经济发展的必然结果。在市舶征税向海关税的演

① 孙文学．中国关税史［M］．北京：中国财政经济出版社，2003：205.

② （清）梁廷楠著，袁钟仁校注．粤海关志·贡舶二［M］．卷22．广州：广东人民出版社，2002：445.

③ （明）张燮．东西洋考·饷税考［M］．卷7．丛书集成初编第3260册．北京：商务印书馆，1936：96.

进中可以看到实物税向货币税转化的过程，这体现了税制演进的基本规律。

4. 从量征收演变为从量和从价相结合的征收方式

宋元时期市舶征税都是按照货物的数量进行抽分，如宋太宗雍熙年间市舶征税的收入是“岁约获五十余万斤、条、株、颗”[①]。熙宁十年（1077）明州、杭州、广州三州市舶司抽解“乳香三十五万四千四百四十九斤”[②]。从“斤、条、株、颗”这样的计量单位可看出当时是单一的从量征税，即以数量和重量为依据征收。但是宋元时期已经开始考虑船只的容积，《诸藩志》载琼州下辖各地皆有市舶，舶舟分为三等，“上等为舶，中等名包头，下等名蜑船，至则津务申州差官打量丈尺，有经册以格税钱”[③]。元代《通制条格》中规定，公验中要写明“船只力胜若干，樯高若干，船面阔若干，船身长若干”[④]，这已经和明代征收水饷时对船只测量的规定很相似了。但是文献所限，无法得知宋元时期究竟如何依据船只容积而征税。明代“正德四年（1509）都御史陈金始奏，以十分抽三为率。贵细解京，粗重变卖，留备军饷”[⑤]，从“贵细”和“粗重”这样的描述中可知此时沿用了宋元时期的抽分方式，对舶货从量征税。明中后期海外贸易征税的计税依据开始变化，隆庆五年（1571）广东海外贸易征税实行“丈抽之例”，商船按船只大小征收差额关税。具体做法是，外商到埠后由海防同知、市舶司提举、香山正官等官员共同确定商船的长宽、容积、载重、载货种类，从而确定税额，商人缴税后自由贸易，此时从量征收的计量单位复杂了很多，不只是数量和质量，还详细规定了容积纳税的方式。此外还有以货物价值征税，如陆饷“以货多寡，计值征输”，“胡椒、苏木等货，计值一两者，征饷二分”，“每货值一两者，税银二分”[⑥]，可见陆饷已经是规范的从价征收。清初海关税税则中规定，货税包含进口税与出口税，进口税税率为从价征收 4%，出口

---

① （元）脱脱等．宋史·食货下八·互市舶法［M］．卷 186．北京：中华书局，1977：4559.

② （清）梁廷楠著，袁钟仁校注．粤海关志·前代事实二［M］．卷 3．广州：广东人民出版社，2002：35.

③ （宋）赵汝适著，冯承钧校注．诸藩志·海南［M］．卷下．北京：中华书局，1956：144.

④ （元）官修，方龄贵校注．通制条格校注·市舶［M］．卷 18．北京：中华书局，2001：537.

⑤ （明）郭棐．（万历）广东通志［M］．卷 69．四库存目丛书·史部 198．济南：齐鲁书社，1996：701.

⑥ （明）张燮．东西洋考·饷税考［M］．卷 7．丛书集成初编第 3260 册．北京：商务印书馆，1936：90.

税税率为从价征收1.6%[①]，清代海关税已经普遍采用从价计征的方式。从价计征的方式有利于扩展征税对象的范围，有利于体现价格信号的灵活性，有利于发挥税收的杠杆作用和宏观调控作用。在市舶征收向海关税转型中，由宋元时期简单的从量征税演变为明清时期从量征收和从价征收相结合，这体现了中国税制的近代转型。

8.4.3 体现税收管理方式的继承与发展

1. 凭证管理方式的一脉相承

宋元时期政府对舶商颁发“公凭”，明代政府对私人海商颁发“商引”，清代厦门海关给商船发放“青单”，在市舶征税向海关税过渡的过程中，这种颁发许可证并督缴税款的管理方式在各个朝代有所延续。在宋代，熙宁七年（1074）诏令：福建沿海港口如有商舶到达，市舶司要对其进行查验，如果拥有抽买之后的“回引”，即完税凭证，就可通行。国内商人若想交易政府抽解的舶货，也要向市舶司申请公凭引目。崇宁三年（1104）规定，舶商在中国进行贸易活动时要向市舶司提出申请，经市舶司“勘验诣实，给予公凭”[②]，外商可以凭此许可证到他州或者京师进一步贸易，“如不出引目，许人告，依偷税法”[③]。元代海商出海贸易前也要向市舶司申请“公验”或“公凭”作为外贸经营许可证，凭证上要勘印市舶的条例法令及船只货物情况。明代中后期开征饷税，规定海外贸易的商船都要进行货物种类、数量、船只大小等基本情况的登记，由督饷馆发给商引，每引按章纳税，称为“引税”，商引就是许可证，海商申请许可证后才能进行贸易活动，此时税收对于海外贸易的管理意义开始凸显。清代厦门海关有正口和小口，小口有商船通行，“则遣人丈量浅深，计算多寡，分别征饷，自本地出者挑赴正口大关报税，给青单放行，谓之出水”[④]。商船经检验后到征税口缴税，给予青单然后放行，青单便是一种完税凭证和许可证。税收凭证可以记录纳税人缴税的情况，便于对纳税人和税款进行监督核查，一方面有利于税务机关的

---

① 孙文学．中国关税史［M］．北京：中国财政经济出版社，2003：127.

② （清）徐松．宋会要辑稿·职官四四［M］．上海：上海古籍出版社，2014：4207.

③ （清）徐松．宋会要辑稿·职官四四［M］．上海：上海古籍出版社，2014：4206.

④ （清）周凯．（道光）厦门志·关赋略［M］．卷7．中国方志丛书·福建省．台北：成文出版社，1966：126.

征收管理，另一方面有利于保护纳税人的权利与合法性，凭证管理的方式在市舶制度和海关税制度中都被有效地继承和发展。

2. 吸纳税务中介参与管理

从宋元时期出现的“牙侩”“舶牙人”，到明代的“三十六行、客纲、客纪”，再到清代的“洋行”，这种由第三方专业经纪人疏通官府和舶商的关系，或者代为销售货物，或者征税的做法基本沿承下来，但中介人的职责有很大变化。宋代文献中多处可见牙人的身影，如宋神宗时期“博买牙人与蕃部私交易”以避免缴税，于是朝廷规定若博买牙人“敢私市，许人告”①。再如《开庆四明续志》中记载明州往来的商船在交易时“官吏之虐取，牙侩之控扼，卒使之干没焉”，使舶商深受盘剥。舶商在接受抽解时不了解中国的贸易政策，被牙人蒙蔽，“远人不察其伪，多以付之奸牙，辄为所匿”而蒙受损失②，此中可见牙人在贸易港口的行为十分活跃。元代的《元典章》和《通制条格》中都记载了“舶牙人”的行为，舶商出海要招募舶牙人担保，这样可以简化舶商审查的程序。明初市舶司在管理贡舶贸易时设有官牙，牙人拥有官府颁发的营业执照，负责在官方簿册上填写舶船的负责人姓名、货物数量等信息，并“每月赴官查照”③。城市乡村一些有资产的民户可以充当牙人，官府给予印信文簿，以记录客商身份及货物情况，且牙人“每月赴官查照”，私充者要受到杖罚④。明律还有规定，“凡泛海客商舶船到岸，将货物尽实报官抽分，不得停塌沿海土商牙侩之家，违者有罪”，可见牙人也会协助海商偷税漏税。正德末年，海外贸易的舶货要受到“市侩评直，官给绢钞之例”⑤，牙人是官府和海商的纽带，牙人的评估关切着海商的实际利益，在交易中的地位很重要。在澳门，“嘉靖三十五年（1556），

---

① （宋）李焘．续资治通鉴长编·起神宗元丰二年七月尽是年八月［M］．卷299．北京：中华书局，1992：7281．

② （宋）梅应发，刘锡．开庆四明续志·蠲免抽博倭金［M］．卷8．宋元方志丛刊第6册．北京：中华书局，1990：6010．

③ （明）申时行．大明会典·刑部六［M］．卷164，续修四库全书第792册．上海：上海古籍出版社，2002：25．

④ （明）刘惟谦．大明律·户律七·市廛［M］．卷10．续修四库全书第862册．上海：上海古籍出版社，2002：484．

⑤ （清）张廷玉．明史·列传第二百二十［M］．卷332．北京：中华书局，1974：8623．

海道副使汪柏乃立客纲、客纪，以广人及徽泉等商为之”[①]。在广东，万历年间出现了专营进出口货物并向官府缴纳货物出口税的“三十六行”，周玄暐的《泾林续记》记载：广东港口多有蕃舶，贸易巨大，蕃舶经过市舶和地方政府的多道审验而纳税，但偷漏税仍很多，倒不如“继而三十六行领银，提举悉十而取一，盖安坐而得，无簿书刑杖之劳”[②]。类似的组织还有“揽头”“铺行”“夷商（舶）纲纪”等。这些组织都是由官方许可专门从事进出口贸易的机构，他们领银定货，官府从中征税保证财政收入。此时，市舶司的行政管理与经营管理的职能已经发生分离。到了清代，受到官府授权、代表官府主持外贸业务的机构是“洋行”，其主要职责是代理外商缴纳关税、帮助外商购销货物、协助清政府监督外商活动，所以洋行具有半官半商双重身份，担负商业和政治双重任务。从宋元时期的牙侩、舶牙人，到明代的三十六行、客纲、客纪，这些中介组织和个人在海外贸易中的作用只是媒介，与商品交换行为本身没有直接关系，职能较为简单。但清代的洋行则由原来的“媒介”转为直接参与交易、直接参与海外贸易管理的角色，职能已有巨大的扩展。这反映出商业活动繁荣导致税收来源复杂，官府无力应对复杂的外贸形势，就利用精通外贸业务的经纪人来协助官府维护市场秩序，这是社会经济形势的变化迫使税收管理方式做出的调整。

① （清）阮元修，陈昌齐等纂．道光广东通志·列传六十三［M］．卷330，续修四库全书第675册．上海：上海古籍出版社，2002：714.

② （明）周玄暐．泾林续记［M］．续修四库全书第1124册．上海：上海古籍出版社，2002：34.

结　语

中国古代市舶制度存在了漫长的历史时期，存在即合理，梳理其肇始、发展、鼎盛、变革、消亡的历史史实，可以找寻出诸多财政学和经济学的原因。

为什么市舶制度会在唐宋时期肇始和发轫？唐代之前中国海外贸易的规模有限，海外贸易收入对国家财政的价值更为有限，国家和私人经济主体没有对市舶制度的需求，所以也没有市舶制度的供给。唐代海外贸易发轫，皇室对舶货的需求更为旺盛，于是唐代产生了简单的市舶征税制度。北宋的国内外环境刺激海外贸易进一步发展，南宋地理位置的特殊和政权的羸弱使统治者重视海外贸易的发展，宋代海外贸易的规模、对经济社会的影响及市舶收入的财政意义都到了前所未有的程度。对制度的需求以及需求的深刻程度刺激了制度的供给，于是这个时期产生了完备而规范的市舶制度。

为什么宋元时期市舶制度能够蓬勃发展？从制度的直观表象上看，宋元时期市舶制度中包含丰富的财政内容。这个时期有严肃的财经条法——《广州市舶条》《至元市舶则法》和《延祐市舶则法》，用法律的形式规范海外贸易行为。这些条法中规定了纳税人、征税对象、税率、免税减税、税收处罚等完善的税制要素，也制定了缜密的税收行政管理和征收管理方式。宋代还有禁榷和博买的制度，政府通过这些制度进一步掌控市舶收入和海外贸易管理权限。元代取消了禁榷和博买，统一征税，财政制度更为简洁明了，税收的作用更加强化。透过现象看本质，从社会效应上看，市舶制度对私人经济主体有正面影响也有负面影响，官府与私人海商之间共存共赢又不断博弈，在平衡中维持王朝的统治。从经济效应上看，税收与经济良性互动，相互影响又相互促进，海外贸易繁荣促进沿海地区经济结构的转型。从财政效应上看，宋元时期市舶制度的收益大于成本，国家从海外贸易中汲取的财政收入大于相应的财政支出。总之，市舶制度对社会稳定、经济发展和增强财政汲取能力方面都有积极的意义，所以市舶制度会被统治者鼓励和推广。

为什么明清时期市舶征税会过渡为海关税？明初实行朝贡贸易和禁海，市舶制度没有太多的财政意义，市舶管理方式也不利于民间活跃的商品经济发展，所以注定要进行制度变迁。明中期以后，开海方利益集团和禁海方利益集团是两股对立的势力，而统治者和决策中枢则是中间派，中间派的偏好影响了博弈双方的实力，最终征收饷税成为市舶征税制度的重大变革。清初官府设置了闽海关、江海关、浙海关和粤海关，征收具有近代税收特征的海关税，市舶制度至此终结。

任何制度都不会戛然而止地消亡而彻底转换成另外一个全新的制度。在古代国家市舶税向近现代海关税的过渡中存在诸多的继承、蜕变和演进的特征，并体现出财政发展的一般规律。其一，体现了中国财政的收入来源结构由农业为主体向农、工、商业多支柱转型。宋元时期税收结构开始变化，对工商业征收的工商税收持续上升，包括市舶征税收入的增加。明代征收饷税后，市舶税收的数额增加更快，并成为兵饷的支柱。清初确立了规范的海关税体系后，关税收入（包括常关税与海关税）成了除田赋和盐课之外的重要项目。这个过程反映了中国商品经济发展的趋势，也反映了财政汲取收入的基础更加稳固。其二，反映了财政管理制度从古代向近代转型。从征税形式上看，实物税向货币税转化是各国税制发展的普遍规律，市舶征税从宋元时期的实物抽分，到明代饷税征收银两，再到清代海关税全面征银，印证了这一税制演变的基本规律。从计征依据上看，对货物从量计征向从量、从价相结合的计征方式转变，也是税制发展的基本规律。而市舶征税的这些变化也体现了中国税制的近代转型。其三，反映了政府间财政关系构建中的集权与分权的博弈。从征收机关的组织与归属管理上看，中央和地方政府间在关于海外贸易税收管理权的博弈中由集权走向分权。纵观市舶制度发展的全过程，从中央和地方政府对海外贸易税权争夺的过程中，可以看出在经济社会的演进中、在一些具体财政事务上，地方政府只能不断地与中央政府较量和抗衡，地方政府对市舶收入的争夺是不断迫使国家调整治理模式的尝试，也是财政体制向近代分级管理模式转型的尝试。其四，体现了财政宏观调控作用的加强。市舶制度中设计了税收手段以获取财政收入，承认私人经济主体的合法地位，这是财政活动遵循价值规律的表现。各个朝代在海外贸易征税的过程中都注重财税法规的建设，规范的财税法则有利于促进国内统一市场的形成，有利于为商品流通创造良好的社会环境，有利于推进商品经济发展和海外贸易相关产业的发展。在市舶征税向海关税过渡的过程中，货币税和从价计征的方式都有利于彰显价格信号的作用，体现价值规律的作用，使税收从生产环节转向销售环节征税，有利于理顺商品货币关系。

从财政视角审视市舶制度肇始、发展、鼎盛、变迁、终结的全过程，可以看出古代财政在国家治理中的地位与作用。

其一，财政制度发端于社会共同需求。财政是人类社会为了满足一定范围的“社会共同需求”而由国家集中支配一部分社会资源的现象，市舶制度肇始和发轫的过程证明了这一点。在唐代之前，国家和私人主体没有对财政参与海外贸易管理的公共需求，所以也没有相应的制度产生。唐、宋、元时期，皇室财政和国家财政都希望获得市舶收入以满足统治阶层的各项需求，私人经济主体希望国家通过健全的财政制度以维护规范的市场环境，保护其私人利益，整个国家很大范围的社会群体都具有对市舶制度的公共需求，所以市舶制度相应产生并发展。中国古代的经济形态虽然不是市场经济，但是财政活动仍是以满足全体社会成员的公共需求和实现公共利益为基础。

其二，财政是连结社会各领域的纽带。整个社会是由政治体系、经济体系和社会体系构成，而财政是横跨政治、经济、法律、社会、文化、军事各个领域的综合范畴，财政的这个属性决定其在国家治理事业上发挥着基础性和支柱的作用，从宋元时期市舶制度的各项效应即可看出。宋元时期市舶征税、禁榷和博买制度汲取了海外贸易的大量舶货，或使其增值更加助长财政收入，或将其作为物资储备而应对不时之需。国家通过财政方面的行政支出建设市舶机构、培养市舶官员、招徕安抚海商稳定边境，而这些政策又促进了沿海地区经济发展与结构转型。国家凭借财政工具介入海外贸易管理，也维护了王朝的统治与社会稳定。这些都证实财政在社会生活各个领域发挥着四两拨千斤的作用。

其三，财政制度是国家治理制度体系中的一个重要组成部分。财政制度包括税收、财政支出、政府专卖、政府购买、财政监督、财政管理等各项内容，这些要素都可以在市舶制度中找出依据。从市舶制度的演进中可以看出，关于海外贸易的财政制度规范而完备，如市舶征税制度具有完备的税制要素和税收征管方式，保证财政对社会财富的汲取能力。宋代市舶机构招徕安抚海商的支出，以及元代财政为官本船贸易提供的资金支出，都反映了财政对社会财富的再分配。在市舶制度中还有对征收机构管理与监督的规定，这保证了财政制度的严肃性。关于海外贸易的财政制度是国家治理制度体系的组成部分，各项财政制度密切配合、相辅相成，有利于推进国家治理活动的开展。

其四，财政政策必须与时俱进及时调整。财政政策不是一成不变的，而是具有内在的调整机制，当社会、政治、经济背景发生变化，财政政策就会相应调整，既要保持自身的连续性，又要保持适用性和先进性。明中后期社会经济形态出现巨大变化，国际化浪潮加剧，朝贡贸易衰落，私人经济活跃，沿海地区动荡不安，而财政制度在复杂的国内外环境中也进行了巨大的变革，饷税制度的出现标志着市舶征税制度向海关税转型。随后市舶制度在清初彻底转变为海关税制度，财政制度又适应了近代化的制度要求。财政制度与时俱进的特性使其能够更好地发挥推进国家治理的作用。

中国古代市舶征税制度的发展与变迁对当代外贸发展和关税改革也有一定的启示。

其一，深化国际贸易合作是增加国家财富的重要途径。从古代中国海外贸易发展的实践中可以看到，开放包容地发展多边贸易是中国的一贯传统。据宋人撰写的《岭外代答》《诸藩志》《云麓漫钞》等著作的记录，当时与中国贸易往来的国家和地区有六十个以上。元代和中国贸易密切的国家遍及东亚、南亚、东南亚、北非、东非各地，地域范围更加广大。繁荣发达的海外贸易吸引众多的外国商人与旅行家来到广州、泉州、庆元等港口城市，中国的商人也远航到世界很多地区进行贸易。宋代官府在防范国际敌对势力的同时，尽力对海商采取优待温和的态度，和海商和睦相处。明代饷税改革也是顺势而为、缓和官府与海商的关系，达到官府与海商、中国与外国和谐共存的目的。“开放包容、互利共赢”是古代中国海上丝绸之路的精神遗产，当代中国“一带一路”倡议构想也应该秉承这一精神与原则。在今后的对外贸易事业中，中国应进一步加强相关国家间的全方位多层面交流合作，充分发掘与发挥各国的发展潜力与比较优势，彼此形成互利共赢的区域利益共同体、命运共同体和责任共同体。中国古代海外贸易的繁荣刺激了财政制度的产生，财政工具保证了国家对海外贸易财富的汲取能力，市舶收入成为宋元时期国家稳定而直接的收入形式，在国家财政收入中占据较为重要的地位。当代中国海外贸易的繁荣活跃也会促进社会财富的增加，财政作为政府宏观调控和汲取财富的工具，其制度设置应该更加规范和科学，成为现代化建设的坚实保证。

其二，健全关于对外贸易和“一带一路”建设的财经法律。任何时期、任何社会的改革必须在法律的保证下才不至于被人为扭曲，才能够释放出更长久、更稳固的红利。在古代中国海外贸易繁荣的宋元时期，官府都注重制定完备翔实的财经法则，以约束和规范各个经济主体的行为，如宋代有《广州市舶条》，元代有《至元市舶则法》和《延祐市舶则法》，这些财经法则里都明确规定了海外贸易管理和征税的基本方式，规定了违反税款征收和税收管理行为的处罚方式，保证了市舶征税的严肃性。当代中国在推进“一带一路”战略规划和对外贸易发展事业中，应该立足我国国情，遵循国际规则，建立健全科学、规范、公平、高效的关税税收制度体系。也应该注重制定稳健性与动态性平衡妥当的关税则法，多维度建构关税治理的法律体系，并保障其顺畅运行。总之，税收法定应该成为当代中国深化财税体制改革的“先锋者”和“领航者”，让其适度先于改革，既可以为先进的税制和技术手段提供充分的法律支持，也可为财税体制改革实践匡正轨道，引导、推进并保障改革能够有效、有序进行。

其三，“一带一路”的深入推进应以增进各国人民的利益为中心。纵观中国古代海外贸易发展和市舶制度演进的实践，如果政府没有处理好和私人经济主体的关系，则沿海地区经济发展会受到阻碍，国家财政收入会受到损失，乃至社会出现动荡不安的局面，影响王朝的统治。如宋理宗绍定年间以后泉州港渐趋衰落，市舶司年收入降至四五万贯。其主要原因是“商人畏重征”，所以“舶之至者滋少，供贡阙绝，郡赤立不可为”[①]。再如明代在洪熙至弘治年间，官府严令禁止私人海外贸易，但是平等自由的贸易已经是当时的大势所趋，官府的禁令也严重损害了私人海商的利益，所以私人海商逐渐演变为“海寇”，这些海寇肆意妄为，对明王朝的统治造成极大的威胁。当代中国的对外贸易发展和“一带一路”建设应该坚持以人民为中心，不仅满足中国人民对美好生活的向往，也要促进各国人民的获得感和幸福感，让“一带一路”倡议给各国人民带去发展的希望和光明。所以中国的对外开放要继续往更大范围、更宽领域、更深层次的方向发展，逐步加强外商投资促进和保护，继续缩减外商投资负面清单。进一步降低关税总水平，消除各种

① （宋）真德秀．西山文集·提举吏部赵公墓志铭［M］．卷43．景印文渊阁四库全书第1174册．台北：台湾商务印书馆，2008：692.

非关税壁垒，加快多双边自贸协议谈判，发挥自贸试验区改革开放试验田的作用，健全“一带一路”投资政策和服务体系，努力给予中国和各国人民更多的利益和实惠。

总之，基于财政视角研究市舶制度肇始、发展、变迁和终结的全过程，可以从中汲取中国古代财政发展的诸多一般性规律，印证了古代财政也是国家治理的基础和重要支柱的命题。

参考文献

A. 古代文献

[1]（唐）李林甫等著，陈仲夫点校．唐六典［M］．北京：中华书局，1992.

[2]（唐）李肇．唐国史补［M］．上海：上海古籍出版社，1979.

[3]（后晋）刘昫．旧唐书［M］．北京：中华书局，1997.

[4]（宋）李焘．续资治通鉴长编［M］．北京：中华书局，1992.

[5]（宋）李心传．建炎以来系年要录［M］．上海：上海古籍出版社，1992.

[6]（宋）卢宪．嘉定镇江志［M］．宋元方志丛刊第3册．北京：中华书局，1990.

[7]（宋）刘克庄．后村先生大全集［M］．成都：四川大学出版社，2008.

[8]（宋）罗濬等．宝庆四明志［M］．宋元方志丛刊第5册．北京：中华书局，1990.

[9]（宋）马端临．文献通考［M］．北京：中华书局，2011.

[10]（宋）孟元老．东京梦华录［M］．上海：古典文学出版社，1957.

[11]（宋）欧阳修，宋祁．新唐书［M］．北京：中华书局，1975.

[12]（宋）司马光著，邬国义校点．资治通鉴［M］．上海：上海古籍出版社，2017.

[13]（宋）苏轼．苏轼文集［M］．北京：中华书局，1986.

[14]（宋）王溥．唐会要［M］．北京：中华书局股份有限公司，1955.

[15]（宋）王象之．舆地纪胜［M］．成都：四川大学出版社，2005.

[16]（宋）吴自牧．梦粱录［M］．北京：中华书局，1985.

[17]（宋）赵汝适著，杨博文校释．诸藩志校释［M］．北京：中华书局，1996.

[18]（宋）周密．武林旧事［M］．北京：中国商业出版社，1982.

[19]（宋）周去非著，杨武泉校注．岭外代答校注［M］．北京：中华书局，1999.

[20]（宋）朱彧．萍洲可谈［M］．上海：上海古籍出版社，2012.

[21]（宋）真德秀．西山文集［M］．景印文渊阁四库全书第1174册．台北：台湾商务印书馆，2008.

[22]（元）官修，方龄贵校注．通制条格校注［M］．北京：中华书局，2001.

[23]（元）马泽，袁桷．延祐四明志［M］．宋元方志丛刊第6册．北京：中华书局，1990.

[24]（元）脱脱等．宋史［M］．北京：中华书局，1985.

[25]（元）脱因，俞希鲁．至顺镇江志［M］．宋元方志丛刊第3册．北京：中华书局，1990.

[26]（元）汪大渊著，苏继庼校译．岛夷志略校释［M］．北京：中华书局，1981.

[27]（元）王元恭，王厚孙，徐亮著．（清）徐时栋校勘．至正四明续志［M］．宋元方志丛刊第7册．北京：中华书局，1990.

[28]（明）采九德．倭变事略［M］．丛书集成初编第3975册．北京：商务印书馆，1936.

[29]（明）陈子龙．明经世文编［M］．北京：中华书局，1962.

[30]（明）郭棐．（万历）广东通志［M］．四库存目丛书·史部198．济南：齐鲁书社，1996.

[31]（明）胡宗宪．筹海图编［M］．景印文渊阁四库全书第584册．台北：台湾商务印书馆，2008.

[32]（明）刘献廷．广阳杂记［M］．北京：中华书局，1957.

[33]（明）丘濬．大学衍义补［M］．北京：京华出版社，1999.

[34]（明）申时行．大明会典［M］．续修四库全书第791册．上海：上海古籍出版社，2002.

[35]（明）宋濂等．元史［M］．北京：中华书局，1976.

[36]（明）王世贞．弇山堂别集［M］．北京：中华书局，1985.

[37]（明）杨士奇．历代名臣奏议［M］．上海：上海古籍出版社，1989.

[38]（清）刘锦藻．续文献通考［M］．北京：商务印书馆，1955.

[39]（清）屈大均．广东新语［M］．扬州：广陵书社，2003.

[40]（清）徐松．宋会要辑稿［M］．上海：上海古籍出版社，2014.

[41]（清）张汝霖，印光任．澳门纪略［M］．中国方志丛书．台北：成文出版社，1969.

[42]（清）张廷玉等．明史［M］．北京：中华书局，1974.

[43]（民国）柯劭忞．新元史［M］．长春：吉林人民出版社，2005.

B. 期刊文章

[1]《中国财政通史》编写组．从中国财政史看财政的历史经验与发展规律［J］．财政研究，2006（11）：11—21.

[2] 白寿彝．宋时伊斯兰教徒底香料贸易［J］．禹贡，1937（7－4）：15—17.

[3] 曾昭璇．论中国古代以广州为起点的“海上丝绸之路”的发展［J］．中国历史地理论丛，2003（2）：66—77.

[4] 陈明光，靳小龙．论唐代广州的海外贸易、市舶制度与财政［J］．中国经济史研究，2005（1）：107—115.

[5] 陈尚胜．明代市舶司制度与海外贸易［J］．中国社会经济史研究，1987（4）：46—52.

[6] 邓端本．论明代的市舶管理［J］．海交史研究，1988（1）：57—68.

[7] 方祖猷，俞信芳．五代宋明州市舶机构初建时间及演变考［J］．海交史研究，1996（2）：76—82.

[8] 高培勇．论国家治理现代化框架下的财政基础理论建设［J］．中国社会科学，2014（12）：102—122.

[9] 葛金芳．从原始工业化进程看宋代资本主义萌芽的产生［J］．社会学研究，1994（6）：91—108.

[10] 葛金芳．经济变革与宋代工商业文明的加速成长［J］．河北学刊，2008（5）：63—65.

[11] 龚缨晏. 关于古代“海上丝绸之路”的几个问题 [J]. 海交史研究，2014 (2): 21—28.

[12] 关镜石. 市舶原则与关税制度 [J]. 海交史研究，1988 (1): 32—38.

[13] 关履权. 宋代广州的香料贸易 [J]. 文史，1963 (3): 23—31.

[14] 郭振雪. “21世纪海上丝绸之路”的地缘政治解析 [J]. 延边大学学报（社会科学版），2016 (1): 26—32.

[15] 郭正忠. 南宋海外贸易收入及其在财政岁赋中的比率 [J]. 中华文史论丛，1982 (1): 255—269.

[16] 郭宗保. 市舶制度与海关制度比较——兼谈陆地边关与海关有关的问题 [J]. 海交史研究，1988 (1): 24—31.

[17] 韩毅，潘洪岩. 明代海禁政策变迁中的博弈：从双边分歧到多边促成 [J]. 山东师范大学学报（人文社会科学版），2018 (6): 87—99.

[18] 胡沧泽. 略论唐宋时期福建和日本的海外贸易 [J]. 海交史研究，2001 (1): 68—75.

[19] 黄纯艳. 论宋代的近海贸易 [J]. 中国经济史研究，2016 (2): 84—96.

[20] 黄纯艳. 论宋代贸易港的布局与管理 [J]. 中州学刊，2000 (6): 165—169.

[21] 黄富元. 浅谈宋元时期的泉州市舶课税 [J]. 福建税务，1998（增刊）: 107—108.

[22] 黄桂. 唐至清初潮州的海外贸易与海上走私 [J]. 南洋问题研究，2001 (4): 83—97.

[23] 黄晖菲. 略论市舶司制度及其对宋元时期泉州海外贸易之影响 [J]. 泉州师范学院学报，2016 (5): 35—39.

[24] 孔宝康. 我国古代市舶制度初探 [J]. 海交史研究，1988 (6): 1—4.

[25] 黎虎. 唐代的市舶使与市舶管理 [J]. 历史研究，1998 (3): 21—37.

[26] 李金明. 明代市舶司的沿革与市舶司制度的演变 [J]. 南洋问题，1987 (5): 42—51.

[27] 李金明. 南海诸岛史地研究札记 [J]. 中国边疆史地研究，1995

(1)：21—25.

［28］李金明．清代海关的设置与关税的征收［J］．南洋问题研究，1992（6）：78—90.

［29］李庆新．明代市舶司制度的变态及其政治文化意蕴［J］．海交史研究，2000（1）：72—83.

［30］李天锡．泉州市舶司的设置与闽南华侨的出国［J］．华侨华人历史研究，1991（7）：55—58.

［31］李小红，谢兴志．海外贸易与唐宋明州社会经济的发展［J］．宁波大学学报（人文科学版），2004（10）：133—139.

［32］连心豪．略论市舶制度在宋代海外贸易中的地位和作用［J］．海交史研究，1988（1）：45—51.

［33］廖大珂．试论宋代市舶司官制的演变［J］．历史研究，1998（3）：38—48.

［34］廖大珂．宋代市舶的抽解、禁榷、和买制度［J］．南洋问题研究，1997（3）：39—44.

［35］廖大珂．宋代市舶税利的抽收、分割与市舶本钱［J］．中国史研究，2003（3）：101—116.

［36］林枫．明代中后期的市舶税［J］．中国社会经济史研究，2001（2）：1—8.

［37］林瑛．明州市舶史略［J］．海交史研究，1981（7）：86—93.

［38］刘伯午．我国古代市舶制度初探［J］．现代财经，1983（6）：51—56.

［39］刘翔．海上丝绸之路之历史遗存——宋代市舶银铤考［J］．区域金融研究，2016（11）：81—85.

［40］柳平生，葛金芳．南宋市舶司的建置沿革及其职能考述［J］．浙江学刊，2014（2）：20—31.

［41］陆韧．论市舶司性质和历史作用的变化［J］．海交史研究，1988（1）：5—13.

［42］马建春．海上丝绸之路的历史贡献［J］．社会科学战线，2016（4）：81—87.

［43］毛章清等．8 至 14 世纪海上丝绸之路的跨文化传播考察［J］．厦门大学学报（哲学社会科学版），2017（4）：43—50.

[44] 宁志新．试论唐代市舶使的职能及其任职特点［J］．中国社会经济史研究，1996（1）：9—14.

[45] 漆侠．宋代市舶抽解制度［J］．河南大学学报，1985（1）：19—22.

[46] 邱普艳．从道光《厦门志》看清朝前期的厦门海关［J］．中国地方志，2010（2）：46—49.

[47] 施存龙．唐五代两宋两浙和明州市舶机构建地建时问题探讨（上）［J］．海交史研究，1992（1）：45—51.

[48] 施存龙．唐五代两宋两浙和明州市舶机构建地建时问题探讨（下）［J］．海交史研究，1992（2）：73—79.

[49] 孙文学．元朝市舶制度论［J］．内蒙古大学学报（哲学社会科学版），1987（1）：17—22.

[50] 史卫．中国古代政府间财政关系的初期演化［J］．地方财政研究，2007（8）：49—53.

[51] 谭瑶．21世纪海上丝绸之路建设研究综述［J］．东南亚纵横，2016（3）：81—86.

[52] 童光辉．返本开新：中国财政史研究与财政基础理论创新［J］．财政研究，2019（10）：12—22.

[53] 汪廷奎．两宋市舶贸易出口税初探［J］．广东社会科学，1993（3）：60—63.

[54] 王冠倬．唐代市舶司建地初探［J］．海交史研究，1982（4）：100—107.

[55] 王莉等．宋代泉州等市舶机构的设置及其兴衰沿革考辨［A］．“泉州港与海上丝绸之路”国际学术研讨会论文集［C］．2002（6）：242—254.

[56] 王兴文．宋代市舶关税的抽解制度及其经济地位［J］．经济师，2004（3）：294—295.

[57] 吴泰．试论汉唐时期海外贸易的几个问题［J］．海交史研究，1981（7）：52—62.

[58] 夏时华．宋代市舶香药的抽解与博买［J］．云南社会科学，2014（5）：172—177.

[59] 谢松．近代中国海关史研究涉及若干基本问题略考——以粤海关

的发端、发展脉络及其研究价值为视角［J］．海关与经贸研究，2017（1）：1—30.

［60］杨国桢等．历史与现实：海洋空间视域下的“海上丝绸之路”［J］．广东社会科学，2018（2）：110—116.

［61］于月．元代官俸制度新考［J］．中国史研究，2018（4）：127—144.

［62］张勇．略论21世纪海上丝绸之路的国家发展战略意义［J］．中国海洋大学学报（社会科学版），2014（5）：13—18.

［63］章深．北宋“元丰市舶条”试析——兼论中国古代的商品经济［J］．广东社会科学，1995（5）：95—100.

［64］章深．重评宋代市舶司的主要功能［J］．广东社会科学，1998（4）：72—78.

［65］章深．南宋市舶司初探［J］．学术研究，1992（5）：97—100.

［66］章深．市舶司对海外贸易的消极作用——兼论中国古代工商业的发展前途［J］．浙江学刊，2002（6）：151—158.

［67］章深．宋初市舶司“不以为利”辩——兼论宋朝海外贸易收入的变化趋势［J］．河北大学学报（哲学社会科学版），2002（4）：33—35.

［68］赵旭等．海上丝绸之路沿线港口体系的空间布局演化［J］．上海海事大学学报，2017（4）：43—48.

［69］郑学檬．唐宋元海上丝绸之路和岭南、江南社会经济研究［J］．中国经济史研究，2017（2）：5—23.

［70］周海霞．清初广东市舶司的建置与沿革［J］．湖北社会科学，2014（10）：99—103.

［71］朱江．唐代扬州市舶司的机构及其职能［J］．海交史研究，1988（1）：81—84.

［72］杨帆．北宋雄州榷场初探［J］．廊坊师范学院学报（社会科学版），2017（12）：92—97.

［73］刘智博，李秀莲．金宋榷场贸易的历史分期与特征［J］．山西大同大学学报（社会科学版），2019（6）：43—47.

［74］王福君．辽宋夏金时期宋的榷场贸易考述［J］．鞍山师范学院学报（综合版），1997（3）：32—35.

［75］王晓燕．论宋与辽、夏、金的榷场贸易［J］．西北民族大学学报

（哲学社会科学版），2004（4）：8—12.

[76] 靳华．试析宋、金榷场建立的目的及作用［J］．湖北民族学院学报（社会科学版），1997（1）：57—59.

[77] 许淑慧．宋辽“榷场”贸易考究［J］．兰台世界，2015（11）：64—65.

[78] 陈旭．宋夏之间的走私贸易［J］．中国史研究，2005（1）：97—109.

[79] 保宏彪．宋夏时期的镇戎军与镇戎军榷场［J］．宁夏师范学院学报，2020（6）：72—75.

[80] Acemoglu，D.，J. Robinson. A Theory of Political Transitions［J］. American Economic Review，2001，91（4）：938－963.

[81] Andreoni，J. Privately Provided Public Goods in a Large Economy：The Limits of Altruism［J］. Journal of Public Economics，1988（35）：57－73.

[82] Buchanan，J. M. Public Goods in Theory and Practice：A Note on the Minasian-Samuelson Discussion［J］. Journal of Law and Economics，1967（10）：193－197.

[83] Forte，F. Should ‘Public Goods’ Be Public?［J］. Papers on Non-market Decision Making，1967，3（1）：39－46.

[84] Lucas，Robert Jr. On the Mechanics of Economic Development［J］. Journal of Monetary Economics，Elsevier，1988，22（1）：3－42.

[85] Margolis，J. A Comment on the Pure Theory of Public Expenditure［J］. Review of Economics and Statistics，1955，37（4）：347－349.

[86] Moore，M. Revenues，State Formation，and the Quality of Governance in Developing Countries［J］. International Political Science Review，2004（25）.

C. 著作

[1] 包伟民．宋代地方财政史研究［M］．北京：中国人民大学出版社，2010.

[2] 蔡次薛．中国工商税收史资料选编（隋唐五代部分）［M］．北京：中国财政经济出版社，1992.

[3] 晁中辰．明代海禁与海外贸易［M］．北京：人民出版社，2005.

[4] 陈柏坚，黄启臣．广州外贸史［M］．广州：广州出版社，1995.

［5］陈高华，吴泰．宋元时期的海外贸易［M］．天津：天津人民出版社，1981.

［6］陈高华，张帆，刘晓，党宝海点校．元典章［M］．天津：天津古籍出版社；北京：中华书局，2011.

［7］陈希育．中国帆船与海外贸易［M］．厦门：厦门大学出版社，1991.

［8］邓端本．广州港史（古代部分）［M］．北京：海洋出版社，1986.

［9］冯承钧．中国南洋交通史［M］．北京：商务印书馆，1937.

［10］高荣盛．元代海外贸易研究［M］．成都：四川人民出版社，1998.

［11］葛金芳．南宋全史（社会经济与对外贸易卷）［M］．上海：上海古籍出版社，2012.

［12］葛金芳．宋辽夏金经济研析［M］．武汉：武汉出版社，1991.

［13］何忠礼，徐吉军．南宋史稿［M］．杭州：杭州大学出版社，1999.

［14］黄纯艳．宋代财政史［M］．昆明：云南大学出版社，2013.

［15］黄纯艳．宋代海外贸易［M］．北京：社会科学文献出版社，2003.

［16］李钢，霍建国．中国对外贸易史［M］．北京：中国商务出版社，2015.

［17］李剑农．宋元明经济史稿［M］．北京：生活·读书·新知三联书店出版社，1957.

［18］梁方仲．中国历代户口、田地、田赋统计［M］．上海：上海人民出版社，1980.

［19］宁可．中国经济通史［M］．北京：经济日报出版社，2000.

［20］漆侠．宋代经济史［M］．北京：中华书局，2009.

［21］曲金良，赵成国．中国海洋文化史长编（宋元卷）［M］．青岛：中国海洋大学出版社，2013.

［22］沈光耀．中国古代对外贸易史［M］．广州：广东人民出版社，1985.

［23］孙文学．中国工商税收史资料选编（元代部分）［M］．北京：中国财政经济出版社，1994.

[24] 孙翊刚．中国工商税收史资料选编（清代前期部分）[M]．北京：中国财政经济出版社，1992.

[25] 孙玉琴，常旭．中国对外贸易通史（第一卷）[M]．北京：对外经贸大学出版社，2018.

[26] 王棣．宋代经济史稿 [M]．长春：长春出版社，2001.

[27] 王文素．中国工商税收史资料选编（宋辽金部分）[M]．北京：中国财政经济出版社，1991.

[28] 王奕．中国工商税收史资料选编（明代部分）[M]．北京：中国财政经济出版社，1992.

[29] 王云五．《丛书集成初编》[M]．北京：中华书局，1985.

[30] 项怀诚．中国财政通史 [M]．北京：中国财政经济出版社，2006.

[31] 徐中约．中国近代史——1600—2000 中国的奋斗 [M]．北京：世界图书出版公司北京公司，2008.

[32] 叶振鹏．中国财政通史 [M]．长沙：湖南人民出版社，2013.

[33] 喻常森．元代海外贸易 [M]．西安：西北大学出版社，1994.

[34] 张希清．宋朝典章制度 [M]．长春：吉林文史出版社，2001.

[35] 赵德馨．中国经济通史 [M]．长沙：湖南人民出版社，2002.

[36] 郑有国．中国市舶制度研究 [M]．福州：福建教育出版社，2004.

[37] 中国海外交通史研究会．泉州海外交通史料汇编 [M]．1983.

[38] 周自强．中国经济通史 [M]．北京：中国社会科学出版社，2007.

[39]（日）藤田丰八．何建民译．中国南海古代交通丛考 [M]．北京：商务印书馆，1936.

[40]（日）藤田丰八．魏重庆译．宋代之市舶司与市舶条例 [M]．北京：商务印书馆，1936.

[41]（日）桑原骘藏．陈裕菁译．蒲寿庚考 [M]．北京：中华书局，1929.

[42]（日）桑原骘藏．杨炼译．唐宋贸易港研究 [M]．北京：商务印书馆，1935.

[43] [意] 马可·波罗．陈开俊等译．马可·波罗游记 [M]．福州：

福建人民出版社，1981.

[44] Gutzlaff C. A Sketch of Chinese History, Ancient and Modern [M]. London, 1834.

[45] Goldscheid, R. A Sociological Approach to Problems of Public Finance, in Classics in the Theory of Public Finance [M]. New York: Martin's Press. 1994.

[46] Morse H. B. The Chronicles of the East India Company Trading to China, 1635 - 1834 [M]. Oxford, 1926.

[47] John P. A Practical Treatise on the China and Eastern Trade, Calcutta 1836.

[48] Ostrom, E. Governing the Commons: The Evolution of Institutions for Collective Action [M]. Cambridge University Press, 1990.

后　　记

本书是在我的博士论文基础上改写而成的。2017 年，我在硕士毕业十年之后又背上行囊踏上读博的“苦旅”，似乎还是昨天刚刚发生的事情。多年来，结婚生子成为我懈怠的理由，但是浑浑噩噩之中，对财政史研究的热爱和教书育人的责任感让我也时常愧疚。终于我在 2017 年进入中央财经大学财税学院继续深造，成为博士班里较年长的学生。三年的读博生涯是一场炼狱，习惯了晚上十二点之后睡觉，接受了白发渐长的现实，但也觉得自己在学术素养和人生理念上都得到了涅槃和升华。

我早年在教学时就使用王文素教授的财政史教材，早就对王老师充满了敬仰之情。能够进入中央财经大学、师从王文素教授进行财政史的研究，我感到无比荣幸，也非常珍惜这个再学习的机会。王老师优雅睿智、和蔼谦逊，从博士论文的选题、开题，到撰写、修改，她都给予我极大的帮助与启迪。

在这里感谢所有帮助过我的人！感谢中央财经大学给我授课的所有老师，给予我学术的饕餮大餐，让我受益无穷。忘不了学院南路校区静谧温馨的林荫道，忘不了沙河校区汗牛充栋的图书馆，怀念和 2017 级财政学博士班九〇后小朋友们相处的美好时光，似乎让我重回十八岁！感谢林源博士、苏倩雯博士、龚浩博士、张欣博士、刘巍博士在毕业论文写作中给我的帮助，感谢黄纯艳教授、叶青教授、赵云旗研究员、史卫研究员、马金华教授、曾康华教授、蔡昌教授在论文答辩中对我的指点，感谢辅导员李严波老师在学校诸多手续性事务上给我的很多提醒和便利。还要感谢我的工作单位——河南财经政法大学财税学院，使我有三年空闲时间静心学习。

我的家人在这三年给了我极大的支持。感谢我的父亲、母亲、公公、婆婆自始至终帮我照顾孩子，承担烦琐的家务。感谢我的丈夫在精神和物质上给予我支持，时常让我的心态从极度焦虑重回平静。感谢我的长子，在我离家的这段时间仍能自律学习，保持良好的习惯。感谢我的次子，在幼小的时候就要经历与妈妈的分别，并且能够在妈妈写论文的时候识趣地待在一边自己玩耍。没有家人对我的支持，我不可能按时完成我的学业，我衷心地感谢他们！

学术的道路永无止境。天行健，君子以自强不息。我会继续努力，在财政史研究的领域做出微薄的贡献！

作者

于 2021 年 6 月

图书在版编目（CIP）数据

基于财政视角的中国古代市舶制度研究／贾洁蕊著
. --北京：中国财政经济出版社，2021.10
ISBN 978 -7 -5223 -0813 -5

Ⅰ.①基… Ⅱ.①贾… Ⅲ.①对外贸易-贸易史-研究-中国-古代 Ⅳ.①F752.92

中国版本图书馆 CIP 数据核字（2021）第 196306 号

责任编辑：闫 娟　　　责任校对：张 凡
封面设计：陈宇琰　　　责任印刷：刘春年

基于财政视角的中国古代市舶制度研究
JIYU CAIZHENG SHIJIAO DE ZHONGGUO GUDAI SHIBO ZHIDU YANJIU

中国财政经济出版社出版
URL：http：//www.cfeph.cn
E-mail：cfeph@cfeph.cn

社址：北京市海淀区阜成路甲 28 号　邮政编码：100142
营销中心电话：010-88191537
北京财经印刷厂印刷　各地新华书店经销
成品尺寸：170mm×240mm　16 开　12.75 印张　205 000 字
2021 年 10 月第 1 版　2021 年 10 月北京第 1 次印刷
定价：65.00 元
ISBN 978 -7 -5223 -0813 -5
（图书出现印装问题，本社负责调换）
本社质量投诉电话：010-88190744
打击盗版举报热线：010-88191661　QQ：2242791300